会社を目利きする50のポイント

鯖田 豊則 著

税務経理協会

CONTENTS

はしがき

第1章 目利きになるために

- point 1　目利きとは、企業の将来性や技術力などを評価すること ………… 2
- point 2　利益ではなく、キャッシュを重視 ………………………………………… 6
- point 3　現在価値法（DCF法）でお金の時間価値を測定 ……………………… 10
- point 4　分析対象企業のビジネスモデルの把握 ……………………………… 14
- point 5　経営分析、財務分析、企業分析などのちがい ……………………… 18

第2章 企業データの収集方法

- point 6　データの収集源と、定量データ・定性データ ……………………… 24
- point 7　経営資源①ひとのデータ ……………………………………………… 28
- point 8　経営資源②もののデータ ……………………………………………… 32
- point 9　経営資源③かねのデータ ……………………………………………… 36
- point 10　経営資源④情報のデータ ……………………………………………… 40

第3章 会社の大まかな理解

- point 11　損益計算書は経営成績の通信簿 ……………………………………… 46
- point 12　貸借対照表は財政状態の通信簿 ……………………………………… 50

point 13	キャッシュ・フロー計算書は資金繰りの通信簿	56
point 14	株主資本等変動計算書は純資産増減の通信簿	60
point 15	連結財務諸表はグループ経営の通信簿	66

第4章　徹底理解！損益計算書

point 16	売上総利益は期末在庫の評価と表裏一体	72
point 17	営業利益は本業活動の通信簿	78
point 18	経常利益は財務活動を含む本業活動の通信簿	82
point 19	税引前当期純利益は経常利益と特別損益項目	86
point 20	当期純利益は税効果会計の理解が重要	90

第5章　徹底理解！貸借対照表

point 21	売上債権は売掛金と受取手形	96
point 22	手元流動性は現金預金と有価証券	100
point 23	棚卸資産は製品・商品在庫	104
point 24	有形固定資産は建物・機械等の設備資産	108
point 25	無形固定資産は法律・契約による各種権利	112
point 26	投資その他の資産は本業以外の長期投資	116
point 27	繰延資産は会計上の擬制資産	120
point 28	仕入債務は買掛金と支払手形	124
point 29	短期債務は1年以内返済債務	128
point 30	固定負債は主に長期債務	132
point 31	退職給付引当金はひとの将来費用の引当	136
point 32	各種引当金は期間損益計算の賜物	140
point 33	資本金は株主資本の形式的項目	144
point 34	資本剰余金と利益剰余金は株主資本の内訳	148
point 35	評価・換算差額等は純資産の部の1項目	152

第6章 徹底理解！キャッシュ・フロー計算書

- point 36　営業キャッシュ・フローは現金創出能力 …………………… 160
- point 37　投資キャッシュ・フローは将来への布石 …………………… 164
- point 38　財務キャッシュ・フローは資金の調達返済活動の通信簿 ……… 168

第7章 基本的データ分析手法

- point 39　分析の基本的考え方・手法はさまざま ……………………… 174
- point 40　収益性分析は企業の儲かり具合の測定 ……………………… 178
- point 41　安全性分析は企業の財務安定性を測定 ……………………… 182
- point 42　効率性分析は資産（資本）の活用度を測定 ………………… 186
- point 43　生産性分析は加工度（付加価値）を測定 …………………… 190
- point 44　成長性分析は売上や収益の伸びを測定 ……………………… 194
- point 45　損益分岐点分析は企業の原価構造を測定 …………………… 198
- point 46　連結財務諸表分析はグループの成果を測定 ………………… 202
- point 47　キャッシュ・フロー分析は営業・投資・財務の
　　　　　　バランスを測定 ……………………………………………… 206
- point 48　資金運用表等分析は経常収支比率を測定 …………………… 210
- point 49　企業評価に新たな価値尺度の導入 …………………………… 214
- point 50　株式投資に不可欠な株価の尺度 ……………………………… 218

第8章 ビジネス会計検定で実力判定

- ビジネス会計検定の概要とサンプル問題 ………………………………… 224

索引 ……………………………………………………………………………… 231

第1章

目利きになるために

POINT 1 目利きとは、企業の将来性や技術力などを評価すること

ビジネスの現場では目利きが必要とされている

　目利きとは、一般に、器物・刀剣・書画などの真偽・良否につき鑑定することで、当該能力を備えている人自体にも用いられる。また、鑑定とは、目利きと同義のほか、物事の判断、特に法律の世界では、裁判所から指示された事項につき裁判官の知識を補充するために、学識経験者が専門的な意見や判断を述べる場合をいう。この場合、学識経験者は、裁判所または裁判官から鑑定人として命じられる。いかなる分野であっても、目利きができる人材は常に貴重であり、ビジネスの現場では、企業を目利きできる人材が求められている。

　たとえば金融の分野において、2003年3月28日に、金融庁から発表された「リレーションシップバンキングの機能強化に関するアクションプログラム―中小・地域金融機関の不良債権問題の解決に向けた中小企業金融の再生と持続可能性（サステナビリティー）の確保―」により、各業界団体は、企業の将来性や技術力を的確に評価できる人材の育成を目的とした研修プログラム（「目利き研修」）を、平成15年度及び16年度に集中的に実施した。

　これが、いわゆるリレバン。すなわち、金融機関が、取引先との関係（リレーション）強化を通じて、取引先支援の観点から融資判断を行うもので、当初2年の行動計画が2007年3月までさらに2年延長されたのち、恒久的な取引先支援策として検討されることとなった。つまり金融分野において、金融庁は、目利き（鑑定）ができる人材の確保を各金融機関に求めたのである。

収益力の重視から将来性の重視へ

　企業の将来性を評価するといっても、金融マンを始めビジネスマンの圧倒的多数は大卒でも文科系の学部の卒業割合が多い。したがって、技術力の評価はなかなか難しい。実際のところ、目利きの基本は、財務分析や経営分析が中心にならざるを得ない。

　しかしながら、技術力の評価を全く無視して良いわけではない。産学連携で、

大学や研究機関、シンクタンクなどと提携するとともに、自身の日常生活から身近な技術開発の可能性につき、想像することは可能である。たとえば、携帯電話の発展を考えてみよう。今から10年前に、誰がこれほどの普及を考えただろうか。昔は、ポケットベルと呼ばれ、医者や緊急事態発生時の技術者確保など一方的に呼び出されるものから、やがて移動中の通信手段としての自動車電話、さらには現在の携帯電話と発達してきた。そして、動画のスムーズな受信技術の開発で、むしろパソコンの小型化よりも、携帯がそのままパソコンの代わりになる時代が、もうそこまで近づいている。特に、日本企業は昔から、基礎技術や新技術の発明というよりは、加工技術・改良技術が得意である。

　技術力の評価は、もちろんその技術の独創性自体が重要であるが、革新的であること、低コストであること、実現のスピードが速いことなどが、最低限のチェックポイントとなる。革新的とは、「innovative」でたとえば効率性・生産性が1.5倍向上するもので、改善を意味する「improvement」では、せいぜい10%くらいしか向上しない。また、技術力評価においては、過去の実績（特許件数、当該技術での製品化など）、技術体制（しかるべき資格を有した人材の数）、社会性・信頼性なども考慮すべきである。

　このように、企業の将来性や収益力評価には、ひと・もの・かね・情報といった企業の経営資源の内容を洗い出し、吟味することが必要となる。これらに関する国家資格や専門資格として、中小企業診断士、公認会計士、税理士、証券アナリストなどがあり、目利きを目指すには同等の能力を身につけることが有効だ。

　このような外部環境変化のなかで、金融機関の行員も、従来の担保主義・融資の信用補完的な企業判断ではなく、ベンチャー融資や、プロジェクトファイナンスのような、収益力重視の観点からの企業の将来性（収益＝キャッシュ・フロー創生能力）や技術力評価が求められるようになったのである。また、この考え方は、金融機関の行員に限られず、すべてのビジネスマンにも必要なスキルと思われる。なぜならば、ドッグイヤーと呼ばれるように、世の中の変化のスピードが速くなった環境変化の早い時代では、不確実な企業の将来性をより迅速に適切に評価することが、ビジネスチャンスをもたらすからである。

目利きのプロフェッショナル

中小企業の経営課題に対応するための診断・助言を行う専門家。中小企業支援法に基づいて経済産業大臣が登録する資格。中小企業者が経営資源を確保するためのアドバイスを行う経営コンサルタント。

中小企業診断士

証券投資の分野において、高度の専門知識と分析技術を応用し、各種情報の分析と投資価値の評価を行い、投資助言や投資管理サービスを提供するプロフェッショナル。米国の証券アナリストはCFAと呼ばれる。

証券アナリスト
（CMA）

Master of Business Administratorの略称で、経営管理修士号のこと。一般的には経営幹部養成を目的としたビジネススクールを修了した場合に授与される。したがって、大学院経営学研究科修士課程で取得できる修士（経営学）とは区分される。

MBA

**公認会計士
（CPA）**

監査業務のほか、会計全般についての調査・立案・指導（会計業務）、税務書類の作成・税務相談（税理士法に従った税務業務）、経営戦略・業務改善・情報システムに関するコンサルティング（経営コンサルティング業務）などを行うプロフェッショナル。

税理士

税金の申告などの代行業務や税務書類の作成ならびにその作成業務の相談などを行っている税務に関する専門家。弁護士や公認会計士も税理士名簿に登録し、税理士会に入会して業務が可能。

米国公認会計士

米国における公認会計士の資格。日本の公認会計士は監査法人に勤務して監査業務を行うか、個人で会計士事務所を開設し、会計・税務相談を行うことが多いが、米国では、資格を保有しつつ民間企業や公益団体の経理担当者として勤務している人も多い。非居住者の受験が可能で、かつ科目別合格制度をとっているためか、MBAと併せて、日本からの受験生も増加している。

POINT 2 利益ではなく、キャッシュを重視

▶ 現金はあらゆる場面で必要とされる

わが国でも、ここ一連の会計ビッグバンで、各種会計ルールが改訂されたが、新しい連結財務諸表原則では、キャッシュ・フロー計算書が、貸借対照表、損益計算書に並ぶ第三の基本財務諸表として、主として公開企業での作成が義務づけられた。

もともと、売上高や、営業収益等の利益計上基準は現金実現基準であったが、貨幣経済から信用経済へと発展し、企業間信用の高まりとともに、売上が計上されてから、実際に資金が回収されるまでの期間が長くなり、利益の質(硬度)が問われるようになってきた。これが、「現金がすべて、キャッシュ・イズ・キング」の意味するところである。

すなわち、現金は、売掛金や受取手形等の売上債権と比べて、回収努力不要で、貸倒れ懸念もないため安全度が高いのみならず、金利面からも有利である。現在は、低金利であり、あまり実質利子負担もないため、メリットは少ないが、今もらえる1万円と、1年後にもらえる1万円では、今もらうほうが良いのは自明で経済合理性がある。もっとも、マイナス金利(預金するのに金利を支払うこと)であれば、1年後にもらう方がよくなる。

したがって、企業の将来性を判断する際には、利益ではなく、キャッシュがどうなっているかの観点から行うように心がけるべきである。

黒字倒産という言葉を聞いたことがあると思う。利益が赤字であれば、資本の食いつぶしで、負債が資産を上回るいわゆる債務超過で、倒産・破産は免れない。黒字決算で利益が計上されれば、資産が負債を上回り、内部留保を積みますことができ、本来は倒産しない。しかし、利益に対しては、約40%の法人税等の税金を支払わなければならない。また、役員賞与や株主への配当にも現金が必要である。さらに、従業員への給料支払いや、仕入れ先への支払いにも現金が必要となる。したがって、現金の裏づけがあって初めて利益は一人前の利益といえる。

➡ 現金の回収あっての利益

　中世ヨーロッパの大航海時代と呼ばれた時代では、会計期間は現在のように1年ではなかった。1つの航海単位で、会計つまり決算が行われた。すなわち、船を建造し、ヨーロッパの特産品を積んで、外国に交易を求めて航海し、積んできた特産品（工業品など）と、外国の特産品（胡椒・香料など）を物々交換し、ヨーロッパに戻って、手に入れた外国特産品を処分し、得られた収入と、航海にかかった費用を差し引いて利益を計算したのである。航海に使った船は通常ぼろぼろになっているし、在庫の概念もなく、すべて現金による収入・支出の概念で決算を行った。また、1航海は通常約3年であった。つまり、3年間一区切りの決算であった。今日の概念でいうところのプロジェクトの考え方で、航海ごとに会社を立ち上げ、清算するイメージの当座企業（その場限り）であった。

　しかるに、現在の企業会計は継続企業（ゴーイングコンサーン）を前提にしている。信用経済の発展だけでなく、在庫や減価償却も決算、つまり利益に影響を与える。受注生産ならまだしも、在庫を持たない商売は現在では難しい。商品を生産して、売れなくても在庫として資産に計上されている間は、生産に要した費用は、利益のマイナス要因とはならない。つまり、将来の売上げという収入に対応すべく、費用は繰り延べられ資産計上されている。しかし、永遠に在庫として計上され続けることはあり得ない。いつかは販売され売上げに計上されることになる。販売に値せず商品性が欠如し、陳腐化した場合は、直ちに商品評価損を計上し、費用化しなければならない。このように、税金を支払うことができ、役員賞与を支払うことができ、株主に配当を支払うことができ、商品の仕入れ代金を支払うことができ、製品生産にかかる諸経費を支払うことのできる現金の回収を伴う「利益」につき、我々は再認識しなければならない。

　また、輸出入を行っている企業の場合は、現金といっても、外国通貨という為替リスクの問題も発生する。なるべく、外貨での支払いと受取りをうまくバランスさせるのが一番で、そのための戦略的財務行動がポイントとなる。したがって、キャッシュ・フロー計算書のほか、資金運用表や資金繰り表による評価企業の財務行動パターンを十分に把握することが必要である。

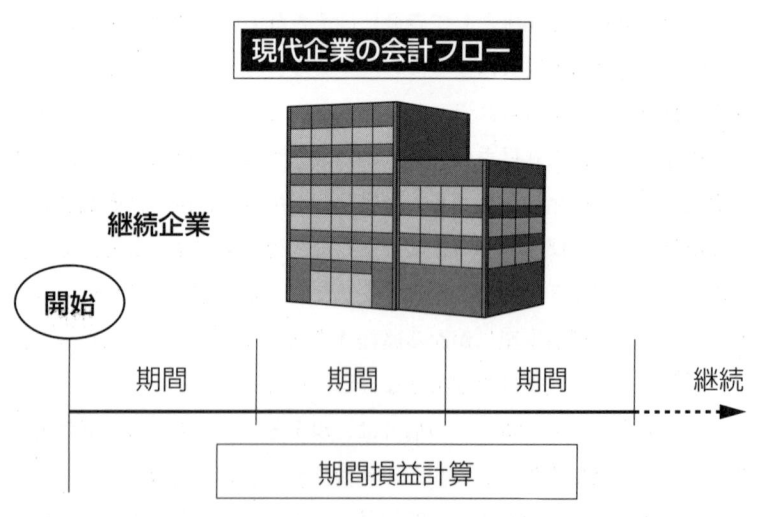

事例で考えてみよう

下記条件で会社を設立して仕入・販売した場合のA社(「掛売」)とB社(「現金売上」)のB/S(貸借対照表)を比較してみよう。

条件

① 資本金(200)を現金出資して会社を設立
② 商品(200)を現金で仕入れる
③ 仕入れた商品の半分を売り上げる(利益は100)

結果

売掛金	200	資本金	200
商品	100	利益	100
資産合計	300	資本合計	300

❗ 利益に対して税金がかかっても納税するための現金がない。
❗ 商品在庫が陳腐化し、価値が0になると利益がなくなってしまう。
❗ それどころが売掛金が回収できずに資本金も回収できなくなる。

現金	200	資本金	200
商品	100	利益	100
資産合計	300	資本合計	300

❗ 商品在庫が陳腐化し、価値が0になっても利益がなくなるだけで、資本金部分の現金は確保できる。
❗ 商品100が原価で売れれば、利益部分も回収できる。また、当面納税資金も確保される。

POINT 3 現在価値法（DCF法）でお金の時間価値を測定

▶ DCFの3つの基本概念

　現在価値法、すなわちDCF法とは、ディスカウント・キャッシュ・フロー法のことである。企業評価や事業評価において、米国の実務でよく用いられており、将来の利益を現在のお金の価値で考えるための方法である。

　DCF法を理解するには、「ディスカウント」、「キャッシュ」、「フロー」の3つの概念が基本となる。

　「キャッシュ」とは現金のことであるが、必ずしもキャッシュ・フロー計算書のキャッシュとは一致しない。どちらかといえば、企業の保有する経営資源を意味する。ただし、数量的に測定可能なものに限られる。企業は、事業活動を通じて利益を獲得することがその存在理由である。利益を獲得するには、ひと、もの、かね、情報といった経営資源の活用が必須である。

　「フロー」は、文字どおり流れを意味する。流入と流出に区分される。企業が何らかの投資の意思決定を行う場合、工場建設等の設備投資であれば、資産取得に伴い資金が流出する（キャッシュ・アウト）。一方、取得した機械等の工場設備で製品を売り上げて収入が得られれば、資金が流入する（キャッシュ・イン）。

　「ディスカウント」は、時点が異なるキャッシュ・フローを比較するのに有用な方法である。設備投資を行う際の資金の支出時期と、工場が稼動して、売上げ収入が得られるまでは、通常1～2年のタイミングのずれが生じる。また、売上げは一時期に集中するのではなく、その後、何期間にもわたって得られることになる。このように、時点が異なる収入や支出を比較するためには、一定時点に基準をそろえなければならず、補正が必要となる。補正には時間の概念、すなわち金利が用いられる。こうして、一定の金利（資本コスト）によって補正することを割引き（ディスカウント）という。

　わが国でも、投資リターンの測定や、M&A等の最新金融実務で用いられることが多くなってきたが、金融庁が、銀行の不良債権等の貸倒引当金の計上方法として、キャッシュ・フロー見積法を採用することとなり、従来にも増して、その

注目度が高まっている評価方法と言える。

➡ 割引率が価値を決める

　DCF法においては、見積もりにかかわる分が多いため、計算結果は多分に主観的となる。そこで、複数のシナリオを準備して、その発生確率によるキャッシュ・フローを求めることも行われる。

　DCF法による見積もりで前提となる事項は、割引率、各年度（期間）のキャッシュ・フロー、見積もり対象期間などである。

　もっとも、計算結果に影響を与えるのは、割引率で、この割引概念、時間価値を考慮することから、「ディスカウント」キャッシュ・フローと呼ばれる。割引率は、資本コスト（資金調達コスト等）やリスクプレミアム（実現可能性が低くリスクが高いと投資家が判断する場合に、プラスアルファとして要求されるリターンの度合い）等を考慮して決められる。ベンチャービジネス（未知の分野に挑戦する中小企業で、大企業が手の出せないことを事業化する企業）の場合は、事業構造が安定的でないため、投資に際してはそれなりのリスクプレミアムが要求され、高めの資本コストとなる。

　また、事業計画のように、スタートとエンドが一定期間で明確に決まっている場合は、事業終了（撤退）時の設備資産の廃棄（処分）価値を見積もり、それをキャッシュ・フローの現在価値に割引けば良い。

　企業評価のように、継続企業（ゴーイングコンサーン）が前提の場合は、当初の一定期間（通常3年から10年）はある程度細かく見積もるが、結局のところ、そのあとの期間、ある一定のキャッシュ・フローが毎年ずっと続くと見積もれば、期間後価値（ターミナルバリュー）が、企業価値に与える影響が大きくなる。割引率にもよるが、現在価値の半分以上を占めるケースも少なくない。

　DCF法による企業評価を行う際は、算定数値の前提となる事項を自身でよく吟味するとともに、その関連性や妥当性を、ビジネス構造や所属している業界平均を勘案しながら、十分に検証する必要がある。

事例で考えてみよう

次のA～Cの回収パターンを見て、DFC法による企業価値を考えてみよう。

条件
① 初期投資額 250万円
② 回収パターンは次の3つ

Aパターン	1年目	100万円	2年目	100万円	3年目	100万円
Bパターン	1年目	110万円	2年目	100万円	3年目	90万円
Cパターン	1年目	90万円	2年目	100万円	3年目	110万円

結果

各パターンとも、当初の投資額250万円に対して合計300万円を回収できるため投資を実行すべきと考えられる。しかし、キャッシュの時間価値の概念を導入してみると、それぞれの数値は変化するので、慎重な対応が必要となる。

各パターンを割引率10%としたDCF法で評価すると以下のようになる。

Aパターン

$$収入 = \frac{100}{1+0.1} + \frac{100}{(1+0.1)^2} + \frac{100}{(1+0.1)^3} = 91+83+75 = 249$$

Bパターン

$$収入 = \frac{110}{1+0.1} + \frac{100}{(1+0.1)^2} + \frac{90}{(1+0.1)^3} = 100+83+68 = 251$$

Cパターン

$$収入 = \frac{90}{1+0.1} + \frac{100}{(1+0.1)^2} + \frac{110}{(1+0.1)^3} = 82+83+83 = 248$$

上記のとおり、3つのパターンの時間価値を比較するとBパターンでの投資が最も現在価値が高いことになる。つまり初年度の回収額を大きくすることで投資採算がよいということになる。しかし現実には、収入パターンにばらつきがあり各年度の収入の現在価値の計算が複雑になることから、あらためて個別に計算し直すことが重要である。

また、想定したケースも必ずそのとおりにいくとは考えられないため、実際に投資をすべきか否かを判断するためには、各ケースの発生度合いを考慮して平均値を出すことが重要である。

たとえば、A、B、Cの確率をそれぞれ50%、25%、25%とすると
$$249 \times 0.5 + 251 \times 0.25 + 248 \times 0.25 = 249.25$$

となり、初期投資額である250万円を下回る結果となり、投資は実行すべきではないと判断できる。

第1章 目利きになるために

減損会計のフローチャート

　固定資産は、企業が将来においてキャッシュ・フローを獲得できることを前提に取得している。仮に、キャッシュ・フローが低下し、固定資産投資をまかなうことができなくなった場合は、一定の手続きにより帳簿価額を切り下げるのが減損会計である。このように減損会計にもDCF法の考え方が取り入れられている。

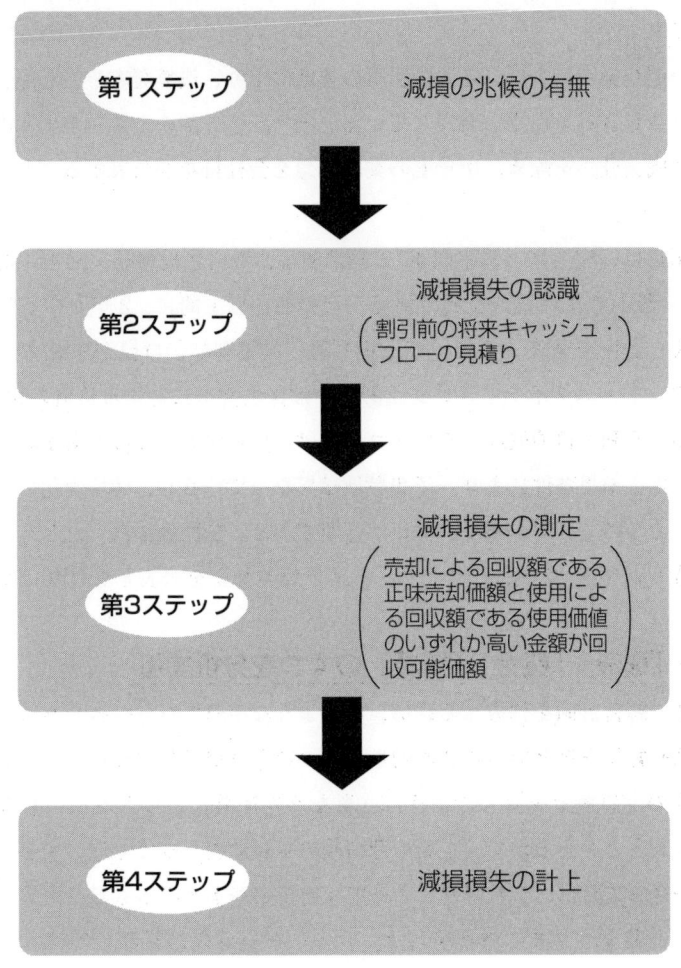

POINT

4 分析対象企業の ビジネスモデルの把握

➡ 企業の公開している資料を活用する

　企業の将来性は、シミュレーションの考え方により、予想財務諸表、見積財務諸表、将来財務諸表などを作成し、事業計画や経営計画の整合性を判断することが重要である。

　株式公開企業の場合は、証券取引所の要請により、決算発表を行う際、決算短信と呼ばれる資料を作成・発表している。その際、一部の企業（米国基準での財務諸表作成会社）を除き、次年度の業績予想を会社自身が公表することになっている。

　開示項目は、売上高（営業収益）、経常利益、税引き後利益、配当、配当性向（配当金÷税引き後利益）などである。その他、自主的に、2年から5年後の経営（事業）計画を発表する際、売上総利益、営業利益、自己資本比率、D/Eレシオ（デット・エクイティ・レシオあるいは株主資本に対する負債の比率）、総資産残高、有利子負債残高等をマスコミ向けに公表するところもある。

　もちろん、前提条件により、予想数値は異なってくるし、環境変化で、前提も変わってくるので、その都度、修正が必要である。公開企業は、たとえば売上予想から着地が30％変動しそうだと、業績予想の修正を公表しなければならない。

➡「強み」「弱み」「機会」「脅威」の4つを分析する

　一般に、経営計画を作成するには、次のような手順で行うべきである。まず、経営理念や経営方針といった基本的な経営の考え方が必要となる。ヤマト運輸が個人相手の宅急便で成功したように、単なる陸運業ととらえるか、ものを運ぶサービス業ととらえるかで、企業のその後の発展は変わってくる。すなわち、経営理念や経営方針は、会社経営にとってすべての基本となるものである。

　次に、企業をとりまく外部環境と、企業内の経営資源を洗い出すSWOT（スウォット）分析で、マクロ環境、ミクロ環境を分析すべきである。

　SWOT分析のSは自社の強み（Strength）、Wは自社の弱み（Weakness）を意

味し、環境変化やライバル企業との相対的評価を行う。たとえば、インターネットの普及は、商品販売のための全国店舗展開を不要にした。金融機関においても、ネット銀行やネット証券が出現しているように、必ずしも、実際のリアル店舗がビジネスに必須というわけではない。また、小売業の場合も、かつては駅前の商店街やデパートが、人々の交通の利便性が良いということで優位であったが、1世帯が1台超の車を保有するモータリゼーション時代の到来で、郊外型ショッピングセンターのほうが、集客力が向上している。このように、外部環境との比較は、絶対的なものではなく相対的なものであることに留意しよう。

　また、自社の経営資源の洗出しも行う。たとえば、人材の高齢化はフットワーク（作業能率）は落ちるかもしれないが、ノウハウ・経験集約的な仕事には有利である。設備投資で機械化を行うことは、効率が向上し、生産性は増加するが、一般に多品種少量生産には向かないので、機動的な受注生産を行いにくい。

　また、SWOT分析のOは自社への機会（Opportunity）があること、Tは自社への脅威（Threat）があることを分析する。たとえば、前述のように小売店にとっては立地がもっとも重要であるが、近辺に競合店が出現したり（脅威の発生）、新しい道路の開通や新駅の誕生（機会の発生）などを評価していくことになる。

　たとえば、輸出志向産業であれば、為替レートの見通しと、輸出対象国の景気・経済状況の見通しが重要となる。かつては、ドルベースの輸出が多く、為替リスクは高かったが、現在では、円建てのウェイトも高まっているし、さらにドル以外にユーロ建ての取引も増えており、為替の見きわめも単純ではない。円はドルに対しては円高だが、ユーロに対しては円安である場合など、総合的な判断が必要である。また、金融技術の発達で、先物為替予約や通貨オプションなどデリバティブ（金融派生商品）を活用したりして、為替リスクを抑制することも可能となっている。これらの観点からの分析も必要である。もっとも、企業の本業を逸脱し、投機で稼ぐといった金融技術の利用とならないような内部管理体制の構築も言うまでもない。

実際の決算概要を見てみよう

以下は、平成18年12月期のキヤノン決算短信である。次年度の業績予想をどのように公表しているか見てみよう。

5．次期の見通し

次期の世界経済を展望しますと、為替レート、主要国の金利、資材価格の動向等の不透明な要因や懸念材料も見られますが、原油価格の動向も落ち着く傾向を見せ始めており、各地域とも景気は総じて順調に拡大するものと予想されます。

当社関連市場においては、デジタルカメラの需要は、新興国市場で高い伸びが期待されることから継続して拡大するものと見込まれます。また、ネットワーク複合機やレーザビームプリンタでは特にカラー機の需要がさらに拡大する一方、価格競争の激化や低価格帯の製品への需要のシフトが続くものと思われます。半導体用露光装置は、前半緩やかな下降局面を迎える可能性もあるものの年間を通してみると堅調な推移が見込まれる一方、液晶用露光装置は、主要なパネルメーカーの設備投資が抑制傾向にあり、当面、低調に推移するものと想定されます。

次期の業績見通しにつきましては、連結売上高4兆4,500億円、連結税引前当期純利益7,750億円、連結当期純利益4,950億円を予想しております。また、単独業績につきましては、売上高は2兆9,300億円、経常利益5,650億円、当期純利益3,700億円を予想しており、連結・単独共に8期連続の増収増益を見込んでいます。なお、為替レートにつきましては、米ドルは当期に比べ若干の円高水準の1米ドル115円、ユーロについては若干の円安水準の1ユーロ150円を前提としております。

19年12月期の連結業績予想（平成19年1月1日～平成19年12月31日）

	売上高	税引前当期純利益	当期純利益
	百万円	百万円	百万円
中間期	2,100,000	375,000	238,300
通期	4,450,000	775,000	495,000

（参考）1株当たり予想当期純利益（通期）371円72銭

19年12月期の業績予想（平成19年1月1日～平成19年12月31日）

	売上高	経常利益	当期純利益
	百万円	百万円	百万円
中間期	1,355,000	265,000	175,000
通期	2,930,000	565,000	370,000

（参考）1株当たり予想当期純利益（通期）277円85銭

2. 地域別・製品別売上高（平成19年12月期予想）
(1) 製品別売上高

	平成19年12月期予想 （2007年）				平成18年12月期実績 （2006年）			
	第1四半期	上半期	下半期	年間	第1四半期	上半期	下半期	年間
事務機	690,200	1,402,700	1,497,500	2,900,200	631,153	1,286,596	1,404,491	2,691,087
オフィスイメージング機器	299,300	616,000	661,000	1,277,000	286,488	585,437	600,488	1,185,925
コンピュータ周辺機器	362,600	731,000	780,000	1,511,000	316,796	646,663	751,745	1,398,408
ビジネス情報機器	28,300	55,700	56,500	112,200	27,869	54,496	52,258	106,754
カメラ	210,700	496,200	619,600	1,115,800	192,061	460,285	581,580	1,041,865
光学機器及びその他	99,100	201,100	232,900	434,000	100,058	205,374	218,433	423,807
合計	1,000,000	2,100,000	2,350,000	4,450,000	923,272	1,952,255	2,204,504	4,156,759

(2) 地域別売上高

	平成19年12月期予想 （2007年）				平成18年12月期実績 （2006年）			
	第1四半期	上半期	下半期	年間	第1四半期	上半期	下半期	年間
国内	222,000	463,500	508,900	972,400	213,694	446,298	485,992	932,290
海外	778,000	1,636,500	1,841,100	3,477,600	709,578	1,505,957	1,718,512	3,224,469
米州	297,600	634,400	710,800	1,345,200	285,067	594,473	689,173	1,283,646
欧州	326,600	694,200	751,400	1,445,600	281,621	610,943	703,362	1,314,305
その他	153,800	307,900	378,900	686,800	142,890	300,541	325,977	626,518
合計	1,000,000	2,100,000	2,350,000	4,450,000	923,272	1,952,255	2,204,504	4,156,759

＊ 売上高の予想に関しては、製品別と地域別とを組み合わせて精緻に作成することが困難であるため、今回より製品別・地域別それぞれの合計のみの開示に変更しております。

11. 為替影響
(1) 為替レート

	平成19年12月期 （2007年）		平成18年12月期 （2006年）	
	第1四半期予想	年間予想	第4四半期実績	年間実績
円／US$	117.00	115.00	117.81	116.43
円／Euro	152.00	150.00	151.89	146.51

出所：キヤノン株式会社　平成18年12月期　決算概要
（平成19年1月29日公表）

POINT 5 経営分析、財務分析、企業分析などのちがい

➡ 各分析方法と重視するポイント

　経営分析とは、ある企業に対して、投資・貸付・営業取引・管理・コントロールなど、将来の意思決定を行うために、当該企業の実態を把握すること、すなわち、企業の評価を行うことである。具体的には、企業活動を貨幣金額で表現した財務諸表と、貨幣金額では表現できない非財務資料を用いて、収益性と流動性（支払能力）を判断し、その判断を意思決定に役立てることを目的とするものとされる。すなわち、経営分析は、もっとも広義な概念で、対象企業ないし会社の経営状況（経営資源）を分析することである。したがって、経営資源は、主に、ひと、もの、かね、情報に区分されることから、財務的（貨幣的・定量的）分析と、非財務的（非貨幣的・定性的）分析に区分できる。

　また、経営分析に類似した用語として、財務諸表分析・企業分析・財務分析・企業評価・信用分析・企業調査・企業審査・会社分析など、種々の言葉が使われているが、論者によって意味合いが異なる。

　しかし、これらは、おおむね、次のように整理することができよう。

　財務諸表分析は、経営分析の内訳項目として述べたように、企業活動を貨幣金額で表現した財務諸表について分析するもので、比率分析よりは、財務諸表あるいは決算書の読み方、つまり実数のとらえ方が重視されることが多い。もちろん収益性、安全性など各種比率分析も行われるが、学問的にも、簿記や会計（財務諸表論）の観点からの説明がなされることが多く、当該財務諸表のデータがどのような会計処理基準で作成されているか、生の数字の意味するところなど作成の前提条件の理解が要求される。

　財務分析は、企業評価、企業調査などと同様に、企業財務（コーポレートファイナンス）の立場から、特に株主の立場に基づいた企業価値を分析するものとするほか、狭義では、財務、すなわち資金繰り（資金の運用調達）の状況について、分析・評価を行うことを対象とするものもある。

　信用分析は、その名のとおり、企業の信用状態を分析するもので、銀行におけ

る融資の可否や、一般会社においては、営業取引における信用供与（掛取引の金額・期間など条件設定）を目的として行われる。

　企業審査とは企業を審査することであるが、一般的には信用調査と同義とされる。経済取引のなかで与信を行う際に何らかの形で実施される。

　ちなみに、中小企業診断士は、中小企業の診断を行うわけであるが、そのプロセスは、6つに分けられる。提案が行われるのが特徴とされる。

　準備段階：概要把握
　調査段階：ヒアリング、資料収集、資料分析
　診断段階：問題点の分析・検討、調査・分析との違いは改善提案を行うこと
　調整段階：抽出された個別の問題点を総合的に調整
　改善提案：改善提案を報告説明
　事後指導：改善提案の進捗状況を確認しつつ行う

参考書籍選びのポイント

　書店に並ぶビジネス書のタイトルを見ると、いわゆる「決算書がわかる本」のようなネーミングがされているものは、まさしく決算書（財務諸表）の読み方のノウハウが習得できるものが多い。すなわち、決算書の作成ルールや、読む場合の勘所がポイントとなっている。また、財務分析や経営分析の書籍を読む前の第一ステップの扱い・入門編とされることが多い。

　一方、「経営分析がわかる本」、「財務分析がわかる本」とネーミングされているものは、まさしくデータの分析に基づき、企業評価ができるようにする啓蒙書である。書籍の内容からは、財務分析の場合は、財務諸表など、定量・数値データの分析が中心になっているものが多い。経営分析の場合も、財務分析が基本ではあるが、定量・数値データ以外のものが内容に織り込まれているものが多い。たとえば、当該分析対象企業の経営をとりまく外部環境・内部資源分析などである。定性・非数量データの分析にもウェイトがさかれている。

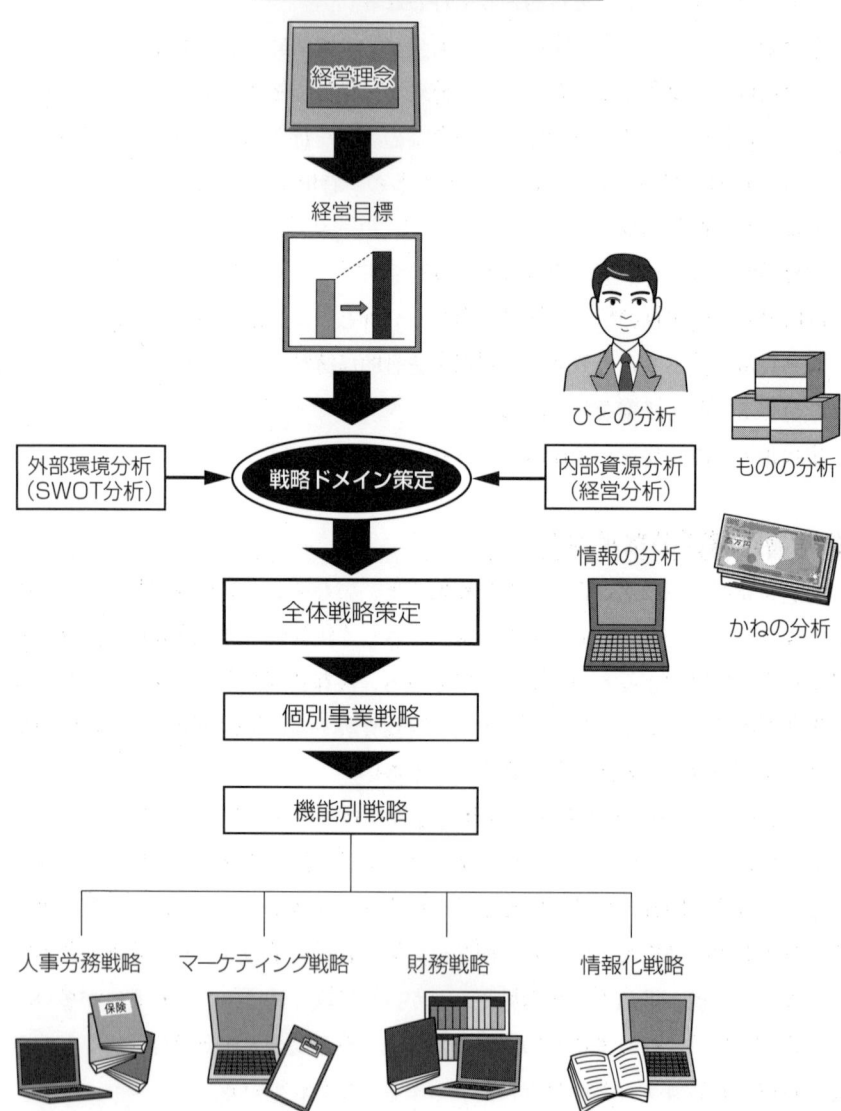

第1章 目利きになるために

財務的分析のフローチャート

貨幣的・定量的分析

↓

財務データを対象

├─ 財務諸表分析（財務諸表や決算書を分析する）
└─ 財務分析（企業価値や財務・資金繰りを分析する）

▶実数分析

第4章	損益計算書の徹底理解
第5章	貸借対照表の徹底理解
第6章	キャッシュ・フロー計算書の徹底理解
第7章の一部	連結財務諸表分析

▶比率分析

第7章	収益性分析
	安全性分析
	効率性分析
	生産性分析
	成長性分析

▶企業価値の分析

第7章	EVA
	EBITDA
	ハゲタカレシオ
	株価の尺度

▶財務・資金繰りを分析する

第7章	安全性分析
	キャッシュ・フロー分析
	資金運用表等分析

第1章まとめ

　企業の将来性を評価するには、技術力の評価も必要である。しかし、まずは、定量分析であるところの財務分析や経営分析で、しっかりと分析対象企業を把握しよう。

　評価のためのノウハウを身につけるために、中小企業診断士、証券アナリスト、公認会計士、税理士など各種資格取得のための試験勉強を有意義に活用しよう。

　現在の会計基準は信用経済に基づく、発生主義を採用している。したがって、利益があっても倒産する黒字倒産が起こり得る。反対に赤字であっても、銀行から借入れなど資金繰りがつけば、倒産は免れ、企業は生きながらえることができる。そのため、分析においては利益よりもキャッシュ（現金）が重視される。

　ものに価値があるように、お金にも価値がある。お金の価値は、ものとものが交換される尺度（割合）を表しているが、お金自体の価値は、いつ使うかという時間価値でも評価される。今の100円と1年後の101円が同じ価値だとすると、いわゆる割引率＝利子率は年1％となる。この割引価値の考え方は、異なる時点の企業価値を評価する場合に必要な概念である。

　ビジネスモデルとは、会社が成長し、儲けていくための事業構造のことをいう。たとえば、家庭電器製品の量販店は、顧客にはできるだけ安く提供するので、儲けは少ないが、大量の商品を売ることで、仕入れを安くできたり、メーカーから販売促進費などのリベート収入を得ることで利益を上げている。

　経営分析は、一般に分析対象企業の実態を把握することで、財務諸表分析は、経営分析の内訳項目、また、財務分析は、株主の立場に基づいた企業価値分析や、狭義では、財務（資金繰り）分析とされる。

第2章

企業データの収集方法

POINT 6 データの収集源と、定量データ・定性データ

▶ 会社四季報や会社案内で概略をつかむ

　企業評価を行うのには、いわゆる定量データ・数値データである財務諸表分析が中心となるが、それ以外にも、質的な定性評価も必要となる。

　証券取引所に株式を上場している株式上場会社であれば、有価証券報告書を入手すれば、財務諸表が記載されている。しかしながら、有価証券報告書は、会計ビックバンや、ディスクロージャー（情報開示）充実で、年々記載項目が増加しているため、A4版で、50から100ページと、かなりのボリュームである。そこで、分析前にまず、東洋経済会社四季報や日経会社情報等で会社の基本情報のチェックを行い、会社概要をつかんで置くのが有用である。

　また、取引所に株式を上場していない株式非上場会社の場合でも、会社四季報等に記載されているような事項のうち、株価データ以外について、できるだけ会社から入手することにより、分析前のおおつかみとしたい。

　最近は、インターネットの発達で、会社がウェブサイトを作成していることが多いので、評価対象会社のウェブサイトから、会社の基本情報を入手するとともに、所属している業界（セクター）情報も取得する。

　たとえば、会社案内のパンフレット等から、①正式会社名②決算日③設立年月日④特色⑤事業の売上構成割合⑥本社所在地（郵便番号、住所、電話番号）⑦支社所在地（都道府県、電話番号）⑧支店所在地（都道府県）⑨工場所在地（都道府県、電話番号）⑩従業員（人数、平均年齢）⑪取引銀行⑫URL（ウェブサイトのアドレス）が把握できる。会社の沿革もよく書かれており、資本金の推移や、大株主の存在や関係もわかることが多い。株主に、ベンチャーキャピタル（VC、ベンチャー企業専門に投資を行っている会社）や、中小企業投資育成会社の名前があれば、将来、株式公開を考えていると推察できる。

　また、取扱商品・製品を把握するための販売用パンフレットも入手しておきたい。他社との製品差別化は、何かを社長から聞くときに、事前に整理しておきたい。相手は細かい商品名や、現在準備中の新製品、また、ライバルメーカー商品

名まで、詳しく話してくれる場合もあり、最初に頭の中にインプットしておくかどうかで、理解度がかなり異なる。同様に、業界情報とつきあわせ、評価対象会社の業界内における位置も把握し、将来性評価の礎とすべきである。

➡ 詳しい企業情報は有価証券報告書で

　有価証券報告書は、株式など有価証券の発行会社が、毎事業年度終了後3ヵ月以内に、内閣総理大臣に提出する書類で、金融商品取引法に基づく、企業情報の宝庫の書類である。通常、有報（ゆうほう）と略される。有価証券報告書には、①企業の概況、②事業の概況、③設備の状況、④提出会社の状況、⑤経理の状況、⑥提出会社の株式事務の概要、⑦提出会社の参考情報、⑧提出会社の保証会社等の情報などが記載され、当該企業に対するさまざまな情報が開示されている。会社法改正前までは、原則として、決算が株主総会の承認事項であったため、通常、事業年度終了後3カ月経過の直前に開催される株主総会終了を待って、開示されることになる。当該企業につき、かなり詳しい情報が開示されるものの、前期事業年度末後の30日から45日くらいのタイミングで開示される短信と比べると、開示タイミングがかなり遅い。しかも、短信は、ページ数も少ないし、各証券取引所のウェブサイトで、数年前くらいから即日閲覧・ダウンロードが無料でできたのに対して、有価証券報告書は紙ベースで、証券取引所や財務局に足を運んで閲覧するしか方法がなかった。紙ベースを有料で購入するのも、旧大蔵省印刷局から発売されるのが、3月決算で8月頃からと結構な時間を要していた。

　それが、インターネット技術の発展で、インベスターリレーションズ（IR、投資家向け広報）に力を入れる企業が増加し、株主総会の翌日には、自社のウェブサイトに有価証券報告書を開示するところも増えてきて、入手が容易になった。

　さらに、金融庁によるEDINET（Electronic Disclosure for Investor's Network：金融商品取引法に基づく有価証券報告書等の開示書類に関する電子開示システム）が構築・向上され、提出日の翌日から、インターネットを通じて、各社の有価証券報告書の閲覧ができるようになった。

会社四季報（東洋経済新報社）

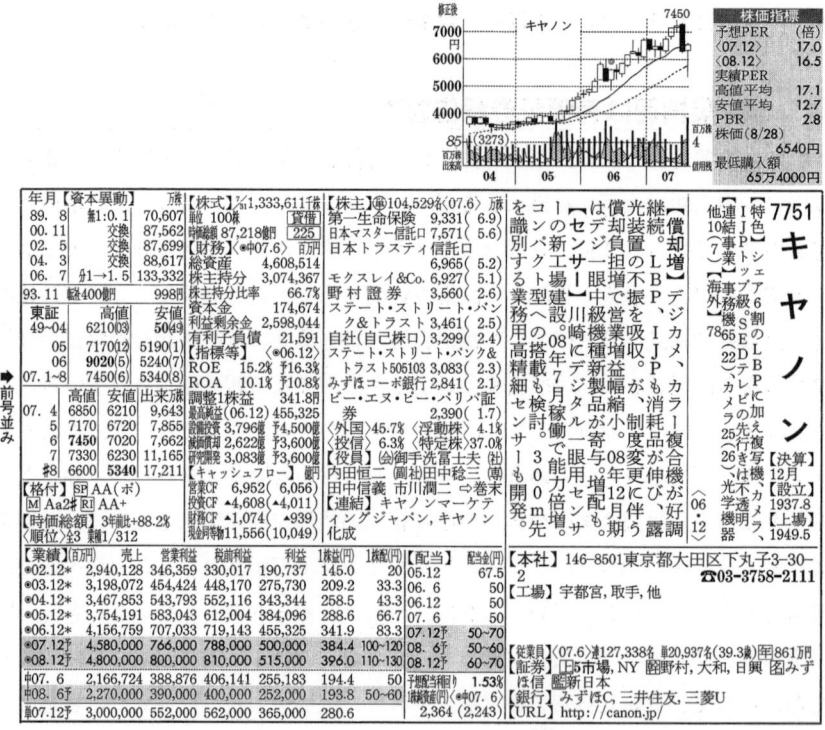

1936年の創刊で株式投資のバイブルとして長い歴史を有している。東洋経済新報社は代表的なビジネス雑誌の1つである週刊東洋経済を発行している出版社で、独自の取材に基づく、会社業績予想（ここでは、08.12予）を掲載している特徴をもつ。

出所：『会社四季報 2007年4集秋号』東洋経済新報社　1451頁

会社情報（日本経済新聞社）

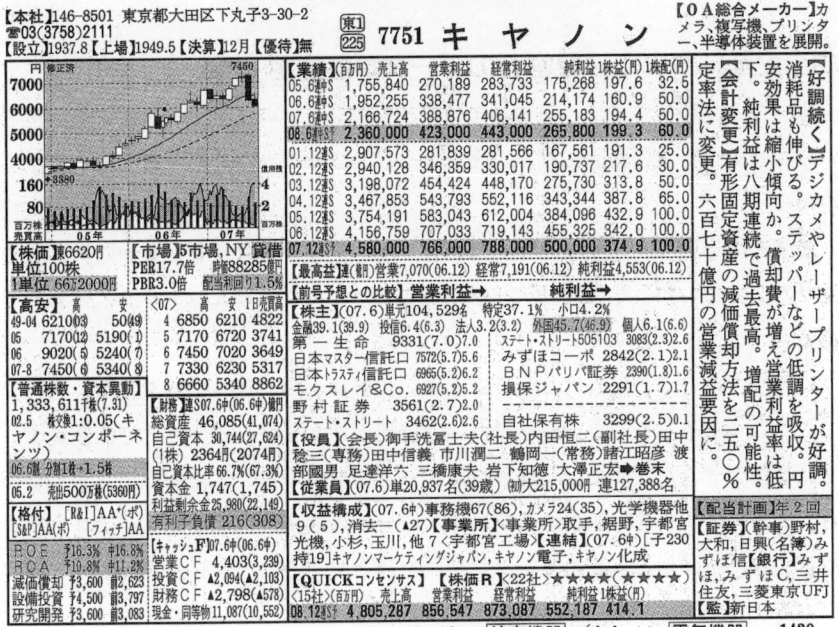

1979年の創刊で、会社四季報よりは歴史が浅い。日本経済新聞社は、主に経済を中心とした全国版日刊紙を発行している新聞社である。
会社情報の方が会社に対する見方が厳しいとの評価が多い。

出所：『日経会社情報2007Ⅳ秋号』日本経済新聞社　1430頁

POINT 7 経営資源①　ひとのデータ

➡ 中小企業については経営者のデータが最重要

　人（ひと）のデータで、重要なのは社長（経営者）の属性データである。何といっても中小企業の場合、社長（オーナー）の才覚がかなりの重要なウェイトを占める。

　株式を証券取引所に上場していない非上場の中小企業は、なかなか財務諸表を見せたがらないが、その財務データ以上にやっかいなのが人のデータ（情報）である。

　これは、自分で、足しげく会社にかよい、社長との面談・インタビューを通じてこつこつ集めるしかないが、それでは時間がかかりすぎる。そこで、基礎データは帝国データバンクや、各種興信所データを活用することになる。しかしながら、これらのデータは活用する際には、十分その取扱いに注意し、やはり、社長や番頭さん・とりまき等のインタビューを通じて、その内容を確認していく必要がある。

　経営者を判断する際のチェックポイントは、自身が創業者か、あるいは2代目か、また、兄弟や親戚がどの程度、会社に入っているかである。やはり、2代目の場合はよほど努力しないと、守りの経営はともかく、一般に攻めの経営には弱い。また、複数の兄弟が社内にいる場合は、会長・社長ポストをたらいまわしにしたり、また、スピードを要求される経営上の意思決定を延ばし延ばしにする傾向がある。

　実力社長の場合は、兄弟間で、営業、管理、研究と社内分担が明確で、やはりカリスマ性のあるリーダーシップのあるものがトップになっている。さらに、子供がいても、すぐには、社内に入れず、取引先（たとえば自社が製造業なら、商社、卸、小売）で、営業・販売面の修行をさせ、自社製品の営業フローを実地で習得させるとともに、社内に入社させても、営業の第一線や、新規分野等を担当させ、実力で生き残ってきて初めて、後継者の候補の1人とするような経営哲学である。これらのことは、社長本人や、番頭（参謀）さんからのヒアリングで確

認していくべきである。

　やはり、組織が大きくなると、社長1人では、会社はマネージできない。たとえば、社内旅行でも、40人を超えてくるとバス1台では移動できず、2台ともなれば、社長補佐役は必須である。

　また、会社と個人をどのように考えているのかも、社長によって異なる。中小企業は、会社資産以外に、社長の個人資産も含めて、融資審査すべきとの書物が多いが、本当にそれでいいのか。やはり、社長の会社哲学をヒアリングしつつ、会社の収益力を目利きすべきと思われる。

　さらに、キヤノンの場合、有価証券報告書の事業のリスクの記載において、人材の確保に関連するリスクが触れられている。特に、レンズ加工などの特殊技能が必要とされる技術志向型の会社であるため、技術の伝承が製造技術の重要課題とされている。

▶ 役員リストから社風を読み取る

　最近の会社は、経営の意思決定と業務執行を分離させ、業務執行は執行役員に担当させ、取締役の人数を少数にする会社が増加しているが、キヤノンの場合は、取締役の人数は27名と多い。ただし、有価証券報告書の役員の状況の内容を分析することで、分析対象会社の人事方針を読み取ることができる。もっとも若い役員は何歳か。また、役員に就任する平均的年齢は何歳か。

　野村證券は一時期キープヤングと呼ばれ、40歳代後半の取締役が毎年誕生していたが、日本を代表する製造業では、早くて50歳代前半で、キヤノンもそのようである。さらに役員の略歴を見れば、理科系（技術畑）と文科系（管理・事務畑）のどちらの割合が多いかで、会社の体質がわかる。技術力重視の会社の場合は、当然理科系の役員が多くなるが、文科系の場合も、営業中心か、人事や経理・財務部門かによって社風が異なる。野村證券で比較的若手が早く取締役になれるのは、金融技術（デリバティブ等）の革新スピードが速く、柔軟な発想の柔らか頭脳の持ち主や、現場重視から営業力が求められることなどがその理由とされている。

収集すべき情報

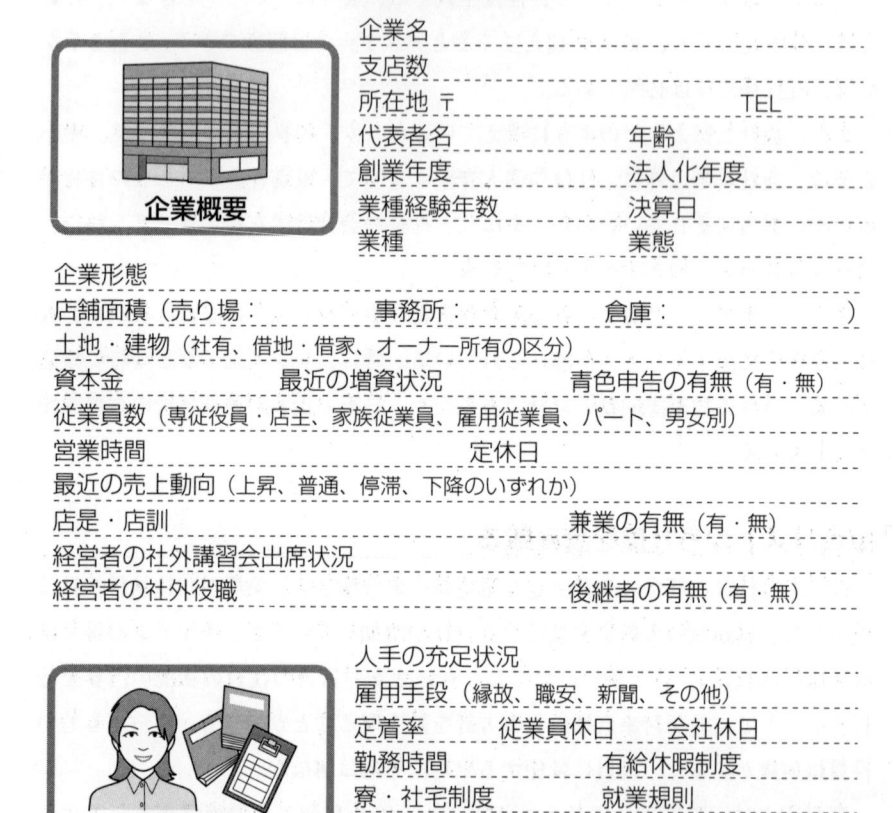

企業概要

企業名
支店数
所在地 〒　　　　　　　　　　　　　　　TEL
代表者名　　　　　　　　　　年齢
創業年度　　　　　　　　　　法人化年度
業種経験年数　　　　　　　　決算日
業種　　　　　　　　　　　　業態
企業形態
店舗面積（売り場：　　　　事務所：　　　　　倉庫：　　　　　）
土地・建物（社有、借地・借家、オーナー所有の区分）
資本金　　　　　最近の増資状況　　　青色申告の有無（有・無）
従業員数（専従役員・店主、家族従業員、雇用従業員、パート、男女別）
営業時間　　　　　　　　　　　定休日
最近の売上動向（上昇、普通、停滞、下降のいずれか）
店是・店訓　　　　　　　　　　兼業の有無（有・無）
経営者の社外講習会出席状況
経営者の社外役職　　　　　　　後継者の有無（有・無）

労務関係

人手の充足状況
雇用手段（縁故、職安、新聞、その他）
定着率　　　従業員休日　　　会社休日
勤務時間　　　　　　有給休暇制度
寮・社宅制度　　　　就業規則
給与規定　　　　　　退職金規定
従業員持株制度
財産形成制度　　　　　　　社内旅行
各種社会保険（健康保険、厚生年金保険、雇用保険、労災保険）
従業員平均年齢（男：　　女：　　全体：　　　）
勤続年数（最高：　　最低：　　　　平均：　　　）
主要従業員の給与状況（役職、性別、年齢、勤続年数、月平均給与）
組織形態その他労務管理の状況

有価証券報告書からわかるひとのデータ

キヤノンの有価証券報告書から事業別の従業員数や平均年齢、平均年間給与までわかる。

5【従業員の状況】
(1) 連結会社の状況

平成18年12月31日現在

事業の種類別セグメントの名称	従業員数（名）
事務機	79,293
カメラ	16,841
光学機器及びその他	16,494
全社	5,871
合計	118,499

（注）1　従業員数は就業人員であります。
　　　2　臨時従業員の年間平均人員は30,394名であります。
　　　3　臨時従業員には、期間従業員、パートタイマー及び派遣社員が含まれております。

(2) 提出会社の状況

平成18年12月31日現在

従業員数（名）	平均年齢（歳）	平均勤続年数（年）	平均年間給与（円）
20,377 [5,737]	39.3	16.0	8,615,456

（注）1　従業員数は就業人員であり、臨時従業員数は［　］内に年間の平均人員を外数で記載しております。
　　　2　臨時従業員には、期間従業員、パートタイマー及び派遣社員が含まれております。
　　　3　平均年間給与は、賞与及び基準外賃金を含んでおります。

5【役員の状況】

役名	職名	氏名	生年月日	略歴	任期	所有株式数(株)
代表取締役会長		御手洗冨士夫	昭和10年9月23日生	昭和36年4月　当社入社 昭和54年1月　Canon U.S.A., Inc, 社長 昭和56年3月　取締役 昭和60年3月　常務取締役 昭和64年1月　本社事務部門担当 平成元年3月　代表取締役専務 平成5年3月　代表取締役副社長 平成7年9月　代表取締役社長 平成18年3月　代表取締役会長兼社長 平成18年5月　代表取締役会長（現在）	注1	92,300
代表取締役社長		内田恒二	昭和16年10月30日生	昭和40年4月　当社入社 平成7年4月　カメラ事業本部レンズ事業部長 平成9年3月　取締役 平成9年4月　カメラ事業本部副事業本部長兼カメラ事業部長 平成11年4月　カメラ事業本部長 平成11年7月　デジタルフォト事業推進担当 平成12年1月　デジタルフォト・ホーム事業推進担当 平成13年1月　イメージコミュニケーション事業本部長	同上	9,600

（最大の輸出先米国勤務の経験が長い。）
（カメラ事業部門の経験が長い。）

注1：取締役の任期は平成19年3月29日開催の定時株主総会から1年であります。

出所：キヤノン株式会社　有価証券報告書

POINT 8 経営資源②　もののデータ

非財務データはどこから読み取るのか

　ここでは、生産設備や店舗等の有形固定資産について、財務諸表にあらわれない非財務データを入手、ヒアリングすることにより、企業の将来性評価に役立てる。

　公開会社の場合を例にとると、有価証券報告書では、設備の状況として、①設備投資の当期実績額、②重要な固定資産の売却・撤去、③主要な設備の状況、④主要なリース契約資産、⑤設備の新設・除却等の計画等が公表されている。

　また、貸借対照表や損益計算書の重要な会計方針には、減価償却の方法（定額法、定率法等）、主な耐用年数、少額減価償却資産の会計処理方法、リース取引の処理方法等が開示されている。

　さらに、貸借対照表や損益計算書の注記事項として、①担保に供している資産の金額、②固定資産売却損益、③固定資産廃棄損、④研究開発費の総額等が開示されている。また、リース取引関係として、①リース物件の取得価額相当額・減価償却累計額相当額・期末残高相当額、②未経過リース料会計期末残高相当額、③当期の支払リース料・減価償却費相当額・支払利息相当額等の情報が開示されている。

　また、有形固定資産等明細表では、建物、構築物、機械および装置といった区分での資産の種類ごとに、①前期末残、②当期増加額、③当期減少額、④当期末残、⑤当期償却額、⑥減価償却累計額等が開示されている。

　すなわち、これらのデータから、評価対象企業の土地、建物、機械設備等の残高や、増減の推移を把握する。最近は、リース取引のみならず、アセットファイナンス（資産の流動化・証券化）が盛んで、オフバランスとなっているケースも多いので、対象企業が、どのような財務政策で、設備投資を行っているのかを十分にヒアリングする必要がある。たとえば、ファブレスのように、自社で製造工場をもたず、外部に生産をアウトソーシングしている場合は、貸借対照表はスリム化する。一方、業種によっては、巨額の設備投資（機械化）を必要とする資本

集約型のものもあり、業種の特徴を十分に理解したうえでのバランスシート（貸借対照表）分析が必要となる。また、財務諸表では、無形固定資産として計上されている特許権や、各種パテント、ロイヤルティ、ビジネスモデル特許等の保有件数についてもヒアリングし、当該企業の独自性の源泉を把握すべきである。

➡ 有価証券報告書から読み取れる設備の状況

　次頁の図表はキヤノンの有価証券報告書の「設備の状況」で、設備投資等の概要、主要な設備の状況、設備の新設・除却等の計画（ここではこれのみ図表省略）を表しているが、これらからは以下のような事項がわかる。

　第1に設備投資の概要は、連結グループで、どのような目的でどれくらいの金額で、事業のセグメント（部門）別に設備投資が行われたかの結果が記載されている。

　第2に主要な設備の概況は、提出会社（親会社）と子会社（ここでは外国会社は省略）の事業所別に、土地、建物および構築物、機械装置およびその他資産の帳簿価額と、従業員の配置状況（従業員数）が記載されている。このなかで、土地については保有面積が記載されているので、1平米あたりの帳簿価額が計算可能で、時価との比較から、含み益か含み損が生じているのかを推測することが可能である。東京都大田区の本社は、1平米あたり約32万円であり、坪単価約105万円である。一方、国内子会社のキヤノンマーケティングジャパンの本社は、東京都港区にあるが、1平米あたり約338万円で、坪単価約1,115万円でキヤノン本社の約10倍である。

　第3に設備の新設・除却等の計画は、会社の利益水準やキャッシュ・フローとの比較が重要である。キヤノンの例では、設備投資計画金額は4,800億円と巨額の数字であり、すべて自己資金でまかなうとしているが、前期の連結当期純利益約4,553億円と比べても、高水準と言えよう。ただし、毎年の減価償却も約2,600億円の水準になり、これら設備更新投資を考えると、決して過大投資とも言えない。いずれにせよ、キャッシュ・フロー計算書の財務キャッシュ・フローでどのように資金調達するのかとあわせて分析すべきであろう。

有価証券報告書からわかるもののデータ

第3【設備の状況】
 1【設備投資等の概要】
 　当連結会計年度の設備投資につきましては、研究開発拠点整備、生産技術の強化、高付加価値製品の生産体制充実を主目的に幅広く投資を実施いたしました。この結果、当連結会計年度の設備投資総額は379,657百万円となりました。
 　主な投資対象は、本社部門の土地、建物、機械及び装置、工具器具及び備品、カメラ部門の建物、事務機部門の土地、建物、機械及び装置、型、光学機器及びその他部門の土地、機械及び装置であります。
 　なお、重要な設備の売却、撤去又は滅失はありません。

事業の種類別セグメントの名称	設備投資金額（百万円）	主な設備投資の目的・内容
事務機	154,259	生産拠点拡充及び生産能力増強
カメラ	31,517	生産拠点拡充及び生産能力増強
光学機器及びその他	36,272	開発拠点整備及び生産能力増強
全社	157,609	研究開発拠点整備及び管理業務用設備の合理化並びに拡充
合計	379,657	

（注）上記金額に消費税等は含まれておりません。

2【主要な設備の状況】
 　当連結会計年度末現在における当グループの主要な設備の状況は次のとおりであります。
 (1) 提出会社の状況

$$\frac{36,890}{115,201} \approx 32\,万円/m^2$$

平成18年12月31日現在

事業所名（所在地）	事業の種類別セグメントの名称	設備の内容	帳簿価額（百万円）				従業員数（人）
			土地（面積 m²）	建物及び構築物	機械装置及びその他資産	合計	
本社（東京都大田区）	全社	研究開発用設備、管理業務用設備	36,890 (115,201)	99,295	70,640	206,825	6,669
取手事業所（茨城県取手市）	事務機	事務機生産設備	735 (257,053)	40,882	32,372	73,989	3,976
阿見事業所（茨城県稲敷郡阿見町）	事務機、光学機器及びその他	光学機器生産設備、その他生産設備	1,409 (126,586)	14,526	12,215	28,150	1,050
宇都宮工場（栃木県宇都宮市）	カメラ	カメラ生産設備	3,705 (162,618)	20,242	13,420	37,367	1,065
宇都宮光学機器事業所（栃木県宇都宮市）	光学機器及びその他	光学機器生産設備	4,723 (196,792)	32,239	32,775	69,737	1,597
富士裾野リサーチパーク（静岡県裾野市）	同上	研究開発用設備	10,276 (275,780)	17,551	5,218	33,045	1,426
綾瀬事業所（神奈川県綾瀬市）	同上	研究開発用設備、その他生産設備	4,519 (50,549)	8,408	10,706	23,633	417
平塚事業所（神奈川県平塚市）	同上	研究開発用設備	1,840 (27,810)	8,945	4,023	14,808	238
矢向事業所（神奈川県川崎市幸区）	事務機	同上	12,732 (42,404)	36,086	7,369	56,187	1,950
柳町生産技術拠点（仮）（神奈川県川崎市幸区）	全社	その他	24,350 (114,732)	—	—	24,350	0

(2) 国内子会社の状況

$$\frac{17,319}{5,119} ≒ 338 万円/m^2$$

平成18年12月31日現在

会社の名称 (所在地)	事業所名 (所在地)	事業の種類別セグメントの名称	設備の内容	土地 (面積 m²)	帳簿価額（百万円） 建物及び構築物	機械装置及びその他資産	合計	従業員数 (人)
キヤノンマーケティングジャパン㈱ (東京都港区)	本社 (東京都港区)	事務機、カメラ、光学機器及びその他	管理業務用設備	17,319 (5,119)	18,965	10,281	46,565	3,448
	幕張事業所 (千葉県千葉市美浜区)	同上	同上	3,154 (12,281)	20,947	397	24,498	301
	港南事業所 (東京都港区)	同上	同上	15,547 (1,837)	851	222	16,620	19
キヤノン化成㈱ (茨城県つくば市)	本社及び筑波工場 (茨城県つくば市)	事務機	事務機生産設備	1,083 (73,769)	10,727	14,370	26,180	790
	岩間工場 (茨城県笠間市)	同上	同上	2,968 (88,625)	11,171	14,274	28,413	363
キヤノン・コンポーネンツ㈱ (埼玉県児玉郡上里町)	同左	事務機、光学機器及びその他	事務機、光学機器及びその他生産設備	1,285 (43,857)	10,158	7,648	19,091	729
長浜キヤノン㈱ (滋賀県長浜市)	同左	事務機	事務機生産設備	6,574 (215,572)	9,784	11,819	28,177	1,138
大分キヤノンマテリアル㈱ (大分県杵築市)	同左	同上	同上	2,715 (204,860)	20,883	13,563	37,161	604
大分キヤノン㈱ (大分県国東市)	本社安岐事業所 (大分県国東市)	カメラ	カメラ生産設備	851 (282,081)	7,524	11,555	19,930	819
	大分事業所 (大分県大分市)	同上	同上	4,186 (343,277)	18,170	5,688	28,044	232
福島キヤノン㈱ (福島県福島市)	同左	事務機	事務機生産設備	622 (127,162)	14,109	17,355	32,086	1,244
キヤノンプレシジョン㈱ (青森県弘前市)	本社北和徳事業所 (青森県弘前市)	事務機、光学機器及びその他	事務機、光学機器及びその他生産設備	694 (60,025)	3,981	11,582	16,257	585
	北和徳第二事業所 (青森県弘前市)	同上	同上	752 (55,749)	12,452	1,455	14,659	155
SED㈱ (神奈川県平塚市)	同左	光学機器及びその他	光学機器及びその他生産設備	3,889 (35,120)	32,456	10,835	47,180	500
キヤノンアネルバ㈱ (東京都府中市)	本社 (東京都府中市)	同上	同上	1,588 (10,990)	4,801	8,369	14,758	557
	富士工場 (山梨県南都留郡)	同上	同上	549 (59,532)	8,884	2,911	12,344	301

出所：キヤノン株式会社　有価証券報告書

POINT 9 経営資源③ かねのデータ

➡ 税金の支払状況で企業実態を見抜く

　かねのデータといえば、一般に財務データであり、いわゆる定量データである。基本的には、貸借対照表、損益計算書、株主資本等変動計算書、事業報告、キャッシュ・フロー計算書といった財務諸表（決算書）以外に、資金関係や、税務関係の資料を入手したい。税効果会計の採用等により、会計と税務は、独自の動きで、それぞれ新たな基準を設けているが、税務上、確定決算主義と呼ばれ、会計上の処理をしておかないと、税務上も認めない処理方法があり、会計が税務に引っぱられる部分もあることを留意しなければならない。

　法人税統計によると、現在約7割の会社は赤字決算であり、バブル景気に日本中が沸いた1980年代後半ですら、赤字会社が約3割あり、会計上はともかく、恒常的に3割は、赤字会社が存在するのが実情である。一方で、官公庁関連の仕事を受注する際には、黒字決算でないとまずいので、逆粉飾決算で利益のかさ上げを行っている会社もある。その意味で、税金の支払いというキャッシュ・アウトが伴う税務申告書は資金繰りを伴った企業実態を表わしていよう。

➡ 販売データを分析して主力の商品力を見きわめる

　また、かねのデータとして重要なのは、販売データである。販売自体は財務活動ではないが、仮に売上が全額現金売上とすると、売上は企業にとって現金獲得能力手段であり、売上高は現金獲得能力の尺度にほかならないからである。

　有価証券報告書提出会社であれば、主要な商品グループごとの品目別売上高や、地域ごとの売上高等が開示されているが、これだけでは、不十分である。わざわざ、新しい資料を作成してもらう必要はないが、内部管理用に作成している資料をできるだけ徴求したい。販売マーケティングの世界では、4Pといわれ、プロダクト（製品戦略）、プライス（価格政策）、プレイス（流通戦略）、プロモーション（販売促進策）をどのように行うかで、売上の向上を図ることになる。

　たとえば、製品戦略では、定番商品、新製品、利益率の高い製品の売上割合な

どを分析し、現状の把握と、将来への布石のチェックを行う。通常、トップ2割の品目が8割の利益を稼ぐ、2・8の経験則があり、品目数の適正さの判断や、今後、利益に貢献する製品の取扱いの判断に活用できる。

また、流通戦略では、自社店舗、量販店、小売店、委託販売等の区分での売上高分析、価格政策では、値引による数量効果の分析などを行うべきである。

図表の仕入関係で説明している「交差比率」とは、特に小売業で取扱商品の儲けの度合い、すなわち商品力を調べる指標である。具体的には

$$交差比率(\%) = 粗利益率(\%) \times 商品回転率(回)$$
$$= (粗利益／売上高) \times (売上高／商品)$$

である。

粗利益率は儲けの割合、商品回転率は売上げのスピードであり、それらを掛け合わせることから交差比率と呼ばれる。もちろん、両者の数値が高いにこしたことはないが、薄利多売と言われ、儲けは少ないがたくさん売るか、反対に厚利少売で儲けの多いものをじっくり売るかのどちらかとなる。しかし、それでは本当にどの商品が年間を通じて儲かっているかわからないので、交差比率による商品力の判定が有用となる。交差比率は、どの商品が儲かっているかを判断するため、外部分析では情報不足でなかなか分析は難しい。最近は単品で採算を判断するだけに限らず、総合採算で考える企業も多く、また、将来の成長を見越して当初は赤字採算でも販売を行う企業が見受けられるからである。しかしながら、連結財務諸表のセグメント情報から、商品のかわりにセグメント単位で分析することは可能である。図表では、販売実績が掲載されているが、セグメント情報の営業損益、決算補足資料の棚卸資産の期末残高から、以下のようになる。

セグメント	交差比率	粗利益率	商品回転率
事務機	22.3×9.3 =207.39	599,229/2,691,087 =22.3	2,691,087/288,815 =9.3
カメラ	25.8×11.9 =307.02	268,738/1,041,865 =25.8	1,041,865/87,515 =11.9
光学機器及びその他	9.8×2.6 =25.48	41,475/423,807 =9.8	423,807/162,727 =2.6

収集すべき情報

販売関係

- 顧客名簿の有無（有・無）
- 客数調査の有無（有・無）
- 販売計画の有無（有・無）
- 販売計画達成状況と要因分析
- 販売代金の回収条件（現金、掛売、手形等）
- 今後の顧客増減予想とその理由

販売方法および特徴

営業活動の内容　　　　　流通形態

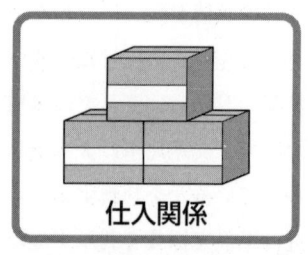

仕入関係

- 仕入先（メーカー比率：　　　問屋比率：
- 仲間比率：　　　固定先比率：
- 随時先比率：　　　臨時先比率：　　　）
- 仕入代金の支払条件（現金、掛売、手形等）
- 手形・掛サイトの平均日数
- 商品別在庫の把握状況（交差比率まで計算しているか）

仕入方法（電話、FAX、外交員、訪問、インターネット等）

仕入の特徴

財務関係

- 帳簿記入者は誰か（経営者・家族・従業員・専門家）
- 企業と家計の分離状況
- 利益計画の有無と計画の達成状況
- 経営者の決算書理解度（損益計算書、貸借対照表）
- 資金繰り（資金繰表の作成状況と資金繰りの状況）

第2章 企業データの収集方法

有価証券報告書からわかるかねのデータ

2 【生産、受注及び販売の状況】
(1) 生産実績
　当連結会計年度における生産実績を事業の種類別セグメントごとに示すと、次のとおりであります。

事業の種類別セグメントの名称	金額（百万円）	前連結会計年度比（％）
事務機	2,352,115	109.1
カメラ	1,151,296	117.0
光学機器及びその他	362,215	120.6
合計	3,865,626	112.3

　（注）1　金額は、販売価格によって算定しております。
　　　　2　上記の金額には、消費税等は含まれておりません。

(2) 受注実績
　当グループの生産は、当社と販売各社との間で行う需要予測を考慮した見込み生産を主体としておりますので、販売高のうち受注生産高が占める割合はきわめて僅少であります。したがって受注実績の記載は行っておりません。

(3) 販売実績
　当連結会計年度における販売実績を事業の種類別セグメントごとに示すと、次のとおりであります。

事業の種類別セグメントの名称	金額（百万円）	前連結会計年度比（％）
事務機	2,691,087	107.5
カメラ	1,041,865	118.5
光学機器及びその他	423,807	113.7
合計	4,156,759	110.7

　（注）1　上記の金額には、消費税等は含まれておりません。
　　　　2　最近2連結会計年度の主な相手先別の販売実績及び当該販売実績の総販売実績に対する割合は、次のとおりであります。

相手先	第105期 （平成17年1月1日から 平成17年12月31日まで）		第106期 （平成18年1月1日から 平成18年12月31日まで）	
	販売高 （百万円）	割合（％）	販売高 （百万円）	割合（％）
Hewlett-Packard Company	780,639	20.8	905,636	21.8

○売上高として利用
○粗利益は「46項連結財務諸表分析」の事業の種類別セグメント情報の「営業利益」を利用
○商品在庫は決算補足資料p7より以下を利用

15. たな卸資産
(1) 期末残高　　　　　　　　　　　　　　　　　　　　　　　（単位百万円）

	平成18年12月期 （2006年） 12月31日現在	平成17年12月期 （2005年） 12月31日現在	増減
事務機	288,815	267,121	+21,694
カメラ	87,515	88,831	△1,316
光学機器及びその他	162,727	154,243	+8,484
合計	539,057	510,195	+28,862

出所：キヤノン株式会社　有価証券報告書

POINT 10 経営資源④ 情報のデータ

➡ 情報化は必須だが、良いことばかりとは限らない

　従来、経営資源はひと、もの、かねと言われていたが、現在では、これらに情報（ノウハウ）を加えるのが通常である。中小企業診断士が、中小企業の経営診断を行う際にも、情報化診断は、避けて通れないポイントである。しかも、かつては診断士試験においても、商業部門、工業部門、情報部門と3部門別の試験体系となっていたが、平成13年度からは、これら3区分は廃止され、特に、商業とか、工業とか、情報といった特定部門を設けないこととなった。これは、専用マシンからパソコンの発展といったダウンサイジング（小型化）、また、企業固有の通信回線網から、インターネットの発展による、情報アクセスの利便性向上のなかで、情報技術の活用が特殊なものではなくなり、情報リテラシー（情報活用力）が、企業の行く末に影響する時代となったことを反映したものと言えよう。

　そこで、企業の将来性を判断する際にも、当該評価対象企業が、どの程度情報技術を活用しているかを十分にヒアリングすることが必要である。

　一般に、情報化は、システムを活用するため、システム化、すなわち、作業の機械化、合理化、省力化、自動化といった観点そのものが強調されるが、個々の会社の業務処理によっては、必ずしも機械化が好ましいとは言えない。たとえば、ある生産ラインが、完全に固定化し、これ以上の変更があり得ないなら、完全に機械化に置き換えればよいが、新製品の生産着手等、今後、まだまだ、生産性向上や、品質向上のための生産ライン変更があり得るなら、完全自動化でなく、人間による手対応の部分も残しておき、臨機応変に対応することも必要である。

　一方、経理事務の集計作業のように、担当者が算盤や電卓で手集計するというのは完全にムダであり、システム的に、自動集計するしくみ作りが必要である。

　情報化のメリットは、これら、各種の経営情報を、将来の経営上の意思決定に活用することである。単に、システムを入れただけでは何ら意味がない。出てきた情報をどのように活用するかである。情報化があまり進展すると、情報を加工する段階のプロセスがブラックボックス化し、なぜ、そんなデータが出てきたの

かわからないという事態も多い。たとえば、財務分析においても、最近は、システムが各種経営比率を自動的に計算し、それを他社、計画、過去等の諸比率と比較してくれる。したがって、何が要因となって、差が生じたのか、すぐには判断できない。手作業のときは、データの入力作業のときに、個別データを見ているので、理由の推定がしやすい。本テキストでは、そのあたりも意識しながら、目利きができるようなノウハウを身につけるようにしていきたい。

重要性の増しつつある知的財産

　最近では知的財産の重要性が高まってきている。ひと、もの、かね、情報に次ぐ5つめの重要な経営資源に位置づける向きも見られるが、ここでは情報（ブランド、ノウハウ、技術、システム）に含まれる第4の経営資源としてとらえたい。知的財産という場合は、いわゆる知的財産諸法（特許法、商標法、著作権法など）で一定期間、独占的に排他的にその優位性を保つことができる無形資産のことを意味する。

　企業におけるこれら知的財産のウェイトが増加するにつれ、投資家に対して知的財産に関する情報を提供する「知的財産報告書」の開示が増加してきている。経済産業省が2004年1月に、知的財産情報開示指針を策定・公表しているが、あくまで自主的IR（インベスターリレーションズ＝投資家向け情報提供）のため、知的財産報告書の作成は制度化されているわけではない。

　ところで、図表は、キヤノンの有価証券報告書に記載されている「経営上の重要な契約等」であるが、よく言われているように、もともと外国から基本的な技術を導入し、それに自社技術開発し、クロスライセンス（相互技術供与）し、さらに、特許等技術収入の獲得をめざす動きを把握できる。(1)の技術導入契約は、相手方がすべて米国所在かつ、契約開始日の古いものが多い。(2)の技術供与契約は、日本・韓国企業に対し、ここ数年前からの契約開始のものが多い。(3)相互技術援助契約は、主に米国企業、次いで日本企業が対象となっている。

収集すべき情報

管理事務処理状況の把握	販売管理（得意先数：　　商品点数：　　）
	月毎売上件数：　　ピーク月売上件数：
	利用管理帳票名：　　　　　　　　　）

仕入・購買・外注管理（年間発注先数：　　月毎発生件数：

ピーク月発生件数：　　利用管理帳票名：　　　　　　　）

在庫管理（年間在庫品数：　　月毎入出庫件数：　　利用管理帳票名：　　　）

財務会計（月毎伝票枚数：　　利用管理帳票名：　　　　　）

情報化計画の有無と理由	計画予定適用業務と運用方法
	導入予定時期（具体的時期、N年後以内）
	導入方法（未定、自社導入、外注委託、共同導入）

導入予算（当初、ランニング、買取、リース）

システムの特徴

システム・プログラム作成（外注委託、自社開発、パッケージソフト購入）

| コンピュータシステム等システム活用状況 | 適用業務（生産関連、販売関連、物流関連等） |
| | 技術状況（データ処理、通信技術、セキュリティ等） |

| 情報システムの特徴 | 入力特徴／インプット方法（手、自動連動、専用機、汎用機等） |
| | 処理特徴／プロセス方法（オンライン、バッチ等） |

出力特徴／アウトプット方法（紙、データ、FD等）

| 機器構成とシステム概要図 | ハードウエア構成（オフコン、パソコン、POSレジ、携帯端末等） |
| | ソフトウエア構成（独自OS、Windows、MAC等） |

ネットワーク状況（LAN、WAN、インターネット等）

第2章 企業データの収集方法

有価証券報告書からわかる情報のデータ

5【経営上の重要な契約等】
(1) 当社が受けている技術導入契約

相手方の名称	国名	契約内容	契約期間
Jerome H. Lemelson Patent Incentives, Inc.	米国	コンピュータシステム、画像記録再生装置、通信装置に関する特許実施権の許諾	昭和62年12月21日から対象特許の満了日まで
Energy Conversion Devices, Inc.	米国	太陽電池に関する特許実施権の許諾	昭和63年8月30日から対象特許の満了日まで
Honeywell Inc.	米国	オートフォーカス装置を組み込んだカメラに関する特許実施権の許諾	平成4年8月20日から対象特許の満了日まで
Gilbert P. Hyatt U. S. Philips Corporation	米国	マイクロコンピュータに関する特許実施権の許諾	平成5年12月30日から対象特許の満了日まで
Honeywell Inc.	米国	ビデオ製品に関する特許実施権の許諾	平成9年6月25日から対象特許の満了日まで
Nano-Proprietary, Inc.	米国	電子電界放出ディスプレイ技術に関する特許実施権の許諾	平成11年3月26日から対象特許の満了日まで
St. Clair Intellectual Property Consultants, Inc.	米国	デジタルカメラの画像フォーマット選択に関する特許実施権の許諾	平成18年3月17日から対象特許の満了日まで

(2) 当社が与えている技術供与契約

相手方の名称	国名	契約内容	契約期間
沖電気工業㈱	日本	LEDプリンタ、MFP、ファクシミリに関する特許実施権の許諾	平成15年10月1日から対象特許の満了日まで
松下電器産業㈱	日本	電子写真に関する特許実施権の許諾	平成6年4月1日から対象特許の満了日まで
㈱リコー	日本	電子写真に関する特許実施権の許諾	平成10年10月1日から対象特許の満了日まで
三洋電機㈱	日本	電子スチルカメラに関する特許実施権の許諾	平成10年10月1日から対象特許の満了日まで
Samsung Electronics Co., Ltd.	韓国	レーザビームプリンタ、MFP、ファクシミリに関する特許実施権の許諾	平成13年7月1日から対象特許の満了日まで
ブラザー工業㈱	日本	電子写真及びファクシミリに関する特許実施権の許諾	平成13年10月1日から平成19年9月30日まで
京セラミタ㈱	日本	電子写真に関する特許実施権の許諾	平成14年4月1日から対象特許の満了日まで
コニカミノルタホールディングス㈱	日本	事務機分野に関する特許実施権の許諾	平成15年10月1日から平成22年6月30日まで
㈱東芝	日本	事務機分野の製品に関する特許実施権の許諾	平成16年7月1日から平成21年6月30日まで
シャープ㈱	日本	電子写真に関する特許実施権の許諾	平成16年7月1日から対象特許の満了日まで

(3) 当社が締結している相互技術援助契約

相手方の名称	国名	契約内容	契約期間
International Business Machines Corporation	米国	情報処理システム製品及びその製造装置に関する特許実施権の許諾	平成17年12月15日から対象特許の満了日まで
Hewlett-Packard Company	米国	バブルジェットプリンタに関する特許実施権の許諾	平成5年2月19日から対象特許の満了日まで
Xerox Corporation	米国	ビジネスマシンに関する特許実施権の許諾	平成13年3月30日から対象特許の満了日まで
松下電器産業㈱	日本	ビデオテープレコーダー及びビデオカメラに関する特許実施権の許諾	平成11年4月1日から対象特許の満了日まで
Eastman Kodak Company	米国	電子写真及びイメージ・プロセス技術に関する特許実施権の許諾	平成18年11月1日から対象特許の満了日まで
㈱リコー	日本	電子写真製品、ファクシミリ、ワードプロセサに関する特許実施権の許諾	平成10年10月1日から対象特許の満了日まで

出所:キヤノン株式会社　有価証券報告書

第2章まとめ

　データの収集にあたっては、定量データと定性データをバランスよく集めることが望ましい。

　定量データは、いわゆる数字のデータで、財務諸表の各種データである。

　定性データは、質的データで、会社の数字以外の各種データである。具体的には、会社の各種説明用文書データなどである。

　有価証券報告書は、決算データが含まれ、財務諸表が掲載されているが、実際には、数字データ以外も多い。有価証券報告書を読みこなすと、かなりの会社データや説明を入手することができる。

　企業が経営を行うための内部資源のことを経営資源というが、従来は、ひと、もの、かねの3大資源と言われた。しかし、現在では、これに情報、ノウハウなどを加えて、経営に必要な4大資源と呼ばれている。

　ひとが経営にあたり重要なことはいうまでもない。実際の作業、意思決定など、人材が重要と呼ばれる由縁である。また、ひとは1人では可能なことは限られているが、多くの人が知恵を出しあったり、共同作業で効率化も図れる。すなわち、ひとの問題は、組織の問題でもある。

　ものは、生産設備や店舗など販売設備などの有形固定資産であるが、これら設備以外に、販売対象としての製品や商品を含める場合もある。特に、最近はリース（賃貸借）による設備導入が可能となり、貸借対照表に計上されている設備資産が少ない場合にも注意しなければならない。また、他社に生産を委託するファブレス（工場をもたない企業）も増加している。

　かねは、もちろん資金であるが、本書では金を稼げる商品・製品もおかねに含めた。

　情報は、最近、見えざる資産、すなわち、特許権、著作権など知的財産権が企業経営に重要となっている。

第3章

会社の大まかな理解

POINT 11 損益計算書は経営成績の通信簿

費用と収益が一目でわかる

損益計算書は、企業の経営成績を明らかにするため、一会計期間に属するすべての収益とこれに対応するすべての費用とを記載して経常利益を表示し、これに特別損益に属する項目を加減して当期純利益を表示する。すなわち、一定期間における企業の努力（費用）と成果（収益）とを対応表示する事によって、企業の経営成績を明らかにする報告書であり、企業の収益性の程度を分析できる。

損益計算書の構造

損益計算書では、利用者が利用しやすいように取引の同質性に着目して収益・費用を対応させた区分表示と各区分ごとの段階別利益が表示してある。

イ．売上総利益は、売上高から売上原価を控除して表示される。いわゆる荒利（あらり）や粗利（そり）のことである。役務（サービス）の給付を営業とする場合は、営業収益（役務収益）から役務の費用（役務原価）を控除して、総利益が表示される。マイナスのときは売上総損失となる。

ロ．営業利益は、売上総利益から販売費および一般管理費を控除して表示する。いわゆる企業本来の営業活動で生じた利益を報告する。マイナスのときは営業損失となる。

ハ．経常利益は、営業利益に営業外収益を加え、これから営業外費用を控除して表示する。すなわち、企業本来の営業活動以外の取引から生じる損益を加味しており、財務活動や金融活動を含めた企業の体力・実力を含めた利益として、かつては重視されていた。一般に、利益計上の計上（けいじょう）と区分するため、ケイツネと呼称されることが多い。マイナスのときは経常損失となる。

ニ．税引前当期純利益は、経常利益に特別利益を加え、これから特別損失を控除して表示する。すなわち、土地や不動産の売却損益等の臨時的なものが加減される。マイナスのときは税引前当期純損失となる。なお、連結損益計算書

においては、税金等調整前当期純利益または税金等調整前当期純損失と表示される。税金等とされているのは少数株主損益の加減が含まれるからである。

ホ．当期純利益は、税引前当期純利益から、当期の負担に属する法人税額、住民税額等を控除して表示される。マイナスのときは当期純損失となる。当期純利益または当期純損失は、税引前当期純利益または税引前当期純損失と区別するために、税引後当期純利益または税引後当期純損失と呼ばれることもあるが、制度上の呼称ではない。

　これら、5段階の利益が黒字か赤字か、また、その絶対額の大きさがポイントとなる。わが国の企業経営では、ケイツネがもっとも重視され、会計処理も、非経常的な利益を営業外収益に計上し、反対に、本来、営業外費用に含まれる費用や損失を特別損失処理し、ケイツネのかさ上げを図ることが散見され、詳細な分析では個別項目を見ていくことになる。

　ところで、当期純利益は当期利益とも呼ばれるが、現在では「純」の有無による差異は生じない。かつては、商法会計では当期利益、証券取引法会計では当期純利益の違いがあったが、現在では当期純利益に統一化された。

　図表は、キヤノンの連結損益計算書と、会社の経営成績のコメントであるが、キヤノンはニューヨーク証券取引所に株式を上場しているため、米国のSEC基準で連結財務諸表を作成している。米国SEC基準では、日本の経常損益に相当する区分が設けられていないため、利益の区分が、売上総利益、営業利益、税引前当期純利益、当期純利益の4区分になっていることに注意されたい。もっとも、キヤノン単体の個別財務諸表は、わが国の会計基準である財務諸表等規則で作成されているため、経常利益が区分表示されている（point 18を参照）。

実際の損益計算書を見てみよう

②【連結損益計算書】

区　　分	注記番号	第105期 （平成17年1月1日から 平成17年12月31日まで） 金　額 （百万円）	百分比 （％）	第106期 （平成18年1月1日から 平成18年12月31日まで） 金　額 （百万円）	百分比 （％）
Ⅰ　売上高	注9、12、19	3,754,191	100.0	①4,156,759	100.0
Ⅱ　売上原価		1,935,148	51.5	2,096,279	50.4
（イ）売上総利益		1,819,043	48.5	2,060,480	③49.6
Ⅲ　営業費用					
1　販売費及び一般管理費	注1、9、12、19	949,524	25.4	1,045,140	25.2
2　研究開発費		286,476	7.6	308,307	7.4
合計		1,236,000	33.0	1,353,447	32.6
（ロ）営業利益		583,043	15.5	④707,033	⑤17.0
Ⅳ　営業外収益及び費用					
1　受取利息及び配当金		14,252		27,153	
2　支払利息		△1,741		△2,190	
3　その他－純額	注1、3、18	16,450		△12,853	
合計		28,961	0.8	12,110	0.3
（ハ）税引前当期純利益		612,004	16.3	⑥719,143	17.3
Ⅴ　法人税等	注13	212,785	5.7	248,233	6.0
少数株主持分損益控除前純利益		399,219	10.6	470,910	11.3
Ⅵ　少数株主持分損益		15,123	0.4	15,585	0.3
（ホ）当期純利益		384,096	10.2	②455,325	11.0
1株当たり当期純利益	注17				
基本的		288.63円		⑦341.95円	
希薄化後		288.36円		341.84円	
1株当たり配当額		66.67円		83.33円	

- ❗ 米国SEC基準なので「ハ」の経常利益が区分表示されていない。
- ❗ ㋑、㋺、㋥、㋭、は損益計算書の構造の説明を参照。
- ❗ ①～⑦は「会社の経営成績のコメント」を参照。

第3章 会社の大まかな理解

会社の経営成績のコメント

　このような状況の中、当連結会計年度の連結売上高は、デジタルカメラやカラーネットワーク複合機、レーザビームプリンタ等が着実に売上を伸ばしたことに加え、円安によるプラス影響もあったことから前連結会計年度比10.7％増の①(4兆1,568億円)となりました。また、当期純利益は前連結会計年度に比べ18.5％増の②(4,553億円)となり、7期連続の増収増益を達成するとともに、売上高、当期純利益ともに過去最高額を記録するなど、新たな5ヵ年計画「グローバル優良企業グループ構想フェーズⅢ」の初年度として順調なスタートを切ることが出来ました。当連結会計年度の売上総利益率は、コンシューマ製品等の価格競争激化に伴う悪化要因があったものの、これまでの生産革新活動や調達革新活動に加え、生産の自動化、キーパーツの内製化等による大幅なコストダウンを達成したことにより、前連結会計年度から1.1ポイント改善し③(49.6％)となりました。営業費用では研究開発費が、前連結会計年度から218億円増加し3,083億円となったものの、販売費及び一般管理費については、拠点整備等の一時的な費用を除き低い伸びに抑制した結果、売上高営業費用率は0.4ポイント改善しました。これらの結果、営業利益は前連結会計年度比21.3％増の④(7,070億円)となり、また営業利益率も、前連結会計年度から1.5ポイントと大きく改善し⑤(17.0％)となりました。営業外収益及び費用は、受取利息が運用金利の上昇により大幅に増加したものの、為替差損の増加および前連結会計年度に有価証券売却益を計上したことなどにより、前連結会計年度から169億円悪化しました。この結果、税引前当期純利益は、前連結会計年度から17.5％増の⑥(7,191億円)となり、また当期純利益は前連結会計年度比18.5％増の4,553億円となりました。

　基本的1株当たり当期純利益は、前連結会計年度に比べ53円32銭増の⑦(341円95銭)となりました。なお、当連結会計年度および前連結会計年度の基本的1株当たり当期純利益は、本年7月1日付で実施した株式分割後の株式数に基づいて算出しております。

出所：キヤノン株式会社　有価証券報告書

POINT 12 貸借対照表は財政状態の通信簿

▶ 企業の安定性と流動性を読みとる

　貸借対照表は、企業の財政状態を明らかにするため、貸借対照表日におけるすべての資産、負債および資本を記載し、株主、債権者その他の利害関係者にこれを正しく表示するものでなければならない。すなわち、一定時点における企業の財政状態を一覧表にしたものである。貸借対照表の分析を通じて、企業の安全性や流動性を判断する事ができる。

▶ 貸借対照表の構造

　貸借対照表は、資産の部、負債の部および純資産の部の3区分で表示される。資産の部は、貸借対照表の借方（左側）に表示され、資金の運用状況を表す。また、負債の部および純資産の部は、貸借対照表の貸方（右側）に表示され、資金の調達源泉を表す。返済の有無により、負債と純資産に分けられ、負債は返済の必要があり、純資産は返済の必要がない。

① 資産の部は、流動資産に属する資産、固定資産に属する資産および繰延資産に属する資産に区分して表示する。また、固定資産は、有形固定資産、無形固定資産及び投資その他の資産に区分される。流動資産と固定資産の区分基準は、1年基準（貸借対照表日の翌日から1年以内に現金化可能かどうか）か、営業循環基準（正常な営業活動の循環過程：原材料仕入れ・仕入債務→製品製造・仕掛品・製品商品→製品商品売上・売上債権→現金回収・現金支払）による。

② 負債の部は、流動負債に属する負債と固定負債に属する負債に区分して表示する。流動・固定の区分は、資産と同様1年基準と営業循環基準による。

③ 純資産の部は株主資本（資本金、資本剰余金、利益剰余金、自己株式）、評価・換算差額等（その他有価証券評価差額金、繰延ヘッジ損益、土地再評価差額金）、新株予約権に区分して記載する。

　一般的には、このように換金性の高い流動資産・固定資産の順序で配列する流

動・固定配列法が採用されるが、設備資産の保有ウェイトの高い業種（電力・ガス等）の場合は、固定資産・流動資産の順序で配列する固定・流動配列法が採用されている。

　貸借対照表を概観する場合のポイントは次の３つである。

　前期ないし過去数期と当期を比較し、おおまかな項目ごとに増減やトレンドを把握する。また、総資産に対する各項目のウェイトをおおつかみする構造分析を行う。さらに、総資産や純資産（株主資本）の実金額をつかむ。総資産は、売上高と並んで、会社規模のメルクマールとなる。

　ただし、キヤノンの場合は、連結貸借対照表が米国SEC基準で作成されているので、図表のように、表示形式が異なっている。そこで、内容を変換して読み取る必要が生じる。

　資産項目は、流動資産は日本基準同様に表示されているが、その他に、長期債権、投資、有形固定資産、その他の資産が独立表示されている。そうすると、残りは、固定資産と繰延資産の合計額となるが、内訳の無形固定資産と投資その他の資産、繰延資産の金額は不明となる。しかし、少なくとも、構成比（％）から、百分比貸借対照表では、流動資産が約61％であることがわかる。キヤノンは、製造業なので、設備資産、すなわち有形固定資産の残高が多いイメージを持つが、実際は流動資産のウェイトが高い。ライバル企業のリコーも同様に米国基準の連結財務諸表を作成しているが、流動資産は約53％と、キヤノンよりも低い。一方、有形固定資産の構成比をみると、キヤノン約28％、リコー約11.8％と、キヤノンの方が設備資産が多い。これらの数値からは、キヤノンは流動性を維持しつつ、将来の利益獲得に必要な設備投資を行っていると思われる。

　負債の部は、流動負債が日本基準同様に独立表示され、その他、長期債務、未払退職および年金費用、その他の固定資産と区分表示されているが、これらはいずれも固定負債である。少数株主持分が、負債と資本の部の中間に表示されているが、日本の新基準では、純資産の部（資本の部）に独立表示される。

　純資産の部は、資本金、資本剰余金、利益剰余金、自己株式が株主資本項目とされ、米国基準のその他の包括利益（損失）が、評価・換算差額等に該当すると思われる。

実際の貸借対照表を見てみよう（キヤノン）

1 【連結財務諸表等】
　(1) 【連結財務諸表】
　　① 【連結貸借対照表】

ポイント②構造分析を行う。ここでは資産合計の100％に対する割合をみる

区分	注記番号	第105期 （平成17年12月31日） 金額(百万円)	構成比(％)	第106期 （平成18年12月31日） 金額(百万円)	構成比(％)
（資産の部）					
Ⅰ　流動資産					
1　現金及び現金同等物		1,004,953		1,155,626	
2　有価証券	注3、10	172		10,445	
3　売上債権	注4	689,427		761,947	
4　たな卸資産	注5	510,195		539,057	
5　前払費用及びその他の流動資産	注1、7、13	253,822		315,274	
流動資産合計		2,458,569	60.8	2,782,349	61.5
Ⅱ　長期債権	注19	14,122	0.3	14,335	0.3
Ⅲ　投資	注3、10	104,486	2.6	110,418	2.4
Ⅳ　有形固定資産	注6、7	1,148,821	28.4	1,266,425	28.0
Ⅴ　その他の資産	注7、8、9、12、13	317,555	7.9	348,388	7.8
資産合計		4,043,553	100.0	4,521,915	100.0

資産の部。資金の運用状況を表すもの

ポイント③会社規模のメルクマール！実金額を把握する

ポイント①前期と当期を比較して、増減やトレンドを大まかに把握

60％増と製造業のわりに流動資産のウエイトが高いことがわかる。

第3章 会社の大まかな理解

		注記番号	第105期 (平成17年12月31日)		第106期 (平成18年12月31日)	
	区分		金額（百万円）	構成比（％）	金額（百万円）	構成比（％）
負債の部	（負債の部）					
	Ⅰ　流動負債					
	1　短期借入金及び1年以に返済する長期債務	注10	5,059		15,362	
	2　買入債務	注11	505,126		493,058	
	3　未払法人税等	注13	110,844		133,745	
	4　未払費用	注19	248,205		303,353	
	5　その他の流動負債	注6、13	209,394		217,789	
	流動負債合計		1,078,628	26.7	1,163,307	25.7
	Ⅱ　長期債務	注10	27,082	0.6	15,789	0.3
	Ⅲ　未払退職及び年金費用	注12	80,430	2.0	83,876	1.9
	Ⅳ　その他の固定負債	注13	52,395	1.3	55,536	1.3
	負債合計		1,238,535	30.6	1,318,508	29.2
	少数株主持分		200,336	5.0	216,801	4.8
	契約債務及び偶発債務	注19				
純資産の部	（資本の部）					
	Ⅰ　資本金	注14	174,438	4.3	174,603	3.9
	（授権株式数）		(3,000,000,000)		(3,000,000,000)	
	（発行済株式総数）		(1,333,114,169)		(1,333,445,830)	
	Ⅱ　資本剰余金	注14	403,246	10.0	403,510	8.9
	Ⅲ　利益剰余金					
	1　利益準備金	注15	42,331	1.0	43,600	0.9
	2　その他の利益剰余金	注15	2,018,289	49.9	2,368,047	52.4
	利益剰余金合計		2,060,620	50.9	2,411,647	53.3
	Ⅳ　その他の包括利益(損失)累計額	注16	△28,212	△0.7	2,718	0.1
	Ⅴ　自己株式		△5,410	△0.1	△5,872	△0.2
	（自己株式数）		(1,718,523)		(1,794,390)	
	資本合計		2,604,682	64.4	2,986,606	66.0
	負債、少数株主持分及び資本合計		4,043,553	100.0	4,521,915	100.0

米国SEC方式なので、資本の部と表示しているが、日本基準では純資産の部と表示している

出所：キヤノン株式会社　有価証券報告書

実際の貸借対照表を見てみよう（リコー）

1【連結財務諸表等】
　(1)【連結財務諸表】
　　①【連結貸借対照表】

区分	注記番号	平成17年度 （平成18年3月31日） 金額 （百万円）		構成比 （％）	平成18年度 （平成19年3月31日） 金額 （百万円）		構成比 （％）
（資産の部）							
Ⅰ　流動資産							
1．現金および現金等価物			187,055			255,737	
2．定期預金			1,470			1,417	
3．有価証券	※6 ※18		162			177	
4．売上債権							
受取手形		75,678			66,474		
売掛金		391,972			450,231		
貸倒引当金		△16,031	451,619		△16,555	500,150	
5．短期リース債権等	※5		178,882			193,087	
6．たな卸資産							
製商品		104,218			113,379		
仕掛品および原材料		65,027	169,245		70,975	184,354	
7．繰延税金等	※9		55,110			65,170	
流動資産合計			1,043,543	51.1		1,200,092	53.5
Ⅱ　固定資産							
(1) 有形固定資産							
1．土地			46,721			47,007	
2．建物および構築物			217,302			227,900	
3．機械装置および器具備品			622,038			636,577	
4．建設仮勘定			11,541			12,512	
5．減価償却累計額			△629,359			△659,328	
有形固定資産合計			268,243	13.1		264,668	11.8
(2) 投資その他の資産							
1．リース債権等	※5 ※18		415,435			435,874	
2．投資有価証券	※6 ※18		36,419			74,836	
3．関連会社に対する投資 　　および貸付金	※7		52,028			15,608	
4．のれん	※8		51,934			72,048	
5．その他の無形固定資産	※8		79,175			81,925	
6．その他の投資その他の資産	※9 ※12		94,406			98,355	
投資その他の資産合計			729,397	35.8		778,646	34.7
固定資産合計			997,640	48.9		1,043,314	46.5
資産合計			2,041,183	100.0		2,243,406	100.0

第3章 会社の大まかな理解

区分	注記番号	平成17年度 (平成18年3月31日) 金額(百万円)	構成比(%)	平成18年度 (平成19年3月31日) 金額(百万円)	構成比(%)
(負債の部)					
Ⅰ 流動負債					
1. 短期借入金	※10	82,520		91,673	
2. 一年以内返済長期債務	※11	103,131		87,174	
3. 仕入債務					
支払手形		25,591		25,000	
買掛金		313,561　339,152		342,211　367,211	
4. 未払法人税等		40,936		46,194	
5. 未払費用等	※9 ※12	118,289		143,360	
流動負債合計		684,028	33.5	735,612	32.8
Ⅱ 固定負債					
1. 長期債務	※11 ※18	195,626		236,801	
2. 退職給付債務	※12	97,020		99,028	
3. 長期繰延税金	※9	51,374		44,183	
固定負債合計		344,020	16.9	380,012	16.9
負債合計		1,028,048	50.4	1,115,624	49.7
少数株主持分		52,890	2.6	56,869	2.6
(資本の部)					
Ⅰ 資本金―普通株式	※13	135,364	6.6	135,364	6.0
(発行可能株式総数)		(1,500,000千株)		(1,500,000千株)	
(発行済株式総数)		(744,912千株)		(744,912千株)	
Ⅱ 資本剰余金	※13	186,450	9.1	186,454	8.3
Ⅲ 利益剰余金	※13	665,394	32.6	752,398	33.5
Ⅳ その他の包括利益累計額	※14	4,099	0.2	26,998	1.2
Ⅴ 自己株式―取得価額 (自己株式数)		(15,360千株) △31,062	△1.5	(14,924千株) △30,301	△1.3
資本合計		960,245	47.0	1,070,913	47.7
負債、少数株主持分および資本合計		2,041,183	100.0	2,243,406	100.0

出所：株式会社リコー　有価証券報告書

POINT 13 キャッシュ・フロー計算書は資金繰りの通信簿

➡ キャッシュの範囲は現金および現金同等物

　キャッシュ・フロー計算書は、一会計期間のキャッシュ・フローの状況を報告するために作成される。大きく分けて、次の3区分が設けられる。

① 営業活動によるキャッシュ・フローでは、売上収入等が、キャッシュ・イン・フロー、仕入代金支払等が、キャッシュ・アウト・フローとして表示される。

② 投資活動によるキャッシュ・フローでは、設備資産処分等が、キャッシュ・イン・フロー、設備資産購入等が、キャッシュ・アウト・フローとして表示される。

③ 財務活動によるキャッシュ・フローでは、社債発行・資金借入れ等が、キャッシュ・イン・フロー、社債償還・資金返済等が、キャッシュ・アウト・フローとして表示される。

　キャッシュ・フロー計算書を作成する際のキャッシュ（資金）の範囲は、通常のキャッシュ（現金）よりは広く、現金および現金同等物をキャッシュとする。

　現金は、手許現金および要求払預金（当座預金、普通預金、通知預金等）である。現金同等物は、容易に換金でき、かつ価値の変動についてわずかなリスクしか負わない短期投資である。

　現金同等物の具体的例は、取得日から満期日または償還日までの期間が3カ月以内の短期投資である定期預金、譲渡性預金、コマーシャルペーパー、売り戻し条件付き現先、公社債投資信託などが含まれる。従来、有価証券報告書等で開示されていた資金収支表で市場性が有る一時所有有価証券として含まれてきた株式は、一般に価格変動リスクも高く、支出意図は投機目的として、資金の範囲対象外とされている。なぜなら、キャッシュ・フロー計算書の作成目的は、換金性ではなく、財務担当者の支出時の意図を反映した企業の資金管理活動の報告だからである。

➡ 分析する会社は「創業期」「成長期」「安定期」「衰退期」のうちどの段階か

　キャッシュ・フロー計算書の分析で重要なことは、営業、投資、財務の三段階におけるキャッシュ・フローがそれぞれプラスかマイナスかのおおくくりである。基本的には、営業キャッシュ・フローがプラスで、あとは全体としてプラスがノーマルである。投資がプラスなら、設備投資抑制気味となり、将来性は不安であるといえる。また、財務がプラスであれば、資金は調達できていると判断できるが、その資金の調達コストを上回る何かに投資しなければ、資金調達した意味はない。このように、キャッシュ・フローの分析にあたっては、会社が会社成長のビジネスサイクルのなかで、いわゆる創業期、成長期、安定期、衰退期のどの段階にあるかを考慮しながら、分析することが必要である。

　キャッシュ・フロー計算書を分析するにあたっては、原則としてキャッシュ・フロー計算書が連結ベースで作成されることに留意しなければならない。連結財務諸表が作成されない会社に限り、個別単体ベースのキャッシュ・フロー計算書が作成開示されることになる。したがって、通常は、連結キャッシュ・フロー計算書と中間連結キャッシュ・フロー計算書が分析の対象となり、その他、任意で開示されている場合は、四半期連結キャッシュ・フロー計算書も対象となる。

　キャッシュ・フロー計算書の作成基準としては、企業会計審議会の「連結キャッシュ・フロー計算書等の作成基準の設定に関する意見書」（平成10年3月）、「連結キャッシュ・フロー計算書等の作成基準」（平成10年3月）および「連結キャッシュ・フロー計算書等の作成基準注解」（平成10年3月）と、日本公認会計士協会会計制度委員会報告第8号の「連結財務諸表等におけるキャッシュ・フロー計算書の作成に関する実務指針」（最終改正平成11年7月）が公表されており、分析にあたっては、これら作成基準の理解が有用となろう。

　なお、企業会計基準委員会から、企業会計基準第12号「四半期財務諸表に関する会計基準」（平成19年3月）と企業会計基準適用指針第14号「四半期財務諸表に関する会計基準の適用指針」（平成19年3月）が公表され、四半期財務諸表制度が、平成20年4月以後開始する事業年度から、法定化（制度化）されることとなった。そこでは、四半期貸借対照表、四半期損益計算書と並んで、四半期キャッシュ・フロー計算書の開示も定められている。

資金（キャッシュ）の範囲

資金（キャッシュ）

現金 と **現金同等物**

現金：
- 手元現金
- 要求払預金
  - 当座預金
  - 普通預金
  - 通知預金

現金同等物：
容易に換金できて、価値の変動についてわずかなリスクしか負わない短期投資
例）取得日から満期日までの期間が3カ月以内の短期投資である定期預金

④【連結キャッシュ・フロー計算書】

区分	注記番号	第105期 （平成17年1月1日から 平成17年12月31日まで） 金額（百万円）	第106期 （平成18年1月1日から 平成18年12月31日まで） 金額（百万円）
営業活動によるキャッシュ・フロー 1　当期純利益		384,096	455,325
〜〜〜〜〜〜〜〜〜〜〜〜		〜〜〜〜〜	〜〜〜〜〜
Ⅳ　為替変動の現金及び現金同等物への影響額		6,581	23,724
Ⅴ　現金及び現金同等物の純増加額		117,179	150,673
Ⅵ　現金及び現金同等物の期首残高		887,774	1,004,953
Ⅶ　現金及び現金同等物の期末残高		☐1,004,953☐	☐1,155,626☐

- -

1【連結財務諸表等】
　(1)【連結財務諸表】
　　①【連結貸借対照表】

区分	注記番号	第105期 （平成17年12月31日） 金額（百万円）	構成比 （％）	第106期 （平成18年12月31日） 金額（百万円）	構成比 （％）
（資産の部） Ⅰ　流動資産 　1　現金及び現金同等物		☐1,004,953☐		☐1,155,626☐	

キャッシュ・フロー計算書の残高で、貸借対照表の残高が一致しているかチェック。異なっている場合は、注記事項として会社が差異の金額及びその理由を開示している。

出所：キヤノン株式会社　有価証券報告書

キャッシュ・フローの区分

営業活動によるキャッシュ・フロー	
キャッシュ・イン・フロー	キャッシュ・アウト・フロー
売上収入	仕入代金支払

投資活動によるキャッシュ・フロー	
キャッシュ・イン・フロー	キャッシュ・アウト・フロー
設備資産処分	設備資産購入

※プラスの場合は、設備投資が抑制気味で、将来が不安。

財務活動によるキャッシュ・フロー	
キャッシュ・イン・フロー	キャッシュ・アウト・フロー
社債発行・資金借入れ	社債償還・資金返済

※プラスの場合は、資金調達ができていると判断。しかし、資金調達コスト以上のものに投資していなければ、資金調達の意味がないことに留意。

ビジネスサイクル	キャッシュ・フローの状況
創業期	営業キャッシュ・フローはマイナス。まだ開業したばかりで売上は少ない。
成長期	営業キャッシュ・フローはプラスだが、それを上回る設備投資で投資キャッシュ・フローはマイナス。
安定期	営業キャッシュ・フローは売上安定で一定のプラスが続く。投資も必要最低限で投資キャッシュ・フローはプラスマイナスゼロ
衰退期	売上減少で営業キャッシュ・フローは減少傾向。また、投資抑制で投資キャッシュ・フローはプラス。

POINT 14 株主資本等変動計算書は純資産増減の通信簿

▶ 株主資本等変動計算書の導入経緯と目的

　株主資本等変動計算書は、平成18年の会社法制定で新たに導入された計算書類（財務諸表）である。会社法では、剰余金の分配（利益配当等）が、いつでも株主総会等の決議により行うことができるようになったため、株主資本の各項目の変動状況を明らかにする目的で、作成することとされた。

　また、資本の部が、純資産の部と変更され、純資産の部に計上される項目も従来より増加し、それらの各項目の金額の推移を時系列的に把握することも作成開示の目的とされた。この結果、連結ベースでは、連結株主資本等変動計算書が作成され、従来作成されていた連結剰余金計算書は廃止・作成不要となった。

　また、個別・単体ベースでは、株主資本等変動計算書が作成されることにより、従来作成されていた利益処分計算書（損失処理計算書）が廃止・作成不要となった。さらに、損益計算書の末尾に、当期未処分利益の表示も不要となった。同時に、旧商法のもとで、附属明細書として作成されていた「資本金、資本剰余金並びに利益準備金及び任意積立金の増減」も廃止・作成不要となった。それぞれ、剰余金の変動金額は、株主資本等変動計算書または連結株主資本等変動計算書に記載されるため、ダブリを避けるために廃止・作成不要とされた。

　利益処分計算書（損失処理計算書）が廃止・作成不要とされたことから、利益処分案や損失処理案の作成義務もなくなった。

　新たな規定は、会社法施行日（平成18年5月1日）以後終了する連結会計年度および事業年度から適用されるため、12月決算会社のキヤノンの場合は、平成18年12月決算から、連結株主資本等変動計算書および株主資本等変動計算書を作成することになる。

　図表のキヤノンの例では、米国SEC基準の連結財務諸表を作成しているため、日本基準の連結剰余金計算書のかわりに、従来から連結資本勘定計算書を作成している（平成17年12月期有価証券報告書）。会社法改正に伴っても、連結資本勘定計算書のタイトルのままで、連結株主資本等変動計算書の表示とはなってい

ない（平成18年12月期有価証券報告書）。しかしながら、その表示形式は、平成17年12月期と平成18年12月期で異なっている。

　実は、平成17年12月期の連結資本勘定計算書は、利益処分計算書と同様に、純資産の各項目を縦に並べて、その変動要因を区分記載する形式であった。それが、平成18年12月期の連結資本勘定計算書は、純資産の各項目を横に並べて固定し、縦に変動事由と金額を、順に表示していく形式となった。そのため、前年度との比較を容易にするために、平成17年12月期の連結資本勘定計算書を新様式で作成替えしたものである。

　財務会計基準機構の作成公表した「株主資本等変動計算書に関する会計基準の適用」によると、純資産の各項目を横に並べる様式と、縦に並べる様式のいずれも可能であるが、横に並べる様式が原則とされている。また、連結資本勘定計算書の各純資産項目の残高は、連結貸借対照表の純資産の部の各項目の残高と当然一致しなければならない。

▶ 記載例から変動事由を読み解く

　キヤノンの第106期の記載例をみていくと、連結資本勘定が増加したのは、転換社債の転換およびその他、当期純利益、為替換算調整額、未実現有価証券評価損益が変動事由となっている。

　反対に、連結資本勘定が減少したのは、配当金、金融派生商品損益、最低年金債務調整額、基準書第158号の適用による調整—税効果調整後、自己株式取得—純額が変動事由となっている。これらの変動事由のうち、日本基準の連結株主資本等変動計算書との表示の関係では、為替換算調整額、未実現有価証券評価損益、金融派生商品損益は評価・換算差額等の項目の変動要因とされるものである。

　基準書第158号とは、平成18年9月に、米国財務会計基準審議会が公表した「確定給付型年金及びその他の退職後給付制度に関する事業主の会計」で、いわゆる退職後給付制度に関する会計処理基準である。最低年金債務調整額と、基準書第158号の適用による調整—税効果調整後は、日本基準では生じない項目である。

実際の株主資本等変動計算書を見てみよう（会社法施行前）

以下は平成18年会社法改正施行前の株主資本等変動計算書。施行後は64頁の様式に変更となっている。

③【連結資本勘定計算書】

区　分	注記番号	第104期 （平成16年1月1日から 平成16年12月31日まで） 金額（百万円）	第105期 （平成17年1月1日から 平成17年12月31日まで） 金額（百万円）
Ⅰ　資本金			
1．期首残高		168,892	173,864
2．転換社債の転換		4,972	574
3．期末残高			
		173,864	174,438
Ⅱ　資本剰余金			
1．期首残高		396,939	401,773
2．転換社債の転換及びその他		4,966	574
3．株式交換による増加		114	―
4．連結子会社及び関連会社 　　による資本取引		△246	899
5．期末残高			
		401,773	403,246
Ⅲ　利益剰余金			
1．利益準備金			
（1）期首残高		39,998	41,200
（2）その他の利益剰余金よりの振替		1,202	1,131
（3）期末残高			
2．その他の利益剰余金			
（1）期首残高		41,200	42,331
（2）当期純利益			
（3）配当金		1,410,442	1,699,634
（4）利益準備金への振替		343,344	384,096
（5）期末残高		△52,950	△64,310
利益剰余金期末残高		△1,202	△1,131
		1,699,634	2,018,289
		1,740,834	2,060,620

区分	注記番号	第104期 (平成16年1月1日から 平成16年12月31日まで) 金額（百万円）	第105期 (平成17年1月1日から 平成17年12月31日まで) 金額（百万円）
Ⅳ　その他の包括利益(損失)累計額			
1．期首残高		△143,275	△101,312
2．その他の包括利益(損失)		41,963	73,100
―税効果調整後			
3．期末残高		△101,312	△28,212
Ⅴ　自己株式			
1．期首残高		△7,451	△5,263
2．取得―純額		△503	△147
3．株式交換による減少		2,691	―
4．期末残高		△5,263	△5,410
資本合計		2,209,896	2,604,682
包括利益	注16		
1．当期純利益		343,344	384,096
2．その他の包括利益(損失)			
―税効果調整後			
(1) 為替換算調整額		4,050	53,979
(2) 未実現有価証券評価損益		686	△1,397
(3) 金融派生商品損益		△396	△481
(4) 最低年金債務調整額		37,623	20,999
その他の包括利益(損失)合計			
3．当期包括利益			
		41,963	73,100
		385,307	457,196

注16では、為替換算調整額、未実現有価証券評価損益、金融派生商品損益、最低年金債務調整額の増減を別途こまかく表示しているが、ここでは表示を省略。

出所：キヤノン株式会社　有価証券報告書第105期

実際の株主資本等変動計算書を見てみよう

③【連結資本勘定計算書】

> キヤノンの場合は米国SEC基準で作成しているため株主資本等変動計算書という名称は使われていない

第105期（平成17年1月1日から平成17年12月31日）

区分	注記番号	資本金 （百万円）	資本剰余金 （百万円）	利益剰余金			その他の包括利益(損失)累計額 （百万円）	自己株式 （百万円）	資本合計 （百万円）
				利益準備金 （百万円）	その他の利益剰余金 （百万円）	利益剰余金合計 （百万円）			
前々期末残高		173,864	401,773	41,200	1,699,634	1,740,834	△101,312	△5,263	2,209,896
転換社債の転換及びその他		574	574						1,148
連結子会社及び関連会社による資本取引			899						899
配当金					△64,310	△64,310			△64,310
利益準備金への振替				1,131	△1,131	―			―
包括利益	注16								
1．当期純利益					384,096	384,096			384,096
2．その他の包括利益（損失）									
―税効果調整後									
（1）為替換算調整額							53,979		53,979
（2）未実現有価証券評価損益							△1,397		△1,397
（3）金融派生商品損益							△481		△481
（4）最低年金債務調整額							20,999		20,999
当期包括利益									457,196
自己株式取得―純額								△147	△147
前期末残高		174,438	403,246	42,331	2,018,289	2,060,620	△28,212	△5,410	2,604,682

> 会社法改正に伴い、表示形式が異なっていることに注意

第106期（平成18年1月1日から平成18年12月31日）

区分	注記番号	資本金 （百万円）	資本剰余金 （百万円）	利益剰余金			その他の包括利益(損失)累計額 （百万円）	自己株式 （百万円）	資本合計 （百万円）
				利益準備金 （百万円）	その他の利益剰余金 （百万円）	利益剰余金合計 （百万円）			
前期末残高		174,438	403,246	42,331	2,018,289	2,060,620	△28,212	△5,410	2,604,682
転換社債の転換及びその他		165	264						429
配当金					△104,298	△104,298			△104,298
利益準備金への振替				1,269	△1,269	―			―
包括利益	注16								
1．当期純利益					455,325	455,325			455,325
2．その他の包括利益（損失）									
―税効果調整後									
（1）為替換算調整額							48,630		48,630
（2）未実現有価証券評価損益							1,992		1,992
（3）金融派生商品損益							△489		△489
（4）最低年金債務調整額							△3,575		△3,575
当期包括利益									501,883
基準書第158号の適用による調整	注12						△15,628		△15,628
―税効果調整後									
合計									486,255
自己株式取得―純額								△462	△462
当期末残高		174,603	403,510	43,600	2,368,047	2,411,647	2,718	△5,872	2,986,606

第3章 会社の大まかな理解

③【利益処分計算書及び株主資本等変動計算書】
　利益処分計算書

区分	注記番号	第105期 (平成18年3月30日 定時株主総会決議) 金額(百万円)		
(当期未処分利益の処分)				
Ⅰ　当期未処分利益				289,378
Ⅱ　任意積立金取崩額				
1　特別償却準備金取崩額			3,956	
2　固定資産圧縮積立金取崩額			1	3,957
合計				293,335
Ⅲ　利益処分額				
1　配当金			59,912	
2　取締役賞与金			222	
3　任意積立金				
(1)　特別償却準備金		6,918		
(2)　固定資産圧縮積立金		697		
(3)　別途積立金		181,100	188,715	248,850
Ⅳ　次期繰越利益				44,485
(その他資本剰余金の処分)				
Ⅰ　その他資本剰余金				1
Ⅱ　その他資本剰余金処分額				―
Ⅲ　その他資本剰余金次期繰越額				1

289,378 → 損益計算書から
59,912 → いわゆる社外流出分(現金流出)
181,100 → いわゆる内部留保

平成18年会社法施行で廃止
左ページの連結資本勘定計算書と比べると、記載項目が少ない。

出所：キヤノン株式会社　有価証券報告書

POINT 15 連結財務諸表はグループ経営の通信簿

企業集団全体を総合的に判断

　連結財務諸表は、企業集団のかかえるリスクとリターンを的確に判断するための情報入手等の連結ニーズに対応して、支配従属関係にある2つ以上の会社（会社に準じた被支配事業体を含む）からなる企業集団を1つの会社とみなして、親会社がその企業集団の財政状態と経営成績を総合的に報告するために作成される。

　基本的には、個別単独の各社の財務諸表の積上げによって、連結財務諸表は作成されるため、その構造は大きく異なるものではない。

　しかしながら、連結財務諸表は、親会社と子会社の個別財務諸表を単純合算したものから、連結消去仕訳や連結調整仕訳といった連結決算作業を行うため、連結財務諸表特有の勘定科目が表示される。したがって、連結財務諸表の財務分析を行う際には、当該項目の性格を十分に理解しておく必要が生じる。

連結財務諸表特有の科目を分析

　連結貸借対照表に、連結決算特有の科目として表示されるものは以下のものがある。のれんまたは負ののれんは、親会社の子会社に対する投資とこれに対応する子会社の資本との相殺消去にあたり、差額が生じた場合の投資消去差額である。通常、割高購入でのれん（資産の部）、割安購入で負ののれん（負債の部）となる。従来は、連結調整勘定と呼ばれていたが、平成18年会社法施行に伴い、名称が変更された。

　少数株主持分は、子会社が100％子会社でない場合に、子会社の資本のうち親会社に帰属しない部分で、純資産の部に表示される。要するに、親会社以外の第三者の持分を表している。従来は、負債の部と資本の部の中間に独立表示されていたが、純資産の部の創設に伴い、表示場所が見直された。

　為替換算調整勘定は外国にある子会社または関連会社の資産および負債の換算に用いる為替相場と純資産の換算に用いる換算相場とが異なることによって生じる換算差額で、純資産の部の評価・換算差額等に区分計上される。

外国にある子会社または関連会社の資産および負債の換算に用いる為替相場は期末日レートを用いるのに対して、相殺消去の対象となる親会社の出資額は出資日の為替相場、その後の内部留保である利益剰余金の金額は利益計上日の為替レートになるため、差額が生じる。すなわち、出資日ないし利益計上日と比べて、期末日レートが円高になっていると、為替換算調整勘定はマイナスで、海外資産の目減りを表すことになる。

　一方、反対に、期末日レートが円安になっている場合は、為替換算調整勘定はプラスとなり、海外資産は含み益の状態を意味する。ついで、連結損益計算書に、連結決算特有の科目として表示されるものは以下のものがある。

　のれん償却額─資産の部と、のれん償却額─負債の部は、それぞれ、前者が資産の部の費用計上（販売費および一般管理費）、後者が負債の部の収益計上（営業外収益）である。のれん償却額は、従来連結調整勘定償却額と呼ばれていたものである。連結貸借対照表に計上されたのれんは、20年以内に償却する。

　少数株主損益は、文字どおり当期利益のうち、少数株主に帰属する分で、当期純損益の計算過程で表示される。連結損益計算書の作成においては、子会社の当期純利益を親会社の持分相当額のみ計上する方法ではなく、いったん全額計上し、別途、少数株主の持分に相当する部分を、少数株主損益として区分表示する方法を採用している。すなわち、子会社に当期純利益が計上され、少数株主が存在する場合は、少数株主損益はプラス（少数株主利益）となって、連結決算の当期純利益の計算上は、マイナス項目となる。反対に、子会社に当期純損失が生じた場合は、当該純損失のうち、少数株主に属する部分はマイナス（少数株主損失）となって、連結決算の当期純利益の計算上は、プラス項目となる。

　持分法による投資損益は、非連結子会社や関連会社に持分法を適用している場合の持分損益で、利益の場合は、持分法による投資利益（営業外収益）、損失の場合は、持分法による投資損失（営業外費用）として計上される。

　このように、これら連結特有項目の表示で、外部株主の存在、持分法適用の有無、子会社への投資が割高ないし割安購入の事実等を把握することができる。

　なお、持分法は被投資会社の純資産および損益のうち投資会社に帰属する部分の変動に応じて、その投資の額を決算日ごとに修正する方法である。

連結貸借対照表の構成

資産の部

I	流動資産	×××
II	固定資産	×××
	有形固定資産	×××
	無形固定資産	×××
	のれん	×××
	投資その他資産	×××
III	繰延資産	×××
	資産合計	×××

負債の部

I	流動負債	×××
II	固定負債	×××
	負ののれん	×××
	負債合計	×××

純資産の部

I	株主資本	×××
II	評価・換算差額等	×××
	為替換算調整勘定	×××
III	新株予約権	×××
IV	少数株主持分	×××
	純資産合計	×××
	負債純資産合計	

のれん、負ののれん、為替換算調整勘定、少数株主持分 → 連結決算書特有の項目

連結損益計算書の構成

I	売上高 商品及び製品売上高 役務収益
II	売上原価 商品及び製品売上原価 役務原価 売上総利益 （又は売上総損失）
III	販売費及び一般管理費 販売費 一般管理費 **のれん償却額—資産の部** 営業利益 （又は営業損失）
IV	営業外収益 受取利息及び割引料 非連結子会社からの受取利息及び割引料 **のれん償却額—負債の部** 受取配当金 **持分法による投資利益**
V	営業外費用 支払利息及び割引料 非連結子会社への支払利息及び割引料 社債利息 **持分法による投資損失** …… 経常利益 （又は経常損失）
VI	特別利益 前期損益修正益 固定資産売却益
VII	特別損失 前記損益修正損 固定資産売却損 災害による損失 …… 税金等調整前当期純利益 （又は税金等調整前当期純損失） 法人税、住民税及び事業税額 **少数株主損益** 当期純利益 （又は当期純損失）　×××

連結決算書特有の項目

第3章まとめ

　財務諸表には、基本3表があり、まず、その理解が重要である。

　損益計算書は、一定期間（通常1年）の経営成績を表す。具体的には、売上げなど収益から、売上原価、各種費用を引いて、利益を表示する。利益はいくらか、何で儲かったのか、どれだけ費用がかかったのかが概観できる。すなわち、企業活動のフローがわかる。

　貸借対照表は、一定時点の財政状態を示す。具体的には資金の調達状況（負債＝借金など他人からの調達、資本＝株主などの出資による調達）と、資金の運用状況（資産＝財産）を表示する。項目は、主な営業活動にかかわるもの（営業循環基準）や、現金での回収可能性や返済期限（1年基準）で、流動項目と固定項目に区分される。

　キャッシュ・フロー計算書は、利益ではなく、会社が現金および現金同等物をいくら稼いだかのフローを表すものである。従来からの損益計算書の欠点を補ったものである。第三の財務諸表とも呼ばれる。非上場会社の場合は作成されないことが多い。現金同等物の範囲は会社によって異なるので、会社ごとの作成基準に留意する。

　このように、損益計算書、貸借対照表、キャッシュ・フロー計算書を基本3表という。

　株主資本等変動計算書は、平成18年会社法制定で、新たに設けられた。従来の資本の部が、純資産の部となり、伝統的な資本といいがたいものも含まれるようになったので、内容を明瞭に表示する目的で作成されている。

　連結財務諸表は、まさしくグループ・集団経営の結果を表示する。

第4章

徹底理解！損益計算書

POINT 16 売上総利益は期末在庫の評価と表裏一体

➡ 期末在庫の評価基準より異なる売上総利益

　商業の場合は、売上高から、商品の売上原価を控除して売上総利益を計算する。

　売上原価は、期首商品残高に当期の仕入原価を加え、期末商品残高を控除して求める。したがって、売上の計上基準や、期末商品の計上・評価基準により、売上総利益は異なることになる。

　売上高の計上基準は、原則、実現主義で、財貨あるいは用役を提供し、現金または現金等価物を獲得することを言い、一般に販売基準である。

　ただし、通常の販売基準であっても、売上値引きか、支払販売手数料かの処理の違いで、営業利益の金額は変わらないものの、売上総利益は異なる。

　期末商品の計上基準には、先入先出法、後入先出法、総平均法、移動平均法、個別法などの違いにより、評価額が異なる。貴金属や絵画のように値が張るものであれば、販売管理を継続的にこまめに行い、個別法で、期末在庫を確定し、その仕入原価から、期末商品残高を計算することは可能である。しかしながら、大量生産大量消費の時代になると、通常の取扱過程でも、在庫数量が滅失したり、盗難や陳腐化等も発生し、正確な数量の確定は困難であり、期末に棚卸を行い在高を測定する。また、販売されたのはどの仕入れのものか、1対1で対応させるのも困難なため、一定の前提条件で売上原価を計算する。先入先出法は、ものの流れに沿った理論的な方法であるが、たとえば、石油のように、タンクのなかがなくならないうちに、新しい石油を上から継ぎ足し、販売して足りなくなると再度継ぎ足すことを考えると、後入先出法が道理に適うことになる。いずれにせよ、期初商品残高と当期仕入の合計が、売上原価と期末商品残高に配分されるため、期末商品残高を多くすれば、売上原価が減少し、売上総利益が増加する関係となる。

　また、製造業の場合は、製品製造原価を原価計算により求め、この製品製造原価と、期初製品残高の合計から、期末製品残高を控除したものが、売上原価となる。この製造原価の内訳を示したものが、製造原価明細書(製造原価報告書)で

あるが、残念ながら、財務諸表の附表の位置づけで、個別・単体の財務諸表ベースでしか作成されず、連結決算ベースでは作成されない。

　受注生産であれば、ロット別に製造過程における進捗度を管理し、個別原価計算を行うこともできるが、今日のような大量生産大量消費の見込み生産の時代では、総合原価計算とならざるを得ず、やはり、コストの計算に一定の仮定を置かざるを得ない。

　このように、評価対象企業が原価計算や、期末在庫の評価にどのような基準を採用しているかを十分に把握するとともに、その妥当性についてもよく吟味すべきである。

在庫管理とコスト構造を把握

　図表は、キヤノンの場合であるが、キヤノンは製造業に属するため、損益計算書（単体ベース）と製造原価明細書が、有価証券報告書に開示されている。

　ここでは、製造原価明細書との関連分析を行うため、連結損益計算書ではなく、損益計算書を用いることとした。

　損益計算書につき、売上高を100%とした100分比損益計算書比率を求めると、売上原価率は62.4%で、その差額である売上総利益率は37.6%となる。一般的に、製造業の売上総利益率は30%以上が望ましいとされており、キヤノンは十分な水準である。ちなみに、ライバルのリコーは、売上原価率は69.0%で、売上総利益率は31.0%と、キヤノンと比べて、売上総利益率は低い。また、キヤノンは、売上高が前期比約1割増加しているが、期末在庫は、逆に1割以上減少しており、在庫管理がしっかりしているように見受けられる。リコーも同様に、売上増加で在庫減少しているが、在庫の減少幅はキヤノンと比べて低い。

　また、製造原価明細書は、材料費、労務費、経費に3区分されるが、キヤノンは、当期総製造費用を100%とした場合、当期材料費の構成比が91.8%と高いが、リコーは、79.8%と、キヤノンより低い。このように、製造原価明細書を分析すれば、会社ごとの原価（コスト）構造の違いが把握できる。

キヤノンの損益計算書からコスト構造を把握しよう

② 【損益計算書】

売上高は1割増加

区分	注記番号	第105期 (平成17年1月1日から 平成17年12月31日まで) 金額(百万円)	百分比(％)	第106期 (平成18年1月1日から 平成18年12月31日まで) 金額(百万円)	百分比(％)
Ⅰ 売上高	※1	2,481,481	100.0	2,729,657	100.0
Ⅱ 売上原価					
1 製品期首たな卸高		110,253		108,302	
2 当期製品製造原価	※1	1,577,763		1,709,685	
合計		1,688,016		1,817,987	
3 他勘定振替高	※2	8,153		20,687	
4 製品期末たな卸高		108,302　1,571,561	63.3	93,685　1,703,615	62.4
売上総利益		909,920	36.7	1,026,042	37.6

期末在庫は1割以上減少。在庫管理はしっかりしていることがわかる。

一般的に製造業の売上総利益率は30％以上が望ましい。

(損益計算書関係)

第105期 (平成17年1月1日から 平成17年12月31日まで)	第106期 (平成18年1月1日から 平成18年12月31日まで)
※1　関係会社との取引に係るものは次のとおりであります。 　　　売上高　　　　2,389,590百万円 　　　仕入高　　　　1,414,934　〃 　　　受取配当金　　　　9,526　〃 　　　受取賃貸料　　　29,800　〃 ※2　他勘定振替高の明細 　　　工具器具　　　　2,622百万円 　　　営業外費用　　　2,861　〃 　　　販売費他　　　　2,670　〃 　　　計　　　　　　　8,153百万円	※1　関係会社との取引に係るものは次のとおりであります。 　　　売上高　　　　2,675,582百万円 　　　仕入高　　　　1,608,080　〃 　　　受取配当金　　　14,059　〃 　　　受取賃貸料　　　39,296　〃 ※2　他勘定振替高の明細 　　　工具器具　　　　5,141百万円 　　　営業外費用　　　10,620　〃 　　　販売費他　　　　4,926　〃 　　　計　　　　　　20,687百万円

> 製造原価明細書

> 個別・単体ベースでしか作成されない

区分	注記番号	第105期 (平成17年1月1日から 平成17年12月31日まで)		第106期 (平成18年1月1日から 平成18年12月31日まで)	
		金額(百万円)	百分比(%)	金額(百万円)	百分比(%)
Ⅰ 材料費					
材料期首たな卸高		3,123		3,125	
当期材料受入高		1,559,983		1,723,842	
合計		1,563,106		1,726,967	
材料期末たな卸高		3,125		3,935	
当期材料費			1,559,981	91.4	1,723,032	91.8
Ⅱ 労務費			55,508	3.3	55,394	2.9
Ⅲ 経費	※2		90,949	5.3	99,250	5.3
当期総製造費用			1,706,438	100.0	1,877,676	100.0
仕掛品期首たな卸高			86,707		77,630	
他勘定振替高	※3		137,752		137,955	
仕掛品期末たな卸高			77,630		107,666	
当期製品製造原価						
製品製造原価(予定)		1,715,543		1,865,627	
原価差額		△137,780	1,577,763	△155,942	1,709,685

※（注：表の列は、金額と百分比が交互になっています）

> 一般に3区分される

> 材料費のウエイトが高い

(注) 1　当社の原価計算は、予定原価に基づく組別総合原価計算であり、原価差額は、法人税法の定めるところにより、期末において売上原価、仕掛品及び製品勘定で調整しております。

※2　経費のうち主なものは次のとおりであります。

	(第105期)	(第106期)
減価償却費	43,667百万円	45,514百万円

※3　他勘定振替高のうち主なものは次のとおりであります。

	(第105期)	(第106期)
固定資産	20,358百万円	16,580百万円
一般管理費(研究開発費等)	70,394 〃	64,022 〃

出所：キヤノン株式会社　有価証券報告書

リコーの損益計算書からコスト構造を把握しよう

②【損益計算書】

区　分	注記番号	前事業年度 (自　平成17年4月1日 至　平成18年3月31日) 金額 (百万円)	比率 (％)	当事業年度 (自　平成18年4月1日 至　平成19年3月31日) 金額 (百万円)	比率 (％)
Ⅰ　売上高					
1.　売上高	※4	934,354	100.0	1,033,302	100.0
Ⅱ　売上原価					
1.　期首製商品たな卸高		29,336		26,352	
2.　他勘定よりの受入高	※1	2,646		1,598	
3.　当期製品製造原価	※3 ※7	326,252		321,183	
4.　当期製商品仕入高	※4	320,502		391,581	
5.　ロイヤルティー		6,503		9,071	
6.　サービス費	※5	2,748		2,967	
合計		687,990		752,755	
7.　他勘定振替高	※2	16,141		15,971	
8.　期末製商品たな卸高	※3	26,352　645,496	69.1	24,026　712,757	69.0
売上総利益		288,857	30.9	320,545	31.0

(損益計算書関係)

前事業年度 (自　平成17年4月1日 至　平成18年3月31日)	当事業年度 (自　平成18年4月1日 至　平成19年3月31日)
※1　他勘定よりの受入高は、次のとおりであります。 　　　経費　　　　2,644百万円 　　　貯蔵品　　　　　　2 　　　　計　　　　2,646	※1　他勘定よりの受入高は、次のとおりであります。 　　　経費　　　　1,572百万円 　　　貯蔵品　　　　　25 　　　　計　　　　1,598
※2　他勘定振替高は、次のとおりであります。 　　　経費　　　　5,743百万円 　　　固定資産　　　279 　　　貯蔵品　　　8,030 　　　その他　　　2,088 　　　　計　　　16,141	※2　他勘定振替高は、次のとおりであります。 　　　経費　　　　4,991百万円 　　　固定資産　　　182 　　　貯蔵品　　　8,162 　　　その他　　　2,635 　　　　計　　　15,971

製造原価明細書

区　分	注記番号	前事業年度 (自　平成17年4月1日 至　平成18年3月31日)		当事業年度 (自　平成18年4月1日 至　平成19年3月31日)	
		金額 (百万円)	構成比 (％)	金額 (百万円)	構成比 (％)
Ⅰ　当期材料費		273,481	81.9	262,667	79.8
Ⅱ　当期労務費		27,244	8.2	31,178	9.5
Ⅲ　当期経費	※1	33,371	10.0	35,141	10.7
当期製造費用		334,097	100.0	328,987	100.0
期首仕掛品たな卸高		6,348		6,806	
合計		340,445		335,793	
他勘定振替高	※2	7,386		7,031	
期末仕掛品たな卸高		6,806		7,578	
当期製品製造原価		326,252		321,183	

◎　原価計算の方法は組別総合原価計算であり、実際額によっております。

※1　当期経費の内訳は、次のとおりであります。

	前事業年度			当事業年度	
減価償却費	15,582	百万円	減価償却費	16,675	百万円
手数料	3,980		手数料	3,865	
修繕費	2,627		修繕費	2,956	
その他	11,181		その他	11,613	
計	33,371		計	35,141	

※2　他勘定振替高の内訳は、次のとおりであります。

	前事業年度			当事業年度	
貯蔵品	1,573	百万円	貯蔵品	917	百万円
経費	3,881		経費	4,601	
その他	1,930		その他	1,512	
計	7,386		計	7,031	

出所：株式会社リコー　有価証券報告書

POINT 17 営業利益は本業活動の通信簿

➡ 営業利益の分析に必要な観点

　営業利益は、売上総利益から販売費および一般管理費を控除して求められる。

　販売費は、売上獲得に直接貢献した販売活動の費用で、一般管理費は本社経費等をいうが、費目によっては、販売費と一般管理費の明確な区分が難しいため、販売費および一般管理費とあわせて呼ばれる。また、販売費および一般管理費では、名称が長いので、販管費と略称されることが多い。

　販売費および一般管理費には、販売員給料手当、販売員旅費、販売手数料、広告宣伝費、荷造発送費、支払運賃、貸倒引当金繰入額、役員報酬、事務員給料手当、退職給付引当金繰入額、交際費、寄附金、減価償却費、修繕費、消耗品費、通信交通費、租税公課、保険料、雑費がある。

　営業利益の分析にあたっては、販売費・一般管理費といった区分よりは、人・もの・かねという要素別分類や、損益分岐点分析に不可欠な固定費・変動費という観点から、個別の品目を吟味していく。

　ひとの費用は、人件費であるが、いわゆる月例給与・賞与・退職金といった直接従業員に支払われる部分以外に、厚生年金・健康保険・失業保険・労働災害保険の雇用主負担分や、福利厚生費の間接人件費がかかる。すなわち、ヒト1人雇えば、年間どの程度かかるのかを把握しておく。工場労働者の場合は、製造原価に含まれるため、外部からの分析は難しいが、会社にヒアリングし、データの入手を検討する。

　ものの費用は、設備等の減価償却費である。設備投資計画により、設備を購入しても、購入金額が直ちに全額費用となるわけではない。いったん資産計上され、設備の利用度合に応じて費用処理する減価償却手続が行われる。まさに利用度に応じた生産高比例法のほか、一般的には定額法と、定率法のどちらかで行われる。

　定率法は、利用後早期の段階の減価償却費が多いが、設備は、利用年数が長くなればなるほど、維持修理のメンテナンス費用が多くかかるようになるので、両方を合計して、期間ごとに平準化する点で、定率法が選ばれることが多い。

かねの費用は、金融・財務関連の費用であるが、これら金融・財務関連活動の収益とともに、営業外損益項目を構成する営業外収益または営業外費用とされ、経常損益として把握される。

また、個別の商品・製品が儲かっているのかどうかの観点で損益分岐点分析が行われるが、通常、営業損益レベルで分析することになる。固定費は、売上の増減にかかわらず一定の費用で、変動費は、売上の増減で変動する。固定費の例は、人件費や減価償却費で、変動費の例は、材料費や荷造発送費が該当する。

➡ 販売費および一般管理費主要項目

図表は、キヤノンの有価証券報告書の個別・単体ベースの損益計算書からであるが、販売費及び一般管理費として一括計上されている。売上高を100%とした場合の構成比は18.9%であるが、その結果、営業利益率は18.7%と、売上総利益率の37.6%から半減している。しかしながら、販売費および一般管理費が20%を下回っているため、総じて悪い水準ではない。また、脚注からは、販売費の割合がおおむね25%とされ、管理費は残り約75%となる。一般的に、販売費は製品の売上に起因して発生するもので変動費の割合が高く、一般管理費は製品の売上とは直接関連しない本社経費が多く、固定費の割合が高い。

販売費及び一般管理費の主要な項目をみると、販売員給与手当、事務員給与手当、賞与引当金繰入額、役員賞与引当金繰入額、退職給付費用など人件費の項目が開示されている。しかし、金額的にもっとも多いのは研究開発費で、その内訳が、給料手当、減価償却費、研究材料費、その他と4区分で開示されているほか、研究開発費は一般管理費に区分されていることが読み取れる。

また、金額は少ないものの「環境対策引当金繰入額」の金額が開示されており、さりげなく、環境にやさしい企業であることが把握できる。

ちなみに、リコーの場合は、販売費および一般管理費の対売上構成比は22.6%と高く、損益計算書上も販売費（おおむね22%）と一般管理費（おおむね78%）が区分表示されている。

キヤノンの販管費を見てみよう

② 【損益計算書】

区分	注記番号	第105期 （平成17年1月1日から 平成17年12月31日まで）		第106期 （平成18年1月1日から 平成18年12月31日まで）	
		金額(百万円)	百分比(％)	金額(百万円)	百分比(％)
Ⅲ 販売費及び一般管理費	※3 ※4	493,403	19.9	514,885	18.9
営業利益		416,517	16.8	511,157	18.7

> 売上総利益率の37.6%（P74図表参照）から半減しているが販売費および一般管理費は20%を下回っており、水準としては悪くない。

（損益計算書関係）

第105期 （平成17年1月1日から 平成17年12月31日まで）	第106期 （平成18年1月1日から 平成18年12月31日まで）
※3 販売費及び一般管理費の主要な費目及び金額は次のとおりであります。 なお、販売費及び一般管理費のうち販売費に属する費用の割合は、おおむね26%であります。	※3 販売費及び一般管理費の主要な費目及び金額は次のとおりであります。 なお、販売費及び一般管理費のうち販売費に属する費用の割合は、おおむね25%であります。
販売員給与手当　　26,630百万円 事務員給与手当　　24,394　〃 賞与引当金繰入額　　1,404　〃 退職給付費用　　　3,574　〃 減価償却費　　　　15,096　〃 研究開発費　　　279,899　〃 広告宣伝費　　　　30,399　〃	販売員給与手当　　27,267百万円 事務員給与手当　　24,739　〃 製品保証等引当金繰入額　3,171　〃 賞与引当金繰入額　　1,833　〃 役員賞与引当金繰入額　　295　〃 退職給付費用　　　　816　〃 環境対策引当金繰入額　4,265　〃 減価償却費　　　　19,037　〃 研究開発費　　　293,973　〃 広告宣伝費　　　　30,604　〃
上記研究開発費の主な内訳は、次のとおりであります。	上記研究開発費の主な内訳は、次のとおりであります。
給料手当　　　　78,602百万円 減価償却費　　　35,237　〃 研究材料費　　　79,166　〃 その他　　　　　86,894　〃 計　　　　　　279,899百万円	給料手当　　　　82,072百万円 減価償却費　　　40,801　〃 研究材料費　　　63,792　〃 その他　　　　107,308　〃 計　　　　　　293,973百万円
※4 研究開発費の総額 　一般管理費に含まれる　　279,899百万円 　研究開発費	※4 研究開発費の総額 　一般管理費に含まれる　　293,973百万円 　研究開発費

> 環境への取組みがなされていることがわかる。

> 金額的に最も多い、製造業において研究開発は増加傾向にある。

出所：キヤノン株式会社　有価証券報告書

第4章 徹底理解！損益計算書

リコーの販管費を見てみよう

② 【損益計算書】

区　　分	注記番号	前事業年度 （自　平成17年4月1日 至　平成18年3月31日）			当事業年度 （自　平成18年4月1日 至　平成19年3月31日）		
		金額 （百万円）		比率 （％）	金額 （百万円）		比率 （％）
Ⅲ　販売費及び一般管理費							
1. 販売費	※6	47,413			51,372		
2. 一般管理費	※6 ※7	171,730	219,144	23.5	182,198	233,571	22.6
営業利益			69,712	7.5		86,974	8.4

（損益計算書関係）

前事業年度 （自　平成17年4月1日 至　平成18年3月31日）	当事業年度 （自　平成18年4月1日 至　平成19年3月31日）
※6　販売費および一般管理費の主要なものは、次のとおりであります。 　なお、販売費および一般管理費のうち販売費に属する費用の割合は、おおむね22％であります。 研究開発費　　　　　99,127 百万円 従業員給料手当　　　21,793 業務委託費　　　　　20,375 運送費　　　　　　　13,312 賞与引当金繰入額　　 9,491 減価償却費　　　　　 7,887	※6　販売費および一般管理費の主要なものは、次のとおりであります。 　なお、販売費および一般管理費のうち販売費に属する費用の割合は、おおむね22％であります。 研究開発費　　　　　104,722 百万円 業務委託費　　　　　23,301 従業員給料手当　　　23,154 運送費　　　　　　　13,776 賞与引当金繰入額　　11,090 減価償却費　　　　　 9,501
※7　一般管理費および当期製造費用に含まれる研究開発費は、100,604 百万円であります。	※7　一般管理費および当期製造費用に含まれる研究開発費は、106,097 百万円であります。

出所：株式会社リコー　有価証券報告書

POINT 18 経常利益は財務活動を含む本業活動の通信簿

営業外収益・費用を把握することが重要

　経常利益は、営業利益に営業外収益を加え、営業外費用を減じたもので、マイナスの場合は、経常損失となる。

　営業外収益は、金融収益・財務収益で、受取利息・割引料、有価証券利息、受取配当金、仕入割引、受取地代、投資不動産賃貸料、雑収入等がある。また、連結決算では、持分法投資利益や、負債の部に計上された負ののれんの償却額（収益）も含まれる。持分法投資利益は、関連会社に対する投資成果、負ののれん償却額（収益）は、割安購入の子会社株式ののれん償却に他ならないからである。

　一方、営業外費用は、金融費用・財務費用で、支払利息・割引料、社債利息、社債発行費等償却、創立費償却、開業費償却、貸倒引当金繰入額、貸倒損失、売上割引、雑損失等がある。

　これら、営業外収益・費用を把握する際の注意事項は以下のとおりである。

　仕入割引は、当初の契約による支払期限前に、仕入代金を支払った場合に、利息相当額として減免された金額でいわば受取利息であり、仕入値引きと区別される。これを販売サイドからみたのが、売上割引であり、同様に売上値引きと区分しなければならない。売上割引は、得意先が期日より早期に代金を支払ってくれた場合に減免するいわば支払利息で、金融費用となる。

　しかし、わが国の場合、収益・利益というよりは、売上高やシェア獲得至上主義で、販売価格も後付けで決まることが多く、契約内容が不明確なため、割引き、値引き、リベートが渾然としているケースも多く、判断が難しい。

　また、有価証券利息は、広義の受取利息に含まれるが、公社債等の有価証券に対する部分を区分処理する。これら利息のことをインカムゲインと呼ぶが、それぞれ、貸借対照表に計上されている資産残高の前々期末および前期末残の平均残高と比較し、投資利回りが妥当かどうかチェックすべきである。

　同様に、支払利息割引料にも注意が必要である。期末残が、無借金企業であっても、ボーナス資金や納税資金等で一時的な借り入れはあり得る。また、受取手

形を、すぐに割り引いて金策をつけることもある。このような場合、金利は、理論レートを大きく乖離する。財務担当者によくヒアリングすべきである。

　そのほか、貸倒引当金繰入額、貸倒損失といった貸倒関係費用、社債発行費等償却、創立費償却、開業費償却等の繰延資産償却項目が計上される。

　なお、従来、社債の当初発行額（手取り額）と満期時点の償還金額（額面金額）が異なる場合に、社債を償還金額（満期金額）で貸借対照表の負債の部に計上し、実際手取額との差額を、社債発行差金として計上する方法は廃止され、原則として、実際手取金額で負債の部に計上することが、平成18年5月施行の会社法で規定化された。そのため、従来、償還金額より低い金額で発行する（割引発行）場合は、社債発行差金が繰延資産として計上され、高い金額で発行する（打歩発行）場合は、社債発行差金が固定負債の部に計上され、それぞれ、社債の償還までの期間に応じて、社債発行差金の償却を行い、営業外費用（割引発行）、営業外収益（打歩発行）とされる処理が行われてきたが、今後は、いわゆる償却原価法で、通常の支払利息に加減されることになり、社債発行差金償却の勘定科目は使われない。

営業外収益・費用の区分表示

　図表はキヤノンの個別損益計算書の営業外収益および営業外費用であるが、営業外収益では、受取利息・受取配当金の金融収益のほか、特許権収入と、受取賃貸料（地代・家賃等）が区分表示されている。一方、営業外費用では、支払利息・社債利息の金融費用のほか、たな卸資産廃却および評価損、貸与資産減価償却費、為替差損が区分表示されている。たな卸資産廃却および評価損は、原価性がある場合は、製造原価・売上原価の内訳項目か販売費で、原価性がない場合は、営業外費用か特別損失に計上する。貸与資産減価償却費とは、リース資産や、外注加工先などに貸与された設備資産の減価償却費であり、当該資産の保有維持にかかる金融費用的性格から、通常の減価償却費と区分される。また、為替差損は、外国為替相場の変動に伴う外貨建債権債務の円貨（邦貨）換算損であり、金融費用の一種である。

キヤノンの営業外収益・費用を見てみよう

② 【損益計算書】

区　分	注記番号	第105期 (平成17年1月1日から 平成17年12月31日まで) 金額 (百万円)	百分比 (%)	第106期 (平成18年1月1日から 平成18年12月31日まで) 金額 (百万円)	百分比 (%)
Ⅳ　営業外収益					
1　受取利息		1,034		2,347	
2　受取配当金	※1	9,945		14,521	
3　特許権収入		20,924		28,069	
4　受取賃貸料	※1	30,346		39,806	
5　雑収入		11,680　73,929	3.0	10,512　95,255	3.5
Ⅴ　営業外費用					
1　支払利息		45		129	
2　社債利息		12		5	
3　たな卸資産廃却及び評価損		6,667		17,563	
4　貸与資産減価償却費		27,892		35,473	
5　為替差損		8,122		22,397	
6　雑損失		6,997　49,735	2.0	6,849　82,416	3.0
経常利益		440,711	17.8	523,996	19.2

(損益計算書関係)

第105期 (平成17年1月1日から 平成17年12月31日まで)	第106期 (平成18年1月1日から 平成18年12月31日まで)
※1　関係会社との取引に係るものは次のとおりであります。 　　売上高　　　2,389,590 百万円 　　仕入高　　　1,414,934　〃 　　受取配当金　　　9,526　〃 　　受取賃貸料　　　29,800　〃	※1　関係会社との取引に係るものは次のとおりであります。 　　売上高　　　2,675,582 百万円 　　仕入高　　　1,608,080　〃 　　受取配当金　　　14,059　〃 　　受取賃貸料　　　39,296　〃

受取配当金と受取賃貸料の一部は関係会社からのものが含まれていることが注記からわかる。

出所：キヤノン株式会社　有価証券報告書

6. 営業外収益及び費用（平成19年12月期予想）　　　　　　　　（単位：百万円）

	平成19年12月期予想 (2007年)				平成18年12月期実績 (2006年)			
	第1四半期	上半期	下半期	年間	第1四半期	上半期	下半期	年間
金融収支	6,200	13,500	13,500	27,000	4,607	10,518	14,445	24,963
為替差損益	△8,300	△13,000	△11,300	△24,300	△8,084	△14,639	△11,165	△25,804
持分法投資損益	1,400	2,900	2,800	5,700	1,541	2,094	2,143	4,237
その他	700	3,600	△2,000	1,600	1,392	4,595	4,119	8,714
合計	0	7,000	3,000	10,000	△544	2,568	9,542	12,110

（単位：百万円）

	対前年同期増減			
	第1四半期	上半期	下半期	年間
金融収支	+1,593	+2,982	△945	+2,037
為替差損益	△216	+1,639	△135	+1,504
持分法投資損益	△141	+806	+657	+1,463
その他	△692	△995	△6,119	△7,114
合計	+544	+4,432	△6,542	△2,110

❗金融収支は受取利息と支払利息の差であるが、キヤノンの場合は借金が少なく、反対に、余剰資金運用による収益を見込んでいる。

❗為替差損益は、輸出で受取った外資が原材料の輸入等で支払った外資を上回った部分を円転する場合のコストで、為替差損失が見込まれている。おそらく、先物為替予約等にかかるコスト相当部分と思われるが、予約をしなければ、為替変動により、輸出採算が確定しないことになる。

❗持分法投資損益は、関連会社の計上した利益のうち、キヤノン本体の分け前である。昨年度よりもプラスを見込んでいて、収益力のあるグループ会社の存在がうかがえる。

出所：キヤノン株式会社　平成18年12月期決算概要

POINT 19 税引前当期純利益は経常利益と特別損益項目

→ ポイントは特別損益項目の見きわめ

　経常利益に、特別利益を加え、特別損失を控除し、税引前当期純利益（マイナスの場合、税引前当期純損失）となる。なお、当期純利益と当期利益、当期純損失と当期損失は、いずれも純の有無にかかわらず同義である。従来、企業会計原則と財務諸表等規則は、「当期純利益」と表示し、商法計算書類規則は「当期利益」と表示していたが、その後、新商法施行規則では、「当期純利益」と改正され、用語が統一された。したがって、新商法施行規則を引き継いだ会社計算規則も、企業会計原則ないし財務諸表等規則と同様の科目表示としている。

　特別利益および特別損失たる特別損益項目は、期間外損益たる臨時損益や前期損益修正の過年度損益である。ただし、重要性の原則の適用により、金額の少ないものや毎期経常的に発生するものは、営業外損益に計上することも可能である。

　臨時損益には、固定資産売却損益、災害損失、転売以外の目的で取得した有価証券の売却損益などが含まれ、過年度損益には、過年度の引当金過不足修正額、過年度の減価償却の過不足修正額、過年度の棚卸資産評価の訂正額、過年度償却済債権の取立額などが含まれる。

　有価証券の売却損益を、営業外損益に計上するか、特別損益に計上するかは、当該有価証券が、貸借対照表上、流動資産に計上されているか、あるいは固定資産に計上されているかによって区分されるのが、基本的な考え方である。

　また、転売以外の目的で取得した有価証券の売却損益は、投資有価証券売却損益、子会社株式売却損益、関係会社株式売却損益などで、区分表示されている。

　従来、自己株式売却損益が特別損益に含まれていたが、これは、原則として自己株式取得が禁止されていたのに伴う会計処理方法であった。しかるに、自己株式の取得が機動的に行うことができる商法改正に対応し、新株発行の手続きを準用し取締役会の決議により売却処分した自己株式処分損益は、損益計算書の当期損益に含めず、資本の部（純資産の部）の増減として処理されることとなった。

　なお、その他、特別損益項目の大半は、リストラ関連費用で、特別退職金、営

業譲渡に伴う損益、子会社清算益、子会社整理損、事業構造改革費用、事業再編整理損など、また退職給付信託設定損益、退職給付会計基準変更時差異償却、特別退職金、早期退職関連費用、投資損失引当金繰入額、為替差損益など、非経常的な損益が計上されている。

経常的か非経常的かの区分は、要するに、毎期通常繰り返して発生するか否かであるが、実際には相対的であり、主観的な判断とならざるを得ない。米国では、なるべく特別損益項目を計上しない表示方法が行われているが、わが国では、同じような会計事象であっても、会社ごとに異なる表示が行われている例も見られる。もっとも、金額の重要性の基準もあり、一概に、特別損益計上のメルクマールを決めるのは難しい。

➡ 特別損益項目の区分け方

図表は、キヤノンの損益計算書からであるが、特別損益項目は、2つにグルーピングすることができる。

第1に、固定資産売却益ないし固定資産売却損である固定資産売却損益と、減損損失である。固定資産売却益は、減価償却後の帳簿価額よりも、売却処分価額が上回る場合に計上される。反対に、固定資産売却損は、売却処分価額が帳簿価額を下回る償却不足を意味する。全体として、固定資産売却損が固定資産売却益を上回るが、そのほとんどは、売却ではなく、廃却による損失計上である。また、減損損失とは、平成18年3月期から強制適用されたもので、固定資産の時価と簿価をくらべて、時価が簿価を下回る場合は、その差額が特別損失として計上されるものである。但し、時価は回収可能価額で、正味売却価格のほか、使用価値のいずれか高い方となる。いずれにせよ、固定資産関連の特別損失である。

第2に、投資有価証券売却益、投資有価証券売却損、関係会社株式売却益、関係会社株式売却損であり、長期保有有価証券の売却損益である。

キヤノンの損益計算書から特別損益項目を見てみよう

②【損益計算書】

区分	注記番号	第105期 (平成17年1月1日から 平成17年12月31日まで)		第106期 (平成18年1月1日から 平成18年12月31日まで)	
		金額(百万円)	百分比(%)	金額(百万円)	百分比(%)
Ⅵ　特別利益					
①1　固定資産売却益	※5	37		348	
②2　投資有価証券売却益		9,277		368	
3　関係会社株式売却益		10　　9,324	0.3	279　　995	0.0
Ⅶ　特別利益					
①1　固定資産売廃却益	※6	7,417		10,187	
2　減損損失	※7	2,864		5,218	
②3　投資有価証券売却損		—		34	
4　関係会社株式売却損		—　　10,281	0.4	72　　15,511	0.5
税引前当期純利益		439,754	17.7	509,480	18.7

①固定資産関係の損益

②長期保有有価証券の売却損益

第4章 徹底理解！損益計算書

(損益計算書関係)

第105期 (平成17年1月1日から 平成17年12月31日まで)	第106期 (平成18年1月1日から 平成18年12月31日まで)
※5 固定資産売却益の内訳 　機械及び装置　　　　　　30百万円 　工具器具及び備品他　　　7　〃 　　　計　　　　　　　　　37百万円	※5 固定資産売却益の内訳 　機械及び装置　　　　　　115百万円 　工具器具及び備品他　　　233　〃 　　　計　　　　　　　　　348百万円
※6 固定資産売廃却損の内訳 　　　　　　　　　売却　　　　廃却 　建物　　　　5百万円　4,045百万円 　機械及び装置　67　〃　　990　〃 　工具器具及び備品他 13 〃　2,297 〃 　　　計　　　　85百万円　7,332百万円	※6 固定資産売廃却損の内訳 　　　　　　　　　売却　　　　廃却 　建物　　　　12百万円　6,063百万円 　機械及び装置　24　〃　　1,928　〃 　工具器具及び備品他 4 〃　2,156 〃 　　　計　　　　40百万円　10,147百万円
※7 減損損失の内訳 栃木県宇都宮市に所有する宇都宮旧工場は、平成17年11月に新工場が建設され、使用見込みがないため、その帳簿価額を備忘価額まで減額し、当該減少額を減損損失として、特別損失に計上しました。 内訳は、建物2,706百万円、構築物158百万円であります。 　(グルーピングの方法) 事業部門を基本とし、将来の使用が見込まれない資産については個々の物件単位で、処分予定のグルーピングとしております。	※7 減損損失の内訳 (1) 神奈川県厚木市に所有する厚木事業所は、平成17年7月に、研究開発拠点の再配置により本社先端技術研究棟へ、基礎技術開発機能を集約したため、閉鎖いたしました。その後、継続して他の用途への転用を検討してまいりましたが、その見込みが低いと判断し、建物及び構築物については、帳簿価額を備忘価額まで減額し、土地については、帳簿価額を回収可能価額まで減額し、当該減少額を減損損失として、特別損失に計上しました。 内訳は、土地825百万円、建物2百万円、構築物20百万円であります。当該資産グループの回収可能価額は、不動産鑑定評価より処分費用見積額を控除した正味売却価額により算定しております。

キャッシュ・フローを産み出せないと見込まれる固定資産の帳簿価額の切下げ

出所：キヤノン株式会社　有価証券報告書

POINT 20 当期純利益は税効果会計の理解が重要

➡ 法人税の扱いに着目

　税引前当期純利益から法人税額等が控除され、当期純利益が表示される。税引後当期純利益と呼ばれることもあるが、制度上は、当期純利益と表示される。

　平成18年5月会社法施行までは、この当期純利益に、前期繰越利益や特定の積立金の目的取崩益が加えられ、中間配当および中間配当に伴う利益準備金積立額の合計を控除し、当期未処分利益額が計算されていたが、当期未処分利益の損益計算書における表示が廃止され、これらの項目は、株主資本等変動計算書に記載される。

　当期純利益の計算で、留意しなければならないのは法人税等の扱いで、法人税や税務会計の基礎的な知識の理解が必要である。法人税等は、税効果会計の導入で、キャッシュベースの動きはタイムラグが生じるが、企業の将来性をみるには、アフタータックスベースで考えることが必要である。また、法人税等とされるのは、法人税のほかに、住民税や事業税が含まれるからである。すなわち、法人税等には、法人税のほか、住民税、事業税が含まれる。

　法人税は、国が法人の所得に対して課する税金で、住民税は、都道府県や市町村の地方公共団体が法人の所得に対して課する税金である。事業税は、地方公共団体が、法人の事業活動に対して課する税金で、本来は、地方公共団体が企業に対して与える便益の対価の性格を持ち、従来は企業の所得のみが課税対象であったが、平成16年度からは外形標準課税が導入され、所得割以外に、付加価値割と資本割が設けられた。また、従来、事業税は、固定資産税や印紙税等と同様に、営業経費として、製造原価に含まれる製造経費か、販売費及び一般管理費に含まれていたが、現在では、法人税等に含まれている。

　また、法人税は、厳密には、法人税等追徴額や法人税等還付額を区分すべきであるが、重要性が乏しい場合は、当期の法人税等に含めて表示される。昨今は、市中金利が低いにもかかわらず、還付利回りが高いため、可能な限りの処理で、法人税の中間申告を行い、還付金を高める企業も見受けられる。

さらに、税効果会計が採用される場合は、法人税等調整額が表示される。

税効果会計とは、会計上と税務上の収益・費用の計上時点の相違や、会計上と税務上の資産・負債の額に相違がある場合に、法人税等を適切に期間配分するための会計処理である。連結納税は、連結グループ全体で、税金を計算し、納税するため、法人税制の話であるが、税効果会計は、あくまで、会計と税務のちがいを調整するための会計処理の話にすぎないことに留意する。

税効果会計を適用しない場合は、図のように、実効税率が大きく変わり、いわゆる有税償却（減価償却費を税務上の費用として認めない場合でも、会計上は減価償却費の計上を行うこと）の処理にブレーキがかかる傾向が見られる。

税効果会計の適用で法人税等の負担率は低下する

図表は、キヤノンの損益計算書の表示例であるが、平成17年12月決算では、当期未処分利益は表示されているが、平成18年12月決算では、当期未処分利益が表示されていないのは、平成18年5月会社法施行によるものである。

また、法定実効税率と、税効果会計適用後の法人税等の負担率を比べると、キヤノンの場合は、法定実効税率に比べて、税効果会計適用後の法人税等の負担率が約6%低い。内訳によると、受取配当金など益金不算入項目（課税対象外のこと）、外国税額控除（外国で支払った税金を、わが国の税金の支払額から控除してもらえること）のほか、試験研究費税額控除（試験研究費の支出額のうち一定割合を支払うべき税金から控除してもらえること）による部分の割合が高い。

ちなみに、法定実効税率とは、表面税率に対するもので、資本金1億円以上の会社の場合、標準税率は法人税率30%、法人住民税率は法人税額の17.3%、また、法人事業税の所得割の税率は7.2%である。ただし、法人事業税は支払った年度の損金（費用）として認められるため、以下の式のように、標準税率による実効税率は39.54%で、別途、外形標準課税の付加価値割や資本割が課される。

$$実効税率 = (法人税率 + 法人税率 \times 住民税率 + 事業税率) \div (1 + 事業税率)$$
$$= (0.3 + 0.3 \times 0.173 + 0.072) \div (1.072) = 0.3954 = 39.54\%$$

事例で考えてみよう

❗ 税効果会計の採用いかんにかかわらず、納付すべき税額は変わらないことに注意しよう。

▶P/L表示項目

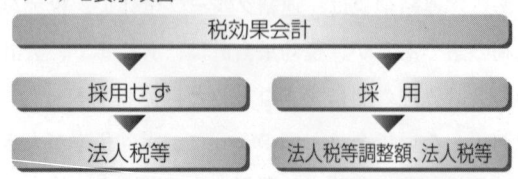

```
        税効果会計
    ┌──────┴──────┐
  採用せず          採用
    │              │
  法人税等    法人税等調整額、法人税等
```

法人税等 当期の納付すべき税額

A社の事例をもとに、税効果会計を適用することでどのような効果が現れるのかを考えてみよう。なお、計算にあたっては、次のような条件を前提にする。

条件

❗ A社の毎年の税引前利益は各年度2,000万円とする。
❗ ただし、1年目の減価償却費のうち500万円は税法上過大償却で損金不算入とし、翌年度には認容(損金算入)されるものとする。
❗ 法人税率は50%。

結果

	1年目	2年目
税引前利益	2,000	2,000
法人税等	△1,250	△750
税引利益	750	1,250
(実効税率)	(62.5%)	(37.5%)
課税所得	2,500	1,500

法人税額は、1年目＝(2,000＋500)×50%、
2年目＝(2,000－500)×50%となり実効税率＝税負担率が変わってくる。

これを、税効果会計を導入して計算すると、繰延分を通じて、税金の期間配分が可能になる。

	1年目	2年目
税引前利益	2,000	2,000
法人税等	△1,000	△1,000
当期分	△1,250	△750
繰延分	250	△250
税引利益	1,000	1,000
(実効税率)	(50%)	(50%)

第4章 徹底理解！損益計算書

キヤノンの損益計算書で法人税等の負担率を見てみよう

区分	注記番号	第105期 (平成17年1月1日から 平成17年12月31日まで) 金額（百万円）		百分比 (％)	第106期 (平成18年1月1日から 平成18年12月31日まで) 金額（百万円）		百分比 (％)
法人税、住民税及び事業税	※8	146,981			175,464		
法人税等調整額		3,479	150,460	6.0	△3,504	171,960	6.3
当期純利益			289,294	11.7		337,520	12.4
前期繰越利益			28,919			―	
中間配当額			28,835			―	
当期未処分利益			289,378			―	

※8　法人税、住民税及び事業税の内訳
　　　法人税　　　94,619百万円
　　　住民税　　　23,580　〃
　　　事業税　　　28,782　〃
　　　計　　　　146,981百万円

※8　法人税、住民税及び事業税の内訳
　　　法人税　　　113,136百万円
　　　住民税　　　28,584　〃
　　　事業税　　　33,744　〃
　　　計　　　　175,464百万円

2　法定実効税率と税効果会計適用後の法人税等の負担率との間に重要な差異があるときの、当該差異の原因となった主要な項目の内訳
　法定実効税率　　　　　　　　40.0％
（調整）
　受取配当金等永久に益金に算入されない項目　　　　　△0.5〃
　外国税額控除　　　　　　　　△0.2〃
　試験研究費税額控除　　　　　△5.3〃
　その他　　　　　　　　　　　　0.2〃
　税効果会計適用後の法人税等の負担率　　　　　　　34.2％

2　法定実効税率と税効果会計適用後の法人税等の負担率との間に重要な差異があるときの、当該差異の原因となった主要な項目の内訳
　法定実効税率　　　　　　　　40.0％
（調整）
　受取配当金等永久に益金に算入されない項目　　　　　△0.6〃
　外国税額控除　　　　　　　　△0.4〃
　試験研究費税額控除　　　　　△5.6〃
　その他　　　　　　　　　　　　0.4〃
　税効果会計適用後の法人税等の負担率　　　　　　　33.8％

$$\frac{150,460}{150,460+289,294}=\frac{150,460}{439,754}=34.2\%$$

$$\frac{171,960}{171,960+337,520}=\frac{171,960}{509,480}=33.8\%$$

出所：キヤノン株式会社　有価証券報告書

第4章まとめ

　損益計算書は、会社の経営成績をあらわすフローのレポートであるが、利益にもいろいろあることを理解する。

　一般に、売上総利益、営業利益、経常利益、税引前当期純利益、税引後当期純利益の5つが基本とされる。

　売上総利益はまさしく、商品や製品の売上による利益を表す。これがマイナスでは、事業を行う意味はない。粗利（あらり）や粗利（そり）、また販売マージンなどとも言われる。

　営業利益は、会社の本業（営業）により獲得された利益のことである。売上総利益との違いは、販売費および一般管理費などの本社経費（間接費）を、差し引いていることである。これもマイナスであれば、やはり、営業活動を行う意味がなくなる。

　経常利益は、ケイツネとも呼ばれ、かつてもっとも用いられた利益概念である。しかし、米国基準ではこの区分はない。文字どおり、企業の経常（常日頃繰り返される）活動の成果を表す利益である。具体的には、主に、金融収支を内訳とする営業外収益と営業外費用を営業利益に加減する。

　なお、営業利益に受取利息を加えたものを、つまり営業外収益の一部項目のみを考慮した利益概念を、事業利益といい、有利子負債の利子を支払う能力があるかの判断に用いられることがある。

　税引前当期純利益は、経常利益に特別損益項目を加減した利益である。まさしく会社（企業）の最終利益である。ただし、国家、地方公共団体から受ける便益への対価である税金を控除していない。

　税引前当期純利益から、法人税等の税金を控除したのが、当期純利益で、明瞭にするため、税引後当期純利益とも呼ばれ、文字通り最終利益である。

　なお、法人税等は、法人税、住民税、事業税で、いわゆる固定資産税、印紙税などの間接税は、租税公課として販売費および一般管理費に含まれる。

第5章

徹底理解！貸借対照表

POINT 21 売上債権は売掛金と受取手形

➡ 売上債権のチェックポイント

　安全性分析で、流動比率のほか、当座比率も分析されるが、流動資産中、当座資産が区分されるメルクマールは、現金回収の容易性である。棚卸資産が当座資産に含まれないのは、一般的であるが、当座資産のうち、現金預金や、短期有価証券と、この売上債権も区分して評価すべきである。

　売上債権は、営業循環基準のビジネスサイクルのなかで、商品・製品を売上げたが、いまだ現金入金されず、信用売のものである。売上債権は、売掛金と受取手形を総称するが、この回収には貸倒れリスクが伴い、回収可能性を吟味すべきである。

　受取手形は、通常の営業取引に基づいて発生した手形債権で、固定資産売却や手形割引などの金融取引で受け取った手形債権は、別途、営業外受取手形として区分される。手形の振出方法では、約束手形と為替手形に区分されるが、会計処理上は、特に区分されない。

　売掛金は、得意先との間の通常の取引に基づいて発生した営業上の未収入金であり、たとえば、固定資産の売却取引のように、通常の取引以外で発生した未収金（未収入金）とは区分される。

　商売上は、現金売上であったほうがよいが、その次は、法的には、売掛金より受取手形のほうが、金銭債権以外に、手形小切手法に基づく手形債権の行使が可能で、回収可能性が高い。もっとも、最近は、売掛債権担保融資等の流動化（資金回収）スキームも整備されてきており、資金の固定化が減少傾向である。

　これら売上債権のチェックポイントは、適正な貸倒引当金が設定されているか、破産債権、更生債権その他これに準ずる債権（不渡手形等）が含まれていないか等である。まずは、効率性分析で、売上債権回転期間を分析し、その滞留期間を概観する。たとえば、掛売りが月末締めの翌月末払いとすると、売掛金の回収は平均45日となる。ただし、現金で回収できるのを半分とし、残りはさらに2カ月後支払いの手形を受けとるとすると、45日回収分と105日回収分の平均で、

75日、つまり、理論上は、年約4.8回転のはずである。もし、分析値が4回転だとすると、回転数が少なく、長期滞留債権が含まれることになる。したがって、年齢調べ（エイジング）の手法で、売掛金の明細を、発生年月や、相手先ごとに区分し、内容を通査する（ざっと見る）ことになる。

➡ 相手先や期日により回収可能性を吟味する

　図表は、キヤノンの有価証券報告書の個別財務諸表の主な資産および負債の内容の記載項目の一部である。貸借対照表の勘定科目のなかで、附属明細表が作成されないものにつき、その内容や内訳が説明されている部分である。定まった様式が設定されていないため、会社ごとに自由に開示されているが、どちらかといえば、現金預金、受取手形、売掛金、棚卸資産といった流動資産に属する項目の開示が多い。

　キヤノンの例では、受取手形のほとんどが、関係会社である Canon U.S.A. Inc. であることが、相手先別内訳からわかる。また、そのほとんどが、貸借対照表日以降4カ月以内が手形の満期日であることが、期日別内訳で判明する。

　一方、売掛金については、関係会社である Canon Europa N. V. が金額残高の半数を占め、そのほか、キヤノンマーケティングジャパンや、キヤノン・シンガポール、キヤノン・カナダといったやはり関係会社に対するものが多い。また、売掛金の回収率と、滞留期間も会社側が計算して開示しているが、回収率81.5％、滞留期間が2.68カ月（81.5日）となっており、特段、受取手形や売掛金の回収可能性に問題は感じられない。

キヤノンの個別財務諸表で売上債権を見てみよう

(2) 【主な資産及び負債の内容】
第106期事業年度末貸借対照表における主要科目の内容及び内訳は次のとおりであります。
A 資産の部
  1 流動資産

～～～～～～～～～～～～～～～～～～～～～～～～～～～～～

(ロ)受取手形
 (i)相手先別内訳

相手先	金額(百万円)
Canon U.S.A., Inc.	295,641
エース光学(株)	80
大日本スクリーン製造(株)	64
ROTARY	28
池上通信機(株)	22
その他	27
合計	295,862

大日本スクリーン製造(株)、池上通信機(株) → 上場会社

Canon U.S.A., Inc. の 295,641 → 関係会社であるCanon U.S.Aの残高が多い

 (ii)期日別内訳

期日	平成19年1月	2月	3月	4月	5月	合計
金額(百万円)	83,276	93,534	83,159	35,886	7	295,862

貸借対照表日である平成18年12月31日から4カ月以内に期日到来するものがほとんどである。しかも、そのうち3カ月以内に手形満期日となるもののウエイトが高い。

関係会社に対するものが多い。しかし、受取手形残高トップのCanonU.S.Aの名前は出てこない。

(ハ) 売掛金
(i) 相手先別内訳

相手先	金額（百万円）
Canon Europa N.V.	321,400
キヤノンマーケティングジャパン㈱	116,963
Canon Singapore Pte.Ltd.	61,052
佳能（中国）有限公司	20,799
Canon Canada,Inc.	19,343
その他	82,099
合計	621,656

(ii) 売掛金の発生及び回収並びに滞留状況

期首残高（百万円）(A)	当期発生高（百万円）(B)	当期回収高（百万円）(C)	期末残高（百万円）(D)	回収率（％） $= \dfrac{(C)}{(A)+(B)}$	滞留期間 $= \dfrac{(D)}{(B)} \times 12$
568,270	2,786,574	2,733,188	621,656	81.5	2.68ヶ月

(注) 金額には消費税等を含んでおります。

前期に発生して未回収の分と当期発生分のうち、81.5％が回収されたことを表す。この資料だけでは不明確であるが、必ずしも全額現金回収とは限らず、受取手形に切り替えることも商慣習ではある。

前期に発生して未回収の分は、当期にすべて回収され、期末残高はすべて、当期発生高と仮定している。その場合、期末残が当期発生高の何カ月分あるかを示しているのが、滞留期間である。
$2.68 \text{カ月} = 365 \text{日} \times \dfrac{2.68}{12} = 81.5 \text{日}$ ともいえる。

出所：キヤノン株式会社　有価証券報告書

POINT 22 手元流動性は現金預金と有価証券

容易に現金化できるかどうかで判断

　売上債権以外の当座資産としては、現金、預金や市場性ある一時所有の有価証券等が含まれる。これらは、売上債権のように販売過程を経ることなく、比較的短期間に容易に現金化できる資産と言える。この意味で、手元流動性と呼ばれることもある。

　邦貨建ての現金・預金は、特に回収可能性の懸念は不要であるが、外貨建ての現金・預金は、為替レートの変動に伴う目減りが起こり得る。

　収入印紙や郵便切手は通信販売等で、現金に代用されることも多いが、未使用分は貯蔵品勘定で処理するのが原則である。一方、いつでも通貨に引換え可能な通貨代用証券（当座小切手、送金小切手、送金為替手形、預金手形、郵便為替証書、振替貯金払出証書等）や期限の到来した公社債利札も現金として処理される。

　預金は、普通預金、当座預金、通知預金、定期預金、譲渡性預金（CD）、納税準備預金、郵便貯金、郵便振替貯金など、金融機関等に預け入れた資金である。

　かつては、合同運用金銭信託が預金に含まれていたが、現在は区分表示されている。また、期末における未渡小切手も預金に含めて処理される。

有価証券のうち手元流動性に含まれるもの

　有価証券は、金融商品取引法で定義されている株式、公社債、投資信託受益証券、貸付信託受益証券等のうち、市場性の有無や、取得目的で、流動資産に含まれるもので、それ以外は、投資その他の資産に計上される。

　なお、従来、自己株式は、即座に処分の観点から、流動資産に計上されていたが、保有が緩和され、連結財務諸表同様に、個別単独財務諸表でも、純資産の部から控除されている。すなわち、自己株式の保有は、資本の払い戻しととらえる考え方である。また、平成18年会社法施行前は、商法上、親会社株式は、原則取得禁止で、保有しても短期間の処分が予定されていたため、流動資産として計上されていた。しかしながら、平成18年会社法は、親会社株式の取得は例外的

に認められるものの、相当の時期に処分しなければならない（会社法135条3項）が、相当の時期とは、必ずしも1年以内を意味しているわけでなく、特に連結配当規制適用会社の子会社については、その保有する親会社株式を早期に処分させる必要が必ずしもないため、流動資産の部以外に、投資その他の資産として固定資産の部に計上されることも可能となった。

また、金融商品時価会計の導入により、有価証券は、原則として「売買目的有価証券」、「満期保有債券」、「その他の有価証券」、「子会社株式・関係会社株式」に区分し、流動資産に計上されるのは、「売買目的有価証券」のみとされ、この「売買目的有価証券」の基準がけっこう厳しいため、金融業・商社以外では、流動資産の部に計上される有価証券残高が減少している。もちろん、「売買目的有価証券」以外でも、貸借対照表日の翌日以後1年以内に満期の到来するものは、流動資産に計上される。

図表は、キヤノンの有価証券報告書の個別財務諸表の主な資産および負債の内容の記載項目の一部から、現金および預金の内訳を示したものである。預金の内訳は、譲渡性預金が大部分を占めているが、譲渡性預金は、中途解約せずに、他人にいつでも譲渡可能な預金であり、流動性と収益性の両方を満たしている。

また、流動資産の表示および注記によると、短期保有有価証券を保有していないか、保有していても金額に重要性がなく区分表示せず、その他の流動資産に一括計上されている。ただし、附属明細表の有価証券明細表では、すべて投資有価証券となっている。したがって、キヤノンの手元流動性は、

$$((261,680+324,053)\div 2)\div 2,729,657\times 100 = 10.7\%$$

$$((261,680+324,053)\div 2)\div (2,729,657\div 12) = 1.29$$

年商（年間売上高）の10.7％、月商（月間売上高）の1.29倍となる。

事例で考えてみよう

❗ 手元流動性を計算し、業界の平均的な財務指標と比較する。手元流動性の計算式は次のとおりである。

$$手元流動性 = \frac{(現預金＋一時保有の有価証券)の期首・期末平均}{売上高} \times 100$$

手元流動性	全産業	建設業	製造業	卸小売業	サービス業
%	10.2	14.1	10.7	6.7	11.7
月換算	1.2	1.7	1.3	0.8	1.4

［出典：財務省『法人企業統計』平成17年度］

❗ 預借率を計算してみて、あまりにもその比率が高い（30％以上）と、不必要な銀行借入を行っている可能性もあり、借入金の返済を検討すべきである。
なお、預借率、および借入金の計算式は次のとおりである。

● 預借率（％）＝預金÷借入金×100

● 借入金＝短期借入金＋長期借入金＋受取手形割引残高

参考　手元流動性の推移（％）

年度（平成）	全産業	建設業	製造業	卸小売業	サービス業
平成13年	11.1	15.0	12.9	7.3	13.0
平成14年	11.3	14.6	12.5	7.9	13.6
平成15年	10.4	14.1	11.7	7.5	11.8
平成16年	10.6	14.9	11.3	6.8	14.3
平成17年	10.2	14.1	10.7	6.7	11.7

キヤノンの有価証券報告書で手元流動性を見てみよう

❶ キヤノン株式会社有価証券報告書（2006）
（2）【主な資産及び負債の内容】
第106期事業年度末貸借対照表における主要科目の内容及び内訳は次のとおりであります。
A 資産の部
1 流動資産
（イ）現金及び預金

区分	金額（百万円）
現金	—
預金	
当座預金	69
普通預金	3,727
定期預金	7,157
譲渡性預金	313,100
預金計	324,053
合計	324,053

→ 手元流動性 第106期末

❶ キヤノン株式会社有価証券報告書（2005）
（2）【主な資産及び負債の内容】
第105期事業年度末貸借対照表における主要科目の内容及び内訳は次のとおりであります。
A 資産の部
1 流動資産
（イ）現金及び預金

区分	金額（百万円）
現金	—
預金	
当座預金	77
普通預金	5,948
定期預金	2,155
譲渡性預金	253,500
預金計	261,680
合計	261,680

いずれも譲渡性預金の残高が大きい

→ 手元流動性 第105期末

出所：キヤノン株式会社　有価証券報告書

POINT 23 棚卸資産は製品・商品在庫

→ 旧連続意見書第四による棚卸資産

　棚卸資産は、直接に販売あるいは加工後に販売することを目的として保有される各種の資産を総称する。

　その取得原価は、当期の費消部分を費用として、製造原価明細書や損益計算書にフロー計上され、未費消部分は、次期以降の費用として、貸借対照表にストック計上される。

　旧連続意見書第四では、棚卸資産として次のものが列挙されている。

イ．通常の営業過程において販売するために保有する財貨または用役。具体的には、商品（商業を営む企業が主たる営業目的で販売するため所有する物品）、製品（工業、商業その他商業以外の事業を営む企業が主たる営業目的で販売するため所有する製造品その他の生産品）がある。

ロ．販売を目的として現に製造中の財貨または用役。具体的には、半製品（中間的製品として既に加工を終わり現に貯蔵中のもので販売できる状態にあるもの）、自製部分品（製品または半製品の組成部分として当該製品または半製品に取り付けられる物品で、当該企業の製作にかかわるもの）、仕掛品（しかかりひん、製品、半製品または部分品の生産のために現に仕掛中のもの）、半成工事（長期にわたる注文生産又は請負作業について仕掛中のもので仕掛品以外のもの）がある。

ハ．販売目的の財貨または用役を生産するために短期間に消費されるべき財貨。具体的には、原料・材料（製品製造目的で費消される物品で未だその用に供されないもの）、工場用消耗品（燃料・油・釘などのように製造に際して消耗される物品）がある。

ニ．販売活動および一般管理活動において短期間に消費されるべき財貨。具体的には、事務用消耗品（文具）や荷造用品がある。

→ チェックポイントは数量と評価金額

　上記の棚卸資産のチェックポイントは、数量と評価金額である。まずは、効率性分析で、棚卸資産回転期間を分析し、その滞留期間を概観する。つまり、月商の何ヶ月分の在庫がストックされているかである。取り扱い商品にもよるが、季節商品なら、年4回転以上、小物なら、もっと回転率を高めるべきである。

　特に、注意すべきは、返戻品や、輸送途上のもの（未着品、積送品）や委託品等である。返戻品は、売上自体の取り消しと、今後、当初の売価で再度売れるのかの判断である。輸送途上のものは、送り状や支払運賃伝票等で確認し、委託品はあくまで、所有権は当方にあることを忘れてはならない。

　図表は、キヤノンの有価証券報告書の個別財務諸表の主な資産および負債の内容の記載項目の一部から、棚卸資産項目の内訳を示したものである。残念ながら、個別財務諸表の場合は、部門別（製品別）売上高が公表されていないので、会社全体の売上高と比較せざるを得ない。しかし、製品と仕掛品の金額が内訳開示されているので、興味深い分析が可能である。

　事務機部門は、製品在庫は月商の0.28ヶ月分（$64,974 \times 12 \div 2,729,657$）であるが、仕掛品在庫は月商の0.08ヶ月分（$19,628 \times 12 \div 2,729,657$）にすぎない。以下、カメラ部門は、製品在庫は月商の0.08ヶ月分（$17,958 \times 12 \div 2,729,657$）であるが、仕掛品在庫は月商の0.06ヶ月分（$13,277 \times 12 \div 2,729,657$）にすぎない。光学機器部門他は、製品在庫は月商の0.05ヶ月分（$10,753 \times 12 \div 2,729,657$）であるが、仕掛品在庫は月商の0.33ヶ月分（$74,761 \times 12 \div 2,729,657$）と、製品在庫より多い。このことから、事務機部門や、カメラ部門は、製品生産のリードタイムは短いが、光学機器部門他はリードタイムが長いことがわかる。

　実は、キヤノンの決算短信の決算補足資料（連結）には、棚卸資産の期末残高と回転日数が開示されており、以下のようになっている。

	平成18年12月末残	回転日数
事務機	288,815（百万円）	38（日）
カメラ	87,515	27
光学機器及びその他	162,727	136
合計	539,057	45

キヤノンの有価証券報告書から棚卸資産を見てみよう

重要な会計方針

第105期 （平成17年1月1日から 平成17年12月31日まで）	第106期 （平成18年1月1日から 平成18年12月31日まで）
2　たな卸資産の評価基準及び評価方法 　（1）製品・仕掛品…………総平均法による原価法 　（2）原材料・貯蔵品………移動平均法による原価法	2　たな卸資産の評価基準及び評価方法 　（1）製品・仕掛品…………同左 　（2）原材料・貯蔵品………同左

購入の都度、取得原価を計算している　　　　期末にまとめて取得原価を計算している

❗ 旧連続意見書第4とは

　旧連続意見書とは、正式には企業会計原則と関係諸法令との調整に関する連続意見書のことで、当時の大蔵省企業会計審議会が公表している。連続意見書には以下のものがある

連続意見書第1　財務諸表の体系について　　　　　（昭和35年6月）
連続意見書第2　財務諸表の様式について　　　　　（昭和35年6月）
連続意見書第3　有形固定資産の減価償却について　（昭和35年6月）
連続意見書第4　棚卸資産の評価について　　　　　（昭和37年8月）
連続意見書第5　繰延資産について　　　　　　　　（昭和37年8月）

リードタイム（lead time）

　発注から納品までに要する時間のことを一般的にリードタイム（事前所要時間）と呼ぶ。いわゆる大量生産の汎用品であれば、通常作りおきしていて在庫があるので、すぐに購入できる。しかし、個別のニーズに基づく、受注生産品であれば、顧客の注文を受けてから、生産（製造）を開始するので、すぐに購入はできない。従って、買い手にとっては、発注から納品までにかかる時間が短いほど、購入する可能性が高まり、注文を出しやすい。反対に、売り手から見ると、リードタイムは受注から納品までにかかる時間で、リードタイムを短縮することで、競合他社に対して優位に立つことが可能となり、受注に結びつきやすい。

　従って、生産に時間のかかる場合は、ある程度事前に途中まで生産しておくなどで対応するが、最終的に受注できない可能性でむだになったりするリスクも考慮しておかなければならない。

　米国デル社のパソコンは、インターネットで注文を受け付けて、それから生産を開始する。つまり、価格が安いかわりに、納品まで10日から2週間ほどかかり、すぐに使えない。一方、日本の主要メーカーのパソコンは家電量販店に行けば、在庫がありすぐに持ち帰って使えるが、価格的にはデル社のものより高い。時間か価格かの選択となる。

(ニ)製品

区分	金額(百万円)	
事務機部門	64,974	月商の0.28カ月分
カメラ部門	17,958	0.08カ月分
光学機器部門他	10,753	0.05カ月分
合計	93,685	

(ホ)原材料

区分	金額(百万円)
金属材料	52
補助材料	156
消耗工具器具備品	748
その他	2,979
合計	3,935

(ヘ)仕掛品

区分	金額(百万円)	
事務機部門	19,628	月商の0.08カ月分
カメラ部門	13,277	0.06カ月分
光学機器部門他	74,761	0.33カ月分
合計	107,666	

(ト)貯蔵品

区分	金額(百万円)
貯蔵品	707
合計	707

出所：キヤノン株式会社　有価証券報告書

POINT 24 有形固定資産は建物・機械等の設備資産

➡ 有形固定資産で設備投資の規模がわかる

　有形固定資産は、原則として1年以上使用する目的で所有している資産のうち、具体的な存在形態をもつものである。但し、使用目的資産であっても貸与中のものは、自己の本来の営業活動の必要によるものを除いては、投資その他資産とされる。なぜなら、有形固定資産の表示目的は、企業の本来の営業活動の遂行に必要な設備投資規模を示すことだからである。

　主な具体例は以下のものがある。

　減価償却の対象となる償却資産として、建物・構築物、機械装置、船舶および水上運搬具、車両運搬具、工具器具備品などがある。

　建物は、営業の用に供する建物本体にその付属設備（冷暖房設備、照明設備、通風設備、給排水設備、昇降機等）を含めたものである。建物本体は、店舗、工場、事務所のほか、社宅その他の経営付属設備が含まれる。構築物は、営業の用に供しているドック、橋、岸壁、さん橋、軌道、貯水池、坑道、煙突その他土地に定着する土木設備または工作物である。

　機械装置は、営業の用に供する各種機械装置のほか、コンベヤー、ホイスト、起重機等の搬送設備その他の付属設備である。

　船舶・水上運搬具は、営業の用で、物品を積載し、水上で運搬を行う木製・金属製の構造物で、いかり、帆、羅針盤等も含まれる。

　車両運搬具は、営業の用に供する陸上運搬具で、鉄道用車両、自動車、オートバイ、牽引車、自転車などである。

　工具器具備品は、営業の用に供する耐用年数1年以上、一時費用処理されていない工具、器具、備品である。

　減価償却の対象とならない非償却資産として、土地、建設仮勘定などがある。

　土地は、店舗・工場および事務所等の営業の用に供する敷地のほか、社宅敷地、運動場、農園等の経営付属用の土地も含まれる。

　建設仮勘定は、文字通り、営業の用に供する建設中途の固定資産に要した一切

の支出額で、設備建設目的の手付金・前渡金・取得保管中機械などが含まれる。

⇒ 減価償却の計算方法を見きわめる

　これら有形固定資産のチェックポイントは、減価償却方法と、資産の陳腐化の見きわめである。減価償却は、個々の資産ごとの耐用年数と償却の計算方法の把握が重要である。また、耐用年数が理論的に残っていても、実務上、利用可能かどうかは、たえず吟味する。

　なお、減価償却費の計算については、平成19年税制改正で抜本的改正が行われた。企業会計上の減価償却費計算は、法人税法上の減価償却費計算と平仄を合わせる必要は必ずしもないが、会計と税務で計算が異なることによる二重帳簿を避けるために、多くの企業が法人税法の減価償却費を、企業会計上の減価償却費とすることが実務上行われてきた。キヤノンの事例で、建物については、平成10年4月1日以降取得分について、定額法を採用しているのは、まさしく税法改正の影響である。

　減価償却費を計算するのは、取得価額、残存価額、耐用年数の3要素が基本となるが、平成19年税制改正では、平成19年4月1日以降取得する減価償却資産につき、残存価額と償却可能限度額が廃止され、耐用年数経過時点に1円の備忘価額まで、減価償却が可能となった。平成19年税制改正前では、有形固定資産の残存価額は、取得価額の10%で、耐用年数経過後、さらに当該減価償却資産を使用する場合は、取得価額の5%である償却可能限度額まで、税法上の減価償却が認められていた。つまり、最高でも95%しか減価償却ができず、通常は償却不足で、売却・除却時点ではじめて売却・除却損が計上される。

　平成19年3月31日以前に取得した減価償却資産については、償却可能限度額まで償却した事業年度等の翌事業年度以降5年間で、1円まで均等償却できる。

　理論上は、耐用年数経過時点で、全額減価償却することも可能であるが、そうすると、当該減価償却資産の帳簿価額（貸借対照表価額）がゼロ円となり、帳簿に記載されなくなるので、備忘価額（メモ価額）として1円が残るように、減価償却費計算が行われる。

キヤノンの有価証券報告書から有形固定資産を見てみよう

【有形固定資産等明細表】

資産の種類	前期末残高（百万円）	当期増加額（百万円）	当期減少額（百万円）	当期末残高（百万円）	当期末減価償却累計額又は償却累計額（百万円）	当期償却額（百万円）	差引当期末残高（百万円）
有形固定資産							
建物	585,986	103,429	45,378 (4,331)	644,037	244,865	38,643	399,172
構築物	29,280	5,204	1,453 (62)	33,031	14,116	2,066	18,915
機械及び装置	386,018	67,105	21,412 (—)	431,711	280,916	56,534	150,795
車両及び運搬具	1,279	181	82 (—)	1,378	1,046	157	332
工具器具及び備品	243,787	36,338	24,968 (—)	255,157	200,172	30,320	54,985
土地	110,448	24,520	1,446 (425)	133,522	—	—	133,522
建設仮勘定	47,743	249,969	237,339 (—)	60,373	—	—	60,373
有形固定資産計	1,404,541	486,746	332,078 (4,818)	1,559,209	741,115	127,720	818,094

（注）1　当期減少額の（　）内は内書きで、減損損失の計上額であります。
2　建物の増加額のうち、取手事業所（事務機）は、1,813百万円、宇都宮工場（カメラ）は1,416百万円、阿見・宇都宮光学機器事業所・光学技術研究所（光学機器）は4,189百万円、本社地区96,010百万円であります。
3　建物の減少額のうち、宇都宮工場（カメラ）は12,835百万円、阿見・宇都宮光学機器事業所・光学技術研究所（光学機器）は2,487百万円、本社地区25,551百万円であります。
4　機械及び装置の増加額のうち、取手事業所（事務機）は25,995百万円、宇都宮工場（カメラ）は3,733百万円、阿見・宇都宮光学機器事業所・光学技術研究所（光学機器）は11,224百万円、本社地区26,153百万円であります。
5　工具器具及び備品の増加額のうち、取手事業所（事務機）は14,176百万円、宇都宮工場（カメラ）は1,221百万円、阿見・宇都宮光学機器事業所・光学技術研究所（光学機器）は2,750百万円、本社地区18,191百万円であります。
6　土地の増加額のうち、主なものは、神奈川県川崎市の土地で19,706百万円、大分県大分市の土地で4,339百万円であります。
7　土地の減少額のうち、主なものは、京都府相良郡の土地で1,020百万円であります。

重要な会計方針

第105期 （平成17年1月1日から 平成17年12月31日まで）	第106期 （平成18年1月1日から 平成18年12月31日まで）
3　固定資産の減価償却の方法 （1）有形固定資産 　　定率法によっております。 　　なお、耐用年数及び残存価額については、法人税法に規定する方法と同一の基準によっております。 　　但し、平成10年4月1日以降に取得した建物（建物附属設備を除く）については、定額法によっております。	3　固定資産の減価償却の方法 （1）有形固定資産 　　定率法によっております。 　　但し、平成10年4月1日以降に取得した建物（建物附属設備を除く）については、定額法によっております。 　　なお、主な耐用年数は以下のとおりであります。 　　建物　　　　7～50年 　　機械装置　　4～11年

法人税法の規定と平仄を合わせている

具体的償却方法

定額法……毎期一定額ずつ減少すると仮定
　各期の減価償却費＝（取得原価－残存価額）÷耐用年数
　償却率＝1÷耐用年数。つまり耐用年数の逆数
定率法……期末の未償却残高に一定の償却率を乗じてその期の減価償却費を計算
　償却率＝定額法の償却率の250％。平成19年度法人税制改正から採用。
　各期の減価償却費＝期首の帳簿残高×償却率
　　なお、期首の帳簿残高＝取得原価－償却費の累計額
　　また、償却費がその時の帳簿価額を残存年数で除した金額を下回ることとなったときから、定額法に切り替え（ケースで説明）
　ケース　取得原価＝100,000円、残存価額＝ゼロ円、耐用年数＝5年
　　①定額法：償却率＝0.2。毎年の減価償却費は20,000円
　　②定率法：償却率＝0.2×250％＝0.5

年度	定率法	残存価額均等法	減価償却額	償却後の残存価額
1年目	50,000円	20,000円	50,000円	50,000円
2年目	25,000円 (50,000×0.5)	12,500円 (50,000÷4)	25,000円	25,000円
3年目	12,500円 (25,000×0.5)	8,333円 (25,000÷3)	12,500円	12,500円
4年目	6,250円 (12,500×0.5)	6,250円 (12,500÷2)	6,250円	6,250円
5年目	3,125円 (6,250×0.5)	6,250円 (6,250÷1)	6,250円	0円

実際には、5年目は残存価額1円の備忘価額となるので、減価償却額は6,249円。

POINT 25 無形固定資産は法律・契約による各種権利

➡ 目に見えない企業の力を含めた資産

　無形固定資産は、有形固定資産のように、具体的な存在形態を有しないが、企業に対しかなり長期にわたって特別の便益、権利または特権を与えることによって営業活動に貢献する性質の資産である。

　のれんを除く無形固定資産は、法律または契約によって認められる独占的な排他権ないし使用権を内容とするが、のれんのみ、その経済的効果をもとに事実上の権利として、貸借対照表の計上が認められている。

　法律により独占的な排他権が与えられているものには、特許権、商標権、実用新案権、意匠権などの工業所有権のほか、借地権、地上権、鉱業権、漁業権、入漁権、水利権、版権、著作権、原画権などがある。

　契約により特定の財産につき独占的な利用権が与えられているものには、電話加入権、専用側線利用権、電気・ガス施設利用権、鉄道軌道連絡通行施設利用権などがある。

　一方、のれんは、営業権とも言われ、商号または商標の浸透、有利な立地条件、経営者の資質、従業員の熟練度、取引先との有利な関係、金融機関との緊密な関係などの他企業に見られない特殊な利点によって得られる超過収益力を反映した経済的事実である。

　すなわち、企業の物的組織、人的組織からなる一種の組織価値である。超過収益力は、同業企業と比べて、平均的利益率を上回る利益を上げることができる力で、M&A（企業買収）等の実務では、主要な評価ポイントの1つである。

　M&Aはよく時間を買うというが、大企業が経営多角化の1つとして新たな事業分野に乗り出すとき、新会社を設立し、従業員を新たに雇い入れ、工場も新たに建設し、新たに販売先を開拓するなどの一連の手続きを進めていると時間がかかり、利益を上げる体制になるのに数年要するのが通常である。そこで、既存の会社をプレミアム（割増金）をつけて購入すれば、手間もかからないし、すぐに利益を生み出すことができる。このプレミアムの支払いがのれんにほかならない。

また、電話加入権は NTT で電話回線を引く際に支払う権利の代金、すなわち、施設負担金のことである。最近は、負担金を支払わない代わりに、毎月の通話料金に上乗せされるサービスも開始されている。

　電話加入権は、税金滞納時に差し押さえ可能で、また、相続時の課税対象財産でもあり、民間業者による売買も行われている。また、電話加入権は時の経過とともに減価しないことや、譲渡自由でいつでも資金の回収が可能なことから非減価償却資産とされ、減価償却はできない。

　しかしながら、電話加入権制度の廃止が議論され、その場合、加入者に負担金の払い戻しが想定されていないことから、資産性の有無につき疑義が生じている。また、現実に民間業者による買取価格も低下し、相続税における電話加入権の課税評価価額もかなり低下してきている（ちなみに東京国税局管内では、平成15年の12,000円が平成19年は4,000円）。

　そこで、固定資産の減損会計を適用し、電話加入権につき減損損失を計上している会社もある。ただし、法人税法上は損金（費用）として認められないため、税務上は否認して課税対象とする有税処理である。

▶ 無形固定資産から企業の特徴をつかむ

　図表は、キヤノンの無形固定資産の保有明細であるが、無形固定資産であるのにもかかわらず、有形固定資産等明細表のなかに掲載されている。同じく、長期前払費用も含まれている。

　期末残高をみると、特許権とソフトウェアが多い。また、当期末減価償却累計額、当期償却額、差引当期末残高を比較してみると、特許権は、当期の減価償却183百万円の実施により、累計償却額は384百万円で、期末帳簿価額は1,498百万円であることがわかる。この場合、未償却割合は、$1,498 \div (1,498 + 384) = 79.6\%$ と高い。一方、ソフトウェアは、当期の減価償却10,263百万円の実施により、累計償却額は26,487百万円で、期末帳簿価額は31,999百万円であることがわかる。この場合、未償却割合は、$31,999 \div (31,999 + 26,487) = 54.7\%$ と特許権とくらべて低い。特許権の法定耐用年数は8年と、ソフトウェアの3年か5年よりも長いからである。

キヤノンの有価証券報告書から無形固定資産を見てみよう

重要な会計方針

第105期 (平成17年1月1日から 平成17年12月31日まで)	第106期 (平成18年1月1日から 平成18年12月31日まで)
(2) 無形固定資産 定額法によっております。 なお、耐用年数については、法人税法に規定する方法と同一の基準によっております。但し、市場販売目的ソフトウェアについては、関連製品の販売計画等を勘案した見積販売可能期間に基づく定額法、自社利用ソフトウェアについては社内における利用可能期間に基づく定額法によっております。	(2) 無形固定資産 定額法によっております。 なお、市場販売目的ソフトウェアについては、関連製品の販売計画等を勘案した見積販売可能期間（3年）に、自社利用ソフトウェアについては社内における利用可能期間（5年）に基づいております。

ソフトウェアの会計処理
（出所、監査法人トーマツ、会計がわかる事典、P128、日本実業出版社）

製作目的	会計処理	償却方法
研究開発	研究開発費	―
受注製作	請負工事の会計処理に準ずる	―
市場販売	①最初に製品化された製品マスター（製品番号を付すること等により販売の意志が明らかにされた製品マスター）が完成するまでの制作費は研究開発費 ②製品マスターの機能の改良・強化のための制作費は無形固定資産に計上。但し、著しい改良は研究開発費 ③バグ取り等の機能維持費は費用処理 ④製品としてのソフトウェアの製作原価（マニュアルの制作費等）は棚卸資産に計上	見積販売数量に基づく償却額と残存有効期間に基づく均等額のうちいずれか大きい額
自社利用	将来の収益獲得又は費用削除が確実であると認められる場合には無形固定資産に計上。	利用可能期間（原則5年以内）の定額法

第5章 徹底理解！貸借対照表

> 未償却割合がわかる

資産の種類	前期末残高 (百万円)	当期増加額 (百万円)	当期減少額 (百万円)	当期末残高 (百万円)	当期末減価償却累計額又は償却累計額 (百万円)	当期償却額 (百万円)	差引当期末残高 (百万円)
無形固定資産							
特許権	905	980	3	1,882	384	183	1,498
借地権	49	—	—	49	—	—	49
商標権	4	8	—	12	2	1	10
意匠権	1	1	—	2	0	0	2
ソフトウェア	57,681	28,274	27,469	58,486	26,487	10,263	31,999
その他	1,346	28	31	1,343	421	73	922
無形固定資産計	59,986	29,291	27,503	61,774	27,294	10,520	34,480
長期前払費用	22,363	6,392	3,071	25,684	11,943	3,012	13,741

無形固定資産は「有形固定資産等明細表」に含まれている。同じく長期前払費用も掲載されている

出所：キヤノン株式会社　有価証券報告書

未償却割合の算式
$$= \frac{期末帳簿価額}{期末帳簿価額 + 累計償却額} \times 100\,(\%)$$

▷　無形固定資産の法定耐用年数

特許権		8年
借地権		非償却資産
商標権		10年
意匠権		7年
ソフトウェア	複写して販売するための原本	3年
	その他のもの	5年

出典：別表第3、無形減価償却資産の耐用年数表

POINT 26 投資その他の資産は本業以外の長期投資

▶ 資産の性格から判断

　投資その他の資産とは、投資およびその他の固定資産である。

　投資は、企業本来の目的である商品、製品の販売または役務の提供以外の特定の目的でもって長期的に企業外部に資本を投下したもので、次のようなものがあげられる。

　長期（1年超）に運用されるものとして、投資有価証券、出資金、長期貸付金、1年以内に期限の到来しない預金および金銭信託、保険積立金、長期未収金、投資不動産、賃貸用不動産、差入保証金、敷金、ゴルフ会員権や各種会員権、退職給付引当特定資産、社内預金特定資産などがある。

　このうち、関係会社に対するものは、関係会社株式（親会社株式や子会社株式は除く）、関係会社社債、関係会社出資金、関係会社長期貸付金など区分して計上される。

　また、長期滞留債権として、貸借対照表日の翌日から起算して1年以内に回復の見込みのない破産債権、更生債権、その他これに準ずる債権が含まれる。

　その他の固定資産は、費用化するまでに貸借対照表日の翌日から起算して1年を超える長期前払費用や、企業会計上の繰延資産以外に、税法上認められている繰延資産がある。

　税法上の繰延資産は、法人が支出する費用のうち支出の効果がその支出の日以後1年以上に及ぶものをいう。ただし、資産の取得価額に算入されるべき費用や前払費用は除かれる。具体的には、公共的施設等の負担金、権利金、ノウハウの頭金等の費用で支出の効果が1年以上に及ぶものである。

　また、最近の会計ビッグバンで新設された勘定科目としては、税効果会計導入による（長期）繰延税金資産や、退職給付会計導入による前払年金費用がある。

　（長期）繰延税金資産は、（長期）繰延税金負債がある場合は、差引きネットで表示されるため、（長期）繰延税金負債の金額の方が、（長期）繰延税金資産の金額より大きい場合は、その差額が（長期）繰延税金負債として表示され、（長期）

繰延税金資産は計上されない。ただし、長期と短期間での残高の相殺は行われないため、（長期）繰延税金資産と、（短期）繰延税金負債の残高がある場合は、それぞれ独立表示される。

企業会計審議会の公表した税効果会計に係る会計基準（平成10年10月）では、繰延税金資産および繰延税金負債は、これらに関連した資産・負債の分類に基づいて、繰延税金資産については、流動資産または投資その他の資産として、繰延税金負債については流動負債または固定負債として表示しなければならないとし、その発生原因で流動か固定に区分される。実務的には、繰延税金資産か繰延税金負債が解消される期間が短期か長期かで、流動・固定が区分される。

また、前払年金費用は、制度上の年金資産が退職給付債務及び遅延認識項目を超える場合に計上され、資産の性格から投資その他の資産とされる。

▶ 投資有価証券や関係会社株式

図表は、キヤノンの有価証券報告書のうち、財務諸表の附属明細表である「有価証券明細表」と、個別財務諸表の主な資産および負債の内容から、固定資産である「関係会社株式」の内訳明細である。

「有価証券明細表」で、（投資有価証券）、ついで、（その他有価証券）と表示してあるのは、貸借対照表の勘定科目としては、投資有価証券として計上され、金融商品会計基準の有価証券の分類では、その他有価証券に該当することを意味している。売買目的有価証券は、流動資産に区分されるので、投資有価証券として、投資その他の資産に計上されるのは、ほかに満期保有目的債券と関係会社株式であるが、関係会社株式は別途、貸借対照表上区分表示されている。

ちなみに、関係会社株式のうち、キヤノンマーケティングジャパンは上場株式、投資有価証券のうち、エルピーダメモリ、インターネット総合研究所、日本電子、三菱UFJフィナンシャルグループの株式も上場株式である。これらはいわゆる時価を有する有価証券となる。また、みずほフィナンシャルグループの優先株自体は、証券取引所に上場されていないが、一定の条件により、普通株に転換して、売却することは可能である。

キヤノンの有価証券報告書から投資有価証券を見てみよう

④【附属明細表】
　【有価証券明細表】
　　【株式】

銘柄	株式数(株)	貸借対照表計上額(百万円)
(投資有価証券)		
(その他有価証券)		
エルピーダメモリ(株)	1,800,000	11,772
(株)みずほフィナンシャルグループ優先株(第11回)	5,000	5,000
Mizuho Preferred Capital (Cayman)2 Ltd.	50	5,000
Mizuho Preferred Capital (Cayman)Ltd.	30	3,000
Zygo Corporation	1,210,410	2,372
(株)IPSアルファテクノロジ	40,000	2,000
(株)インターネット総合研究所	19,800	1,501
Ability Enterprise Co.,Ltd.	10,954,097	984
日本電子(株)	1,141,200	818
(株)三菱UFJフィナンシャル・グループ	543.62	799
その他66銘柄	8,183,827.02	2,297
計	23,354,957.64	35,543

→ 上場株式

【その他】

種類及び銘柄	投資口数等(口)	貸借対照表計上額(百万円)
(投資有価証券)		
(その他有価証券)		
日興スーパーインデックスファンド	50,000.0000	291
野村業種別インデックスセレクトファンドH	91,188.1068	915
野村業種別インデックスセレクトファンドI	100,973.9552	1,102
野村業種別インデックスセレクトファンドO	83,686.4150	537
大和ターゲット・インデックス・セレクトA	48,366.8573	183
計	374,215.3343	3,028

→ いわゆる投資信託

重要な会計方針

第105期 (平成17年1月1日から 平成17年12月31日まで)	第106期 (平成18年1月1日から 平成18年12月31日まで)
1　有価証券の評価基準及び評価方法 　(1)　子会社株式及び関連会社株式 　　　……移動平均法による原価法 　(2)　その他有価証券 　　　時価のあるもの 　　　　期末日の市場価格等に基づく時価法（評価差額は全部資本直入法により処理し、売却原価は移動平均法により算定） 　　　時価のないもの 　　　　移動平均法による原価法	1　有価証券の評価基準及び評価方法 　(1)　子会社株式及び関連会社株式 　　　同左 　(2)　その他有価証券 　　　時価のあるもの 　　　　期末日の市場価格等に基づく時価法（評価差額は全部純資産直入法により処理し、売却原価は移動平均法により算定） 　　　時価のないもの 　　　　同左

2　固定資産
（イ）関係会社株式

銘柄	金額（百万円）
キヤノンマーケティングジャパン（株）	82,033
Canon Europa N.V.	37,327
Canon U.S.A.,Inc.	35,120
キヤノンアネルバ（株）	13,823
キヤノン化成（株）	12,500
その他	116,170
合計	296,973

（キヤノンマーケティングジャパン（株）、Canon Europa N.V.、Canon U.S.A.,Inc.）→ 上場株式

上場株式は時価のあるものに該当する

（有価証券関係）
有価証券
子会社及び関連会社株式で時価のあるもの

	第105期（平成17年12月31日）			第106期（平成18年12月31日）		
	貸借対照表計上額（百万円）	時価（百万円）	差額（百万円）	貸借対照表計上額（百万円）	時価（百万円）	差額（百万円）
子会社株式	103,577	334,285	230,708	103,589	370,268	266,679
関連会社株式	147	14,060	13,913	147	12,933	12,786
合計	103,724	348,345	244,621	103,736	383,201	279,465

出所：キヤノン株式会社　有価証券報告書

POINT 27 繰延資産は会計上の擬制資産

▶ 繰越資産に計上するかどうかの判断基準

　繰延資産とは、すでに代価の支払が完了しまたは支払義務が確定し、これに対応する役務の提供を受けたにもかかわらず、全額その支出した期の費用としないで、その効果が及ぶ数期間に合理的に配分するために設けられた資産項目である。

　繰延資産は、既に費消済みの用役対価で、収益効果が次期以降に期待されるにすぎないので、個別的財産価値は認められない。しかしながら、継続企業の前提のもと、一定の期間を区切った会計期間で決算を行わざるをえないため、費用収益対応の原則に基づく損益計算思考から、資産性が認められている。

　但し、旧商法では、債権者保護の観点から財務安全性を求めており、資産として計上できる繰延資産は全8項目に限定するとともに、毎期均等額以上の早期償却による費用化を要求していた。また、特定の繰延資産（開業費、開発費および試験研究費）が計上されている場合は、配当制限が設けられていた。

　新会社法では、繰延資産として計上することが適当なものについては繰延資産として計上するものと定めているが（会社計算規則106条3項5号）、計上することが適当であるか否かは一般に公正妥当と認められる会計慣行によって判断されるものとし、また、具体的な繰延資産は示されておらず、具体的な償却年数などの規定も設けられていない（会社計算規則3条）。ただし、計上された繰延資産一般については、一定の配当制限が課せられている（会社計算規則186条1項）。

▶ 会社法による見直し

　旧商法で認められていた繰延資産（図表参照）につき、会社法では、以下のような見直しが行われた。

　一定条件のもと、開業前に株主に配当を支払う建設利息の制度は廃止された。株式会社設立の際の創立費（設立費用）や新株発行の際の募集株式の交付に係る費用（株式交付費）については、増加すべき資本金または資本準備金から控除す

ることが可能となった（会社計算規則37条1項2号、74条1項2号）。

　払い込みをうけた金額が債務額（額面）と異なる社債については、適正な価格を付すことが認められたため、割引発行した社債について、社債発行差金を計上しないことが可能となった（会社計算規則6条）。

　会社法は平成18年5月に施行されたが、会社法の規定の一部は法務省令に委任されており、会社計算規則は、法務省令第13号として平成18年2月に公表されたものである。

　しかしながら、会社計算規則だけでは、これまで行われてきた繰延資産の会計処理をどのようにすべきかが問題となったため、企業会計基準委員会は実務対応報告第19号「繰延資産の会計処理に関する当面の取扱い」を公表した。基本的には、これまで行われてきた会計処理をそのまま踏襲するものの、国際的な会計基準の動向をふまえて、更なる繰延資産の会計処理の見直しが行われる可能性につき言及されている。

　そして、平成18年5月の会社法施行後認められる繰延資産は、図表のとおり5項目とし、一部、会社計算規則に基づいた名称変更が行われている。

　また、認められなくなったのは、建設利息、社債発行差金、試験研究費の3項目である。建設利息と、社債発行差金の経緯は前述の通りであるが、試験研究費は、商法と会計基準の扱いが異なることによる。もともと、試験研究費は、わが国では任意に資産計上できたが、これでは企業間の比較が困難なため、企業会計審議会から「研究開発費等に係る会計基準」（平成10年3月）が公表され、研究開発費の範囲が明確にされ、研究開発費は発生時の費用とすることにされた。そのため、会計実務においては、試験研究費を繰延資産とすることはなくなったのである。

　図表は、キヤノンの個別財務諸表の重要な会計方針の一部であるが、繰延資産の処理方法は、支出時の経費として処理することとされ、資産の部に計上されていない。

分析のポイント

1. 繰延資産計上の妥当性

- 費用の圧縮、利益増加のための粉飾操作がないかをチェックする（金額が急増していたり、多額である場合には、その原因と内容を把握する）。
- 繰延資産については、できれば資産計上せず、一括費用処理するのが望ましい（保守主義の考え方による）。
- 商法上、繰延資産には次のようなものが該当していた。
  ①創立費　②開業費　③試験研究費　④開発費　⑤新株発行費　⑥社債発行費　⑦社債発行差金　⑧建設利息

2. 償却処理

- 繰延資産ごとに償却期間、償却額が定められており、適正な償却処理を行っているかをチェックする。
- 計上した場合は、きちんと費用処理を行う（適正な期間損益計算）。

キヤノンの場合

重要な会計方針

第105期 （平成17年1月1日から 平成17年12月31日まで）	第106期 （平成18年1月1日から 平成18年12月31日まで）
4　繰延資産の処理方法 　　支出時の経費として処理しております。	4　繰延資産の処理方法 　　同左

キヤノンの場合、資産計上せずに支出時に費用処理している

出所：キヤノン株式会社　有価証券報告書

会社法（商法）上の繰延資産の会計処理規定

平成18年会社法施行前

繰延資産	償却期間	償却額
創立費（会社を設立するのに必要な支出額で発起人報酬や設立登記の登録税等）	会社設立後5年以内	毎年決算期に均等額以上
開業費（会社設立後営業開始までに支出した開業準備費）	支出後5年以内	同上
試験研究費（新製品や新技術発見のために行う試験研究のために特別に支出した費用）	支出後5年以内	同上
開発費（新技術または新経営組織の採用、資源の開発、市場の開拓等のため支出した費用および生産能率の向上または生産計画の変更などによる設備の大規模な配置替えを行った場合等の費用のうち、経常費性格のものを除いた費用）	支出後5年以内	同上
新株発行費（新たに株式を発行する場合の直接支出した費用）	新株発行後3年	同上
社債発行費（社債を発行する場合の直接支出した費用）	社債発行後3年	同上
社債発行差金（社債の発行価額が額面を下回って割引発行される場合の当該差額）	社債償還の期限内	同上
建設利息（会社成立後2年以上にわたって会社の目的たる営業の全部を開業できないと認められるとき、開業前一定期間内に株主に支払った利息）	会社成立後2年以上開業できない場合に1年間で資本金の6％を超える配当を行う場合は、その超過額と同等以上を償却する。	

平成18年会社法施行後

繰延資産	償却期間
創立費（改正前と同じ）	会社成立後5年以内
開業費（改正前と同じ）	支出後5年以内
開発費（改正前と同じ）	支出後5年以内
株式交付費（新株発行または自己株式の拠出費用）	株式交付後3年以内
社債発行費等（等は新株予約権の発行費用）	社債償還の期限内

POINT 28 仕入債務は買掛金と支払手形

→ 仕入債務は未払の購入代金

　仕入債務は、営業循環基準のビジネスサイクルのなかで、商品・製品を仕入れたが、いまだ現金支払いせず、信用買のものである。仕入債務は、買掛金と支払手形を総称するが、現金支出が遅くて、資金の融通ができると喜ばずに、現金買い入れと比較すると、割高に購入していると懸念すべきである。

　支払手形は、通常の営業取引にもとづいて発生した手形債務で、固定資産や有価証券などの購入取引で振り出した手形債務は、別途、営業外支払手形として区分される。手形の振出方法では、約束手形と為替手形に区分されるが、会計処理上は、特に区分されない。

　支払手形は、買掛金と異なり、手形交換のしくみを通じて支払日に資金決済されるので、手形の受取側には、代金回収可能性が高まるメリットがある反面、手形の支払側は、手形振り出しに伴い、印紙税というコスト負担を要することになるデメリットが生じる。

　買掛金は、仕入先との間の通常の取引にもとづいて発生した営業上の未払金であり、たとえば、固定資産の購入取引のように、通常の取引以外で発生した未払金とは区分される。すなわち、物品販売業では、商品の仕入債務、製造業では、原材料の仕入債務が、買掛金として計上される。

　一方、買掛金には、役務の受け入れによる営業上の未払金が含まれるので、電気・ガス・水道料や外注加工費等の未払額も含めてもよいとされるが、実務上、電気・ガス・水道料等の未払い分は、未払金か未払費用として処理され、外注加工費の未払分は買掛金に含まれることが多い。また、業種によっては、買掛金という表示の代わりに、工事未払金（建設業）や営業未払金（不動産業等）の科目も使われている。

→ チェックポイントは営業外のものが含まれていないか

　これら、仕入債務のチェックポイントは、仕入以外の営業外のものが含まれて

いないか。また、融通手形等の資金繰りのものが含まれていないかである。

　融通手形は、実際の商品取引の裏づけなしに振り出される手形で、いわば、資金繰りのきびしい側が、自分より信用力のある者に自分を名宛人（受取人）として、手形を振り出してもらい、当該、受け取った手形を振出人の信用力を利用して、銀行で買い取ってもらい（銀行割引き）、手形の満期日まで資金の融通をつけ、満期日までに、振出人に資金を返還し、手形の償還資金に充当するしくみのものを言う。

　また、基本的には、売上債権回転期間と同じくらいの仕入債務回転期間が好ましい。なぜならば、仕入債務回転期間の方が短いと、売上代金が回収されない間に、代金を支払うための資金の準備が必要であるし、長いと、資金繰りは楽であるが、その分が、購入単価に含まれている可能性が高いと考えるべきだからである。

　図表は、キヤノンの有価証券報告書の個別財務諸表の主な資産および負債の内容の記載項目の一部から、支払手形と買掛金の内訳を示したものである。

　支払手形についてみると、相手先は〇〇製作所や〇〇工作所などが多く、下請け先のように見受けられる。また、期日別内訳からは、そのほとんどが、貸借対照表日以降4ヶ月以内に、支払い期限が到来している。

　買掛金は、主要な相手先は、〇〇キヤノン、またはキヤノン〇〇となっていることから、関係会社と思われる。但し、売掛金は、相手先別内訳以外に、売掛金の発生及び回収並びに滞留状況が開示されているが、買掛金は、相手先別内訳のみが開示されている。

　リコーの有価証券報告書の個別財務諸表の主な資産および負債の内容に、支払手形と買掛金の内訳が開示されているが、支払手形は、相手先別残高内訳と期日別残高内訳、買掛金は、相手先別残高内訳のみであることはキヤノンの場合と同様である。

　ただし、支払手形の期日別内訳をみると、キヤノンは、1カ月以内、2カ月以内、3カ月以内、4カ月以内がほぼ同様の残高であるのに対して、リコーの場合は、1カ月から2カ月以内のものが全体の3分の1を占め、割合が高い。たまたまの条件なのか、わが国の企業は通常3月決算が多く、その場合、5月末が法人税の納税期限となるため、先方企業の資金ニーズに合わせたことも考えられる。

キヤノンの有価証券報告書から仕入債務を見てみよう

B　負債の部
　1　流動負債
　　（イ）支払手形
　　　（ⅰ）相手先別内訳

相手先	金額(百万円)
(株)広沢製作所	549
(株)礒野製作所	361
コロン(株)	227
(株)宮崎工作所	137
(株)ヤマイチ	125
その他	849
合計	2,248

（広沢製作所・礒野製作所・宮崎工作所 → 下請先と推測される）

　　　（ⅱ）期日別内訳

期日	平成19年1月	2月	3月	4月	5月	合計
金額(百万円)	546	536	604	536	26	2,248

（1月～4月 → 4カ月以内に期日到来するのがほとんど）

　　（ロ）買掛金

相手先	金額(百万円)
大分キヤノン(株)	108,658
キヤノンファインテック(株)	21,976
福島キヤノン(株)	18,349
長浜キヤノン(株)	15,633
キヤノン化成(株)	15,069
その他	227,086
合計	406,771

（キヤノングループが多い）

注11　買入債務
平成17年及び平成18年12月31日現在における支払手形は、以下のとおりであります。

（単位　百万円）

	第105期 平成17年12月31日	第106期 平成18年12月31日
支払手形	17,567	15,902
買掛金	487,559	477,156
	505,126	493,058

出所：キヤノン株式会社　有価証券報告書

第5章 徹底理解！貸借対照表

リコーの有価証券報告書から仕入債務を見てみよう

③流動負債
　イ．支払手形
　　　（相手先別残高内訳）

相手先	金額(百万円)
(株)イイダ	1,121
三木産業(株)	658
(株)新興化学	302
新ケミカル商事(株)	301
(株)電通	292
その他	2,340
合計	5,017

　　　（期日別残高内訳）

最も多い

期日	平成19年4月	5月	6月	7月	8月	9月以降	合計
金額(百万円)	1,074	1,708	956	1,218	58	—	5,017

　ロ．買掛金
　　　（相手先別残高内訳）

相手先	金額(百万円)
東北リコー(株)	18,894
RICOH ASIA INDUSTRY LTD.	8,623
日本紙通商(株)	7,384
リコーテクノシステムズ(株)	6,986
リコーユニテクノ(株)	5,242
その他	99,647
合計	146,776

関連会社が多い

出所：株式会社リコー　有価証券報告書

POINT 29 短期債務は1年以内返済債務

仕入債務を除く短期債務

　短期債務は、原則として貸借対照表日から起算して1年以内に返済期の到来する債務をいうが、主として営業上の債務である仕入債務は含まれない。

　具体的には、短期借入金、未払金、未払費用、前受金、前受収益、預り金、仮受金等があげられる。

　短期借入金は、借入金のうち、貸借対照表日から起算して1年以内に返済期日が到来するもので、企業の財務活動において発生する。借入金には、手形を発行することにより借り入れる手形借入金と、金銭消費貸借契約を締結し、借用証書を提出することにより借り入れる証書借入金があるが、貸借対照表では、両者は区分せずに表示される。なお、当座借越による資金調達も、短期借入金に含める。

　未払金は、通常の取引に関連して発生する未払額で買掛金以外のもの、および通常の取引以外の取引に基づいて発生した未払額で1年以内に支払いが行われるものである。具体的には、固定資産や有価証券の購入取引により発生した未払額が該当する。

　前受金は、営業取引に基づいて生ずる前受額で、受注工事の引渡し前や受注品の販売前に受け取る手付金等の金銭である。つまり、売上につながるものである。

　預り金は、預けた本人に直接返済するかあるいは本人に代えて第三者に支払いをなすために一時的に預かった金銭である。入札保証金等、預かったが短期間に返済するものや、給与報酬支払い時に会社が源泉徴収した預り所得税等がある。

　仮受金は、現金の受入があったが、これを処理すべき相手科目や、金額が未確定な場合に、確定するまで一時的に処理しておく仮勘定を言う。

　未払費用や前受収益は、一定の継続役務提供契約に基づき決算整理事項として計上される。未払費用は既に役務提供を受けたが、対価が未払いの場合、前受収益はいまだ役務提供をしていないが、対価が支払われた場合である。

→ チェックポイントはトレンド分析

　これら、短期債務のチェックポイントは、金額的に重要なのは短期借入金であり、借入先が、銀行だけか、あるいは、取引先、オーナーか等の見きわめや、損益計算書に計上されている支払利息との関連で、レート水準の妥当性を見る。

　ほかの項目は、過年度との比較で、急に金額が増加していないかのトレンド分析が重要となる。

　図表は、キヤノンの個別貸借対照表の流動負債である。前項ですでに説明した仕入債務である支払手形と買掛金のほか、種々のものが開示されているが、前述の説明に含まれていないものは、未払法人税等、設備支払手形と、各種引当金（第32項で説明）である。このうち、設備支払手形は、仕入債務（第28項）で説明したように、固定資産購入などの未払金につき、手形を振り出した営業外手形のことである。

　また、未払法人税等とは、法人税、住民税（都道府県民税および市町村民税）、事業税（付加価値割および資本割を含む）の未納付額を言う。キヤノンの場合は、第105期の84,172百万円が、第106期には103,871百万円と増加しており、税制変更がなければ、課税所得、すなわち、利益の増加を意味しており、損益計算書の利益項目との整合性チェックが必要である。

　なお、その他の未払税金としては、未払消費税等や、未払事業所税、未払固定資産税、未払不動産取得税などが考えられるが、それぞれその内容を示す適当な名称を付した科目で、貸借対照表に表示することになる。但し、金額の重要性がない場合は、未払金等に含めて表示することができる。

　さらに、キヤノンの米国基準連結貸借対照表の注記においては、銀行借入による短期借入金の期末残高と加重平均金利が開示されており、特に、貸借対照表の借入金残高と、損益計算書の支払利息を、関連分析しなくてもすむ。

　リコーの場合も同様な開示が行われているが、短期借入金は銀行借入のほか、コマーシャルペーパー（CP）による資金調達もあり、金額はキヤノンと比べてかなり多い。しかも、加重平均利率も、キヤノンの銀行借入分、リコーの銀行借入分、リコーのCP分でばらつきがあるが、リコーは外貨建のものも多く、単純比較はできない。

キヤノンの有価証券報告書から短期債務を見てみよう

注10 短期借入金及び長期債務 [米国基準連結貸借対照表]
平成17年及び平成18年12月31日現在における銀行借入による短期借入金は、それぞれ67百万、99百万円であります。平成17年及び平成18年12月31日現在における短期借入金の[加重平均利率]は、それぞれ2.14%、4.91%であります。

→ 調達コストがわかる

区分	注記番号	第105期（平成17年12月31日）金額（百万円）	構成比（%）	第106期（平成18年12月31日）金額（百万円）	構成比（%）
（負債の部）					
I 流動負債					
1 支払手形		2,337		2,248	
2 買掛金	※1	361,038		406,771	
3 短期借入金	※1	33,159		36,452	
4 未払金		112,812		115,245	
5 未払費用		80,591		70,238	
6 未払法人税等		84,172		103,871	
7 前受金		3,440		410	
8 預り金		8,871		10,161	
9 製品保証等引当金		―		3,171	
10 賞与引当金		4,759		5,656	
11 役員賞与引当金		―		295	
12 設備支払手形		1,317		533	
13 その他	※3	6,635		15,570	
流動負債合計		699,131	26.4	770,621	26.2

→ 増加していることがわかる。

注記事項
（貸借対照表関係）

第105期（平成17年12月31日）	第106期（平成18年12月31日）
※1 区分掲記されたもの以外で各科目に含まれている関係会社に対するものは次のとおりであります。 受取手形　　　277,498 百万円 売掛金　　　　549,281 〃 未収入金　　　 91,575 〃 買掛金　　　　269,270 〃 短期借入金　　 33,159 〃	※1 区分掲記されたもの以外で各科目に含まれている関係会社に対するものは次のとおりであります。 受取手形　　　295,641 百万円 売掛金　　　　611,741 〃 未収入金　　　 87,189 〃 買掛金　　　　308,790 〃 短期借入金　　 36,452 〃
※3 繰延ヘッジ損益の相殺前残高は以下のとおりであります。 繰延ヘッジ損失　　10百万円 繰延ヘッジ利益　　39 〃 差引利益　　　　　29百万円 差引利益については流動負債「その他」に含まれております。	3 ―

第5章 徹底理解！貸借対照表

リコーの有価証券報告書から短期債務を見てみよう

区分	注記番号	前事業年度 (平成18年3月31日) 金額（百万円）	構成比 (%)	当事業年度 (平成19年3月31日) 金額（百万円）	構成比 (%)
（負債の部）					
Ⅰ　流動負債					
1．支払手形	※4	4,641		5,017	
2．買掛金	※3	133,036		146,776	
3．一年内償還社債		35,000		—	
4．未払金		17,112		17,331	
5．未払費用	※3	33,153		35,954	
6．未払法人税等		21,308		24,939	
7．前受金		380		527	
8．預り金		3,148		2,816	
9．賞与引当金		11,872		14,154	
10．役員賞与引当金		—		185	
11．製品保証引当金		418		612	
12．デリバティブ債務		297		52	
13．その他流動負債		1,503		1,767	
流動負債合計		261,871	26.7	250,134	23.2

注記事項
（貸借対照表関係）

前事業年度 (平成18年3月31日)	当事業年度 (平成19年3月31日)
※3　関係会社に対する主な資産および負債には、区分記載したもののほか、科目に含まれているものは次のとおりであります。 　　受取手形および売掛金　208,459百万円 　　短期貸付金　　　　　　102,398 　　買掛金　　　　　　　　 53,189 　　未払費用　　　　　　　 18,149	※3　関係会社に対する主な資産および負債には、区分記載したもののほか、科目に含まれているものは次のとおりであります。 　　受取手形および売掛金　210,568百万円 　　短期貸付金　　　　　　 74,123 　　買掛金　　　　　　　　 59,378 　　未払費用　　　　　　　 19,926
※4　———	※4　当事業年度末日満期手形 　　当事業年度末日満期手形の会計処理は、手形交換日をもって決済処理しております。なお、当事業年度末日が金融機関の休日であったため、次の当事業年度末満期手形が当事業年度末日の残高に含まれております。 　　受取手形　　　　　　　1,036百万円 　　支払手形　　　　　　　　239百万円

POINT 30 固定負債は主に長期債務

長期借入金と社債の違い

　長期債務は、営業循環基準に基づく営業債務以外の営業外債務のうち、支払いまたは給付義務の期限が貸借対照表日から1年を超えるもので、固定負債に計上される。具体的には、長期借入金と社債が挙げられる。長期借入金は、貸借対照表日の翌日から起算して1年を超えて返済期日が到来する借入金である。そのうち、株主・役員・従業員・関係会社からのものは、区分して表示される。

　社債は、会社法の規定により会社が行う割当てにより発生するその会社を債務者とする金銭債権であって、会社法676条各号に掲げる事項についての定めに従い償還されるものである（会社法2条23号）。募集事項の決定は委員会設置会社以外の取締役会設置会社では取締役会の専決事項とされる（会社法362条4項5号）。委員会設置会社では、執行役に決定を委任できる（会社法416条4項）。

　社債の発行限度額は、社債権者保護の観点から、資本金および法定準備金の合計を上限とし、社債の発行前に純資産の充実が前提となっていたが、平成5年商法改正で限度額は撤廃された。しかし、会社の格付により発行する社債のクーポンレート（表面利率）が変わってくるため、会社の財務内容の充実が依然として必須であることには変わりはない。

普通社債と新株予約権付社債

　社債には、主として、縁故や、少数の投資家を対象とする私募債と、広く市場に投資家を求める公募債に区分できるが、貸借対照表の表示では区分しない。

　社債は、株式を取得する権利が付与されているかどうかで、普通社債と、新株予約権付社債に区分される。普通社債は、SB（ストレートボンド）と呼ばれ、文字通りデットファイナンス（他人資本の増加を伴う資金調達）の社債である。一方、新株予約権付社債は、旧転換社債と、旧新株引受権付社債が新たに包含されたもので、エクイティファイナンス（株主資本の増加または将来の増加を伴う資金調達）の社債である。

旧転換社債は株式への転換請求の払込が当該社債部分で行われ、転換後何ら社債権利が残らないが、新株引受権付社債は、新株引受請求での払込に社債の利用あるいは、別途資金での払込と選択肢があるため、別途払込を選択した場合では、社債部分が残るという違いがあった。

社債は発行に際して、社債権者を守る各種契約（コベナンツ条項＝財務制限条項）が締結されているため、分析にあたっては、これらの条件の吟味が重要である。

図表は、キヤノンの連結財務諸表の注記の長期債務に関する事項である。日本の有価証券報告書では、連結附属明細表として「借入金等明細表」や「社債明細表」の作成がなされるが、キヤノンは米国基準の連結財務諸表を作成しているため、注記方式で開示している。ただし、その開示内容は文章形式なので、むしろ一覧表形式よりは詳しい。そして、これらの注記事項からは以下のことがわかる。

長期債務は、借入金（銀行借入）のほか、社債、転換社債（現在の新株予約権付社債）のほか、キャピタルリースによるものがある。

借入金は、前期と比べて2,492百万円も減少し、わずか149百万円となった。加重平均利率も、前期比0.06％低下し、1.34％になった。

社債は、1件100億円が2件あり、半年後満期のものと、1年半後満期と償還年数が短い。転換社債は、前期末残高649百万円が当期末318百万円に減少した。個別単体の貸借対照表の固定負債に計上されている転換社債の残高とも一致している。

社債は2件とも、取消不能信託に供託され、元利支払が行われることが開示されているが、これは、いわゆるデットアサンプション（債務譲渡）のことで、実質的には社債の期限前償還の経済的効果を生じる。

キャピタルリース債務とは、リースの借り手の会計処理において、固定資産を実質的に購入したと同様、つまり、割賦購入であるとみなされる場合の会計処理で生じる勘定科目である。キャピタルリースでは、リース資産を固定資産に計上し、見合いの未払債務としてキャピタルリース債務が、負債に計上される。リース資産は、減価償却の対象となり減価償却費を計上し、リース料支払いごとに、キャピタルリース債務を減額することになる。

キヤノンの有価証券報告書から固定負債を見てみよう

注10 短期借入金及び長期債務

平成17年及び平成18年12月31日現在における長期債務は以下のとおりであります。

(単位 百万円)

		第105期 平成17年12月31日	第106期 平成18年12月31日
借入金　　　　　　　　　返済期限　平成18年～平成30年、 加重平均利率第105期 1.40％、第106期 1.34％		2,641 [減少→]	149
2.95％円建利付社債	平成19年6月29日満期	10,000	10,000
2.27％円建利付社債	平成20年7月8日満期	10,000	10,000
1.30％円建利付転換社債	平成20年12月19日満期	649	318
キャピタルリース債務		8,784	10,585
		32,074	31,052
1年以内に返済する長期債務		△4,992	△15,263
		27,082	15,789

（コスト低下）

平成17年及び平成18年12月31日現在における長期債務の年度別返済額は以下のとおりであります。

(単位 百万円)

	第105期 平成17年12月31日	第106期 平成18年12月31日
平成18年度	4,992	—
平成19年度	13,318	15,263
平成20年度	12,351	13,450
平成21年度	895	1,832
平成22年度	417	418
平成23年度以降	101	—
平成23年度	—	69
平成24年度以降	—	20
	32,074	31,052

　2.95％円建利付社債及び2.27％円建利付社債の合計200億円の社債の元利支払に充当するため、一定の資産を取消不能信託に供託しております。平成18年12月31日現在におけるこれらの資産は、負債証券20,462百万円であります。この投資から発生するキャッシュ・フローは、当該社債の元本及び利息の支払のみに用いられます。負債証券は連結貸借対照表の有価証券及び投資に含めております。

　短期及び長期借入金については、貸主である銀行と次のような一般的な約定を取り交わしております。すなわち、銀行の要求により、現在及び将来の借入に対する担保の設定又は保証人の提供を行うこと、また、銀行は銀行預金と返済期日の到来した借入金又は約定不履行の場合はすべての借入金と相殺する権利を有することを約定しております。

　平成20年満期1.30％円建利付転換社債は、平成18年12月31日現在1株当たり、998円で約319,000株の普通株式に転換可能であります。この社債は会社の選択により、平成19年1月1日から平成19年12月31日までは1％のプレミアム付で、それ以降は額面で償還することができます。

区　分	注記番号	第 105 期 平成17年12月31日		第 106 期 平成18年12月31日	
		金額（百万円）	構成比(%)	金額（百万円）	構成比(%)
Ⅱ　固定負債					
1　転換社債		649		318	
2　退職給付引当金		76,386		52,376	
3　役員退職慰労引当金		1,248		1,209	
4　環境対策引当金		―		4,265	
固定負債合計		78,283	2.9	58,168	2.0
負債合計		777,414	29.3	828,789	28.2

出所：キヤノン株式会社　有価証券報告書

転換社債

　転換社債は、最初社債として発行されるが、社債保有者が希望すれば一定の価額（転換価額）で、転換請求期間中にその会社の株式にいつでも転換ができ、一般にCBと呼ばれる。但し、転換権の単独流通はできず、転換行使するときは社債の額面金額が株式購入代金に充当される。一方、新株引受権付社債はWBと呼ばれ、原則として新株引受権（ワラント）部分の単独流通が可能で、新株引受権行使に伴い株式を取得する場合は、別の資金を準備して株式を購入することもできるし、代用支払といって、社債の額面金額を株式購入資金に充当することもできる。すなわち、代用払込型の新株引受権社債は転換社債と同様の経済効果となる。そのため、2001年の商法改正で、従来の転換社債と新株引受権社債（非分離型＝代用払込のもの）は、新株予約権付社債と法律上一本化された。なお、分離型（新株予約権の単独流通可能）新株予約権付社債を企業が発行した場合は、単なる普通社債（SB）の発行と、別途、新株予約権の発行と区別して会計処理する。この新株予約権付社債に投資する投資家サイドのメリットは、債券としての安全性を確保しながら、株価上昇のメリットを享受できる点にある。すなわち、発行時に決められた満期（通常5から10年）まで保有すれば、あくまで社債なので額面金額で償還され投資元本が戻ってくる。この間、利息収入も得られる。一方、株価が上昇すれば、当初決められた行使価額（転換価額）で株式を取得できるので、時価より割安取得が可能となる。時価で売却すれば、キャピタルゲイン（売却益）が得られ、債券投資しながら株式投資のメリットが得られる。

　逆に企業も、いきなり増資せず、社債発行で資金調達し、業績が良くなれば（利益体質）、結果的に、社債がなくなり新株発行ができる（社債という借金返済不要となる）ことになる。

POINT 31 退職給付引当金はひとの将来費用の引当

旧会計基準の特徴

　一連の会計ビッグバンで、新たに導入された退職給付会計に基づく引当金である。従来、税法に基づいて、あるいは、期間損益計算として計上されていた退職給与引当金とは区別される。

　すなわち、旧会計基準では、次の3点が特徴であった。

　第1に、現金で支払ったもの（退職金支払いと企業年金の掛金支払い）および退職給与引当金積増額が、会計上の費用となった。

　第2に、退職給与引当金の積増額の計算は、将来支給額予測方式、期末要支給額計上方式、現価方式のいずれかに基づいて行われていた。

　第3に、この結果、年金資産で外部拠出方式の分は、貸借対照表からオフバランス（帳簿外処理）され、費用処理の結果の退職給与引当金が負債計上されるとともに、年金専用として積み立てられた一部の資産が、保険積立金や年金目的信託として、投資その他の資産として計上された。

新基準の特徴

　一方、新基準では、まず、生命保険会社や信託銀行のアクチュアリー（年金数理人）に自社の退職給付債務を計算してもらうことから始まる。退職給付債務に含められるのは、退職を起因として企業が従業員に給付するもので、一時金・年金を問わず含められる。但し、退職者医療給付は含まれない。退職者医療給付が含まれないのは、退職給付ではなく、退職後給付として区分すべきとの考え方によるものとされる。

　この退職給付債務を一定の割引率で、現在価値に引きなおし、年金資産を差し引いた残額が、退職給付引当金として負債に計上されることになる。

　年金資産は、掛金収入と、年金支払いのほか、運用成果で、残高がたえず変動する。年金資産は、貸付金などのほか主に有価証券で運用され、運用成果には、保有有価証券の時価が変動することによるキャピタルゲイン（評価損益、含み損

益と実現した売買損益）と、株式配当や債券利息などのインカムゲインがある。

　注意を要するのは、貸借対照表には、年金資産と退職給付債務は計上されず、その差額概念として、費用の引当を行った結果である退職給付引当金だけが計上される。但し、年金資産が、退職給付債務に未認識過去勤務債務及び未認識数理計算上の差異を加減した額を超えるときは、当該超過額が、前払年金費用として、資産の部に計上される。つまり、一定の条件の場合にのみ、実質、年金資産の一部が、資産に計上されることになる。

　また、損益計算書の費用としては、退職給付費用という科目で、原則営業費用（販売費および一般管理費）に計上される。退職給付費用は、表の通り、構成項目が多いが、基本的には利息費用、勤務費用、期待運用収益を理解すればよい。

　利息費用は、割引率により、将来の給付額を現在価値に引きなおしているので、その時間価値の増加分である。つまり、前期までに発生している退職給付債務の利息分である。

　勤務費用は、今後1年間の勤務状況に基づく退職給付債務の増加分である（例えば、勤続3年未満は退職金支給なしの会社で、2年前入社の従業員はあと1年勤務すると受け取り権利が発生する）。

　期待運用収益は、期首の年金資産につき、合理的に予測される収益率（期待運用収益率）を乗じて計算したいわば予想収益であり、期末における年金資産の増加額となり、退職給付費用から控除する。

　その他の3項目は、予想と実際の差異などに基づく修正費用である。

　会計基準変更時差異は、退職給付会計基準の適用初年度の期首における「退職給付会計基準による未積立退職給付債務」の金額と、「従来の会計基準により計上された退職給与引当金等」の金額の差額である。金額が大きい場合、一時処理すると、企業の損益に与える影響が大きいので、15年内の処理が認められた。数理計算上差異は、期待運用収益と実際運用収益の差額や、退職給付債務の数理計算上の見積数値と実際数値の差額、過去勤務差異は、退職給付の給付水準改訂等で発生した従来の給付水準との差額で、いずれも一時処理せず、遅滞認識することによるものである。

キヤノンの有価証券報告書から退職給付引当金を見てみよう

第105期 (平成17年1月1日から 平成17年12月31日まで)	第106期 (平成18年1月1日から 平成18年12月31日まで)
(5) 退職給付引当金 　従業員の退職給付に備えるため、当期末における退職給付債務及び年金資産の見込額に基づき当期において発生していると認められる額を計上しております。 　過去勤務債務及び数理計算上の差異は、その発生時の従業員の平均残存勤務期間による定額法により費用処理することとしております。	(5) 退職給付引当金 　同左

(2) 未払退職及び年金費用

　未払退職及び年金費用は数理計算によって認識しており、その計算には前提条件として基礎率を用いています。割引率、期待運用収益率といった基礎率については、市場金利などの実際の経済状況を踏まえて設定しております。その他の基礎率としては、昇給率、死亡率などがあります。これらの基礎率の変更により、将来の退職及び年金費用が影響を受ける可能性があります。

　基礎率と実際の結果が異なる場合は、その差異が累積され将来期間にわたって償却されます。これにより実際の結果は、通常、将来の年金費用に影響を与えます。当社はこれらの基礎率が適切であると考えておりますが、実際の結果との差異は将来の年金費用に影響を及ぼす可能性があります。

　当連結会計年度の連結財務諸表の作成においては、割引率には2.7%を、長期期待収益率には4.8%を使用しております。割引率を設定するにあたっては、現在利用可能で、かつ、年金受給が満期となる間に利用可能と予想される高格付けで確定利付の公社債の収益率に関し利用可能な情報を参考に決定しております。また長期期待収益率の設定にあたっては、年金資産が構成される資産カテゴリー別の過去の実績及び将来の期待に基づいて収益率を決定しております。

　割引率の低下（上昇）は、勤務費用及び数理計算上の差異の償却額を増加（減少）させるとともに、利息費用を減少（増加）させます。割引率が0.5%低下した場合、予測給付債務は11%程度増加します。

　長期期待収益率の低下（上昇）は、期待運用収益を減少（増加）させ、かつ数理計算上の差異の償却額を増加（減少）させるため、期間純年金費用を増加（減少）させます。長期期待収益率が0.5%低下した場合、翌連結会計年度の期間純年金費用は約30億円増加します。

　平成18年12月31日に、基準書第158号の積立状況の認識及び開示に関する規程を適用しております。これにより年金制度の積立状況（すなわち、年金資産の公正価値と退職給付債務の差額）を連結貸借対照表で認識しており、対応する調整を税効果調整後で、その他の包括利益（損失）累計額に計上しております。

　平成19年1月1日付で、当社及び一部の国内子会社は、従来の確定給付型年金制度を改訂し、また、従業員の将来の勤務に対応する年金給付の一部について確定拠出型年金制度等を導入いたしました。これにより、退職給付債務が101,620百万円減少しております。この減少額については過去勤務債務として、従業員の平均残存勤務年数にて、毎期、約5,834百万円の費用の減少として処理いたします。

出所：キヤノン株式会社　有価証券報告書

分析のポイント

- 退職給付債務を従業員数で割り、それを一人当たり年収と比較してみるとよい。また、高卒・大卒を問わず大企業のサラリーマンの定年退職金は約 2000 万円と言われているので、それと比べて多いか少ないかを判断する。
- 年金資産残高を退職給付債務で割ると積立率（ファンディング比率）が算出できる。この割合が 80～90％ あれば健全だといわれる。
- ちなみに、退職給付制度関連会計処理項目には次のようなものがあり、それぞれ BS、PL に対応している。

▶BS に対応

年金資産（時価）	
会計基準変更時差異	
未認識過去勤務債務	退職給付債務
未認識数理計算上の差異	
退職給付引当金	

▶PL に対応

退職給付費用 ＝①＋②－③＋④＋⑤＋⑥	①勤務費用
	②利息費用
	④会計基準変更時差異に係る費用
	⑤未認識数理計算上差異に係る費用
③期待運用収益	⑥未認識過去勤務差異に係る費用

POINT 32 各種引当金は期間損益計算の賜物

➡ 引当金として計上するための要件

　引当金とは、適正な期間損益計算を行うために、将来において費用又は損失として確定するものであっても、それを当期に予見計上したもので、負債に含められる。

　会計上、引当金として計上するには、次の要件をみたさなければならない。

イ．将来の特定の費用または損失に対するものであること
ロ．その発生が当期以前の事象に起因していること
ハ．その発生の可能性が高いこと
ニ．その金額を合理的に見積もることができること

　具体的には、企業会計原則注解18で、以下のようなものがあげられ、1年基準により、流動負債か、固定負債に表示される。

　製品保証引当金、売上割戻引当金、返品調整引当金、賞与引当金、工事補償引当金、退職給与引当金、修繕引当金、特別修繕引当金、債務保証損失引当金、損害補償損失引当金、貸倒引当金等が引当金に該当する。しかしながら、企業会計原則は昭和24年7月に制定されてから適宜改正が行われているが、前回の最終改正は昭和57年4月であり、内容的に時代にそぐわなくなってきている。退職給付会計が導入されたにもかかわらず、退職給付引当金と変更せずに、退職給与引当金のままであるのは、その典型といえる。

　ただし、これら引当金に掲げられているもののうち、貸倒引当金は、金銭債権等の将来の回収不能見込額等の損失見込額を引き当てたもので、資産の部に控除する形式で表示されることから、評価性引当金と呼ばれ、他のものと区分される。同様に、投資損失引当金は、市場価格のない子会社株式等に対して、子会社等の財政状態が悪化し、その株式の実質価額が低下した場合に、その低下に相当する額を、引当計上するものである。貸倒引当金と同様に、評価性引当金とされる。

各種引当金の具体的処理

　図表は、キヤノンの個別財務諸表の引当金明細表である。

　製品保証等引当金（一般的には製品保証引当金と呼ばれる）は、売り渡した製品が将来において欠陥が生じたときに修理等の保証が付されている場合に、それに要する将来の未確定支出額に備えて設定する引当金で、アフターサービス引当金と呼ばれる場合もある。これは、もしこの引当金を計上しないとすると、製品売上の年度は、利益が計上されるが、翌年以降、修理等の会社負担の費用が発生した場合に、対応する利益がなく、毎年毎年費用が発生することになる。そこで、過去の経験率等で、欠陥・故障率を見積もり、あらかじめ、その分を、売上年度の費用として、販売利益から差し引いておくのである。

　賞与引当金は、分析のポイントの説明どおりである。また、役員賞与引当金は役員の賞与引当金で、通常、区分計上される。

　退職給付引当金は31項を参照。役員退職慰労引当金は分析のポイントを参照のこと。

　環境対策引当金は、環境意識の高まりで環境対策の各種法令が強化されたことに対応するユニークな引当金である。ちなみに、リコーの個別財務諸表の引当金明細表では貸倒引当金、賞与引当金、役員賞与引当金、製品保証引当金、役員退職慰労引当金の5項目が計上されている。なお、退職給付引当金は貸借対照表の負債の部に、固定負債として計上されているが、引当金明細表には記載がない。

　その他、特別法上の準備金等を、引当金の計上基準（計上理由、計算の基礎、計算根拠等）を、重要な会計方針として開示することが認められている。かつては、この特別法に租税特別措置法など税法も含まれているとされていたが、現在では、公共性の高い特定の業種に、特別の法令をもって計上されている引当金ないし準備金である。

　具体的には、金融商品取引法による証券取引責任準備金、商品取引所法による商品取引責任準備金、保険業法による責任準備金、電気事業法による渇水準備金などがある。なお、これら特別法上の準備金等を引当金、準備金のいずれかに計上するかの区分は、会計上の引当金計上の要件をみたすかによる。

キヤノンの有価証券報告書から各種引当金を見てみよう

【引当金明細表】

区　　分	前期末残高 （百万円）	当期増加額 （百万円）	当期減少額 （目的使用） （百万円）	当期減少額 （その他） （百万円）	当期末残高 （百万円）
貸倒引当金　※	480	15	344	33	118
製品保証等引当金	—	3,171	—	—	3,171
賞与引当金	4,759	5,656	4,759	—	5,656
役員賞与引当金	—	295	—	—	295
退職給付引当金	76,386	2,254	26,264	—	52,376
役員退職慰労引当金	1,248	192	231	—	1,209
環境対策引当金	—	4,265	—	—	4,265

（注）※　当期減少額（その他）のうち、28百万円は一般債権の貸倒実績率による洗替額であり、5百万円は貸倒懸念債権の減少取崩です。

分析のポイント

❶ 貸倒引当金
残高に対する金銭債権（売掛金、受取手形、貸付金等）の比率を見る。一般にその比率は1％以内であり、この比率が高いと回収可能性が低いことを示している。その場合、会社自らが過去の経験則から判断し、資産に対する将来の評価損を現時点で費用処理することになる。

❶ 賞与引当金
一種の未払賞与を示しており、決算日と賞与支払日が異なり、時間差が生じるための勘定科目と考えればよい。たとえば、10月から3月の売上高の一定割合をボーナスとして6月に支払う場合、現金は6月に渡されるが、会社の費用処理は6月ではなく売上の計上された3月を含む決算期間に計上しておくのが費用収益対応の原則から好ましい。なお、人件費全体とのバランスもチェックする必要があり、最近は成果主義が導入されることが多くそのウエイトは高まっている。

❶ 退職給付引当金、役員退職慰労引当金
まさに、将来発生する費用であり、給料の後払いである。金額・内容は、退職給付会計で説明した観点からのチェックが必要。人材の流動化の時代で、退職金制度を廃止、毎年の給与で、前倒しで支払っているような会社は金額が少ない。ただし、退職金一時金制度が廃止されても、退職年金制度までは従業員の老後の生活の観点から廃止していないケースが大部分であり、退職給付会計では、将来の会社負担年金債務は、退職給付引当金として負債計上される。

重要な会計方針

第105期 （平成17年1月1日から 平成17年12月31日まで）	第106期 （平成18年1月1日から 平成18年12月31日まで）
5　引当金の計上基準 (1)　貸倒引当金 　　債権の貸倒れによる損失に備えるため、回収不能見込額を計上しております。 　・一般債権 　　貸倒実績率法によっております。 　・貸倒懸念債権及び破産更生債権 　　財務内容評価法によっております。 (2)　────────	5　引当金の計上基準 (1)　貸倒引当金 　　同左 (2)　製品保証等引当金 　　製品のアフターサービスに対する支出及び製品販売後の無償修理費用等の支出に備えるため、過去の実績などを基礎として見積算出額を計上しております。
(3)　賞与引当金 　　従業員に対する賞与の支出に備えるため、支給見込額に基づき計上しております。	(3)　賞与引当金 　　同左
(4)　────────	(4)　役員賞与引当金 　　役員に対する賞与の支出に備えるため、支給見込額に基づき計上しております。 　　（会計方針の変更） 　　当事業年度より、「役員賞与に関する会計基準」（企業会計基準委員会　平成17年11月29日　企業会計基準第4号）を適用しております。これにより、営業利益、経常利益及び税引前当期純利益は295百万円減少しております。
(6)　役員退職慰労引当金 　　役員の退職慰労金の支出に備えるため、内部規程に基づく期末要支給額を計上しております。 (7)　────────	(6)　役員退職慰労引当金 　　同左 (7)　環境対策引当金 　　土壌汚染拡散防止工事や法令に基づいた有害物質の処理など、環境対策に係る支出に備えるため、今後発生すると見込まれる金額を引当計上しております。

出所：キヤノン株式会社　有価証券報告書

POINT 33 資本金は株主資本の形式的項目

資本金と資本準備金の区別

　資本金は、企業が発行した株券と引き換えに株主が出資した額を意味している。株主が払い込んだ総額のうち、資本金とされなかった額は、資本準備金（この場合、株式払込剰余金）とされる。株式会社や有限会社において、会社債権者保護のため、株主（社員）の出資を一定額以上会社財産として保有させる仕組みである。法律上、会社の貸借対照表上の純資産額（資産マイナス負債）が、資本金・法定準備金等の合計額を上回らないと配当できないなどの規制が設けられている。ちなみに、社員とは法律用語で出資者のことで、一般に言われている会社勤務の社員は、従業員（雇用者）である。

　かつては、株式の額面に発行済み株式総数を乗じた金額が資本金ということで、株式と資本金の関連があったが、資本準備金への組み入れや、昨今の額面株式制度の廃止で、資本金と法定準備金たる資本準備金を区別する積極的意義が薄れてきている。まして、会社法では最低資本金制度も廃止された。しかしながら、個別的には、次のような差異が残っており、注意が必要である。

　たとえば資本金は、法定準備金と異なり、会社債権者保護（異議）手続きを経なければ減少させることができない。資本金5億円以上もしくは負債総額200億円以上の会社は大会社とされるが、大会社か委員会設置会社は、会計の専門家である会計監査人の設置が強制される。また、公開会社かつ大会社（委員会設置会社を除く）は監査役会の設置が強制される。

資本金は1つのメルクマール

　各種法律でも資本金基準が利用されている。たとえば、税務署は、対象企業の管轄として、国税局は資本金1億円超、各税務署は1億円以下の企業となっている。法人税法では、交際費の損金算入限度額では、資本金1億円以下で優遇、中小企業の減価償却費の割増等では、資本金1億円以下で優遇というように、資本金がメルクマールとなっている。金融商品取引法では、証券会社が証券業の登録

を受けるには、資本金の額が最低1億円以上でなければならない。さらに、認可を要する業務を営む場合は、別途資本金規制が内閣府令で定められている。有価証券店頭デリバティブ取引等の業務では10億円、私設取引システム運営業務では3億円、有価証券の元引受業務では30億円ないし5億円と、取扱業務の損失の危険性に応じて最低資本金が定められている。

　また、平成18年5月会社法施行で、従来の資本の部が、純資産の部に名称変更され、しかも、純資産の範囲は広くなったが、やはり、資本金は、純資産の部の中核を占めている。具体的には純資産の部は、株主資本と評価・換算差額等、新株予約権、少数株主持分に区分される。株主資本に評価・換算差額等を加えたものが自己資本、そして、自己資本に新株予約権と少数株主持分を加えたものが純資産とされた。したがって、従来は、株主資本＝自己資本＝純資産（いわゆる資産と負債の差額）であったが、会社法施行後は、株主資本＜自己資本＜純資産となった。株主資本は、資本金、資本剰余金、利益剰余金、自己株式（マイナス項目）とされており、資本金が、トップバッターの位置を占めている。

　図表は、キヤノンの有価証券報告書からであるが、発行済株式は普通株式1種類のみで、議決権に制限のない完全議決権株式となっている。また、自己株式（自社株）も保有している。

　また、ライツプラン、ストックオプション制度のいずれも該当はなしとなっている。ライツプランは、買収防衛策の1つで、あらかじめ市場価格より低い価格で株式を取得できる権利を既存株主に与えておいて、敵対的買収が仕掛けられたときにその権利を発動するものである。敵対的買収者以外の株主の保有株が増加し、結果的に敵対的買収者の持株比率が低下し、さらに買収をすすめるには株式の買い増しによるコストがかかり、買収を困難にする。

　ストックオプションは、主に役員や従業員向けに、自社株をあらかじめ決められた価格で購入することができる権利を付与する有能な人材確保策である。頑張って働けば、会社の業績が向上し株価も上昇するので、ストックオプションの権利行使で、キャピタルゲインが狙える。いずれも、新株予約権を活用する点で共通している。

キヤノンの有価証券報告書から株主資本を見てみよう

第4【提出会社の状況】
 1【株式等の状況】
 (1)【株式の総数等】
  ①【株式の総数】

種類	発行可能株式総数（株）
普通株式	3,000,000,000
計	3,000,000,000

(注) 平成18年5月11日開催の取締役会決議により、平成18年7月1日付をもって株式分割を実施いたしました。それに伴い、定款の変更が行われ、発行可能株式総数は1,000,000,000株増加し、3,000,000,000株となっております。

  ②【発行済株式】

種類	事業年度末現在発行数（株）（平成18年12月31日）	提出日現在発行数（株）（平成19年3月29日）	上場証券取引所名又は登録証券業協会名	内容
普通株式	1,333,445,830	1,333,445,830	東京、大阪、名古屋、福岡、札幌、フランクフルト、ニューヨーク	権利内容に何ら限定のない当社における標準となる株式
計	1,333,445,830	1,333,445,830	―	―

(注) 1 「提出日現在発行数」には提出日の属する月（平成19年3月）に転換社債の株式への転換により発行された株式数は含まれておりません。
   2 当社は平成19年1月29日開催の取締役会において、フランクフルト証券取引所に上場中の当社株式について、上場廃止申請を行うことを決議しております。

 (2)【新株予約権等の状況】
  ① 新株予約権及び新株予約権付社債に関する事項は、次のとおりであります。
    該当事項はありません。
  ② 旧転換社債等に関する事項は、次のとおりであります。
    2008年満期第3回無担保転換社債（平成5年11月24日発行）

	当事業年度末現在（平成18年12月31日）	提出日の前月末現在（平成19年2月28日）
転換社債の残高（百万円）	318	318
転換価額（円）	998.00	998.00
資本組入額（円）	499	499

 (3)【ライツプランの内容】
    該当事項はありません。

● 株式の種類と発行済株式総数
上場株式の場合、発行済株式総数があまり少ないと市場性、流動性が乏しいと判断される。株式の種類は、ここ数年の商法改正や会社法の制定で普通株式以外の多様な株式が発行されるようになり、無議決権株式や利益優先配当株式などがある。

(7)【議決権の状況】
①【発行済株式】

平成18年12月31日現在

区　分	株式数（株）	議決権の数（個）	内容
無議決権株式	—	—	—
議決権制限株式 （自己株式等）	—	—	—
議決権制限株式 （その他）	—	—	—
完全議決権株式 （自己株式等）	（自己保有株式） 普通株式　1,794,300 （相互保有株式） 普通株式　　　3,700		権利内容に何ら限定のない当社における標準となる株式
完全議決権株式（その他）	普通株式 1,329,297,000	13,292,882	同上
単元未満株式	普通株式　　2,350,830	—	同上
発行済株式総数	1,333,445,830	—	—
総株主の議決権	—	13,292,882	—

（注）1　「完全議決権株式（その他）」の中には、㈱証券保管振替機構名義の株式が8,800株含まれております。また、「議決権の数」の中には、同社名義の完全議決権株式に係る議決権の数88個は含まれておりません。
　　　2　「単元未満株式」の中には、当社保有の自己株式及び相互保有株式が次のとおり含まれております。
　　　　　　自己株式　　　　　　　90株
　　　　　　相互保有株式
　　　　　　　㈱堀江製作所　50株

②【自己株式等】

平成18年12月31日現在

所有者の氏名又は名称	所有者の住所	自己名義所有株式数（株）	他人名義所有株式数（株）	所有株式数の合計（株）	発行済株式総数に対する所有株式数の割合（％）
キヤノン㈱	東京都大田区下丸子三丁目30番2号	1,794,300	—	1,794,300	0.13
㈱堀江製作所	山梨県大月市富浜町宮谷329番地	3,700	—	3,700	0.00
計	—	1,798,000	—	1,798,000	0.13

(8)【ストックオプション制度の内容】
該当事項はありません。

出所：キヤノン株式会社　有価証券報告書

❶ **自己株式**
発行済株式総数と比較することがポイント。最近はストックオプション制度の活用やROE向上策の自社株買いをするケースが増えており、そのウェイトが高まっている（極端な例では、会社自身が上位10位以内の大株主や筆頭株主というのもある）。
キヤノンの事例では、自己株式÷発行済株式総数＝0.13％であり、高いウェイトではない。

❶ **新株予約権**
新株予約権とは、株式会社に対して行使することによりその会社の株式の交付を受けることができる権利である。新株予約権が行使されると、会社は株式の発行もできるし、自己株式を移転することもできる。新たに株式を発行する場合は、既存の株主の持分比率が減少するし、株式の出資金額が低く、かつ、新株予約権自体の払込金額が高くないと株価の下落の可能性が高まるので、内容を十分に把握しておくべきである。

POINT 34 資本剰余金と利益剰余金は株主資本の内訳

→ 会社法と会計理論で異なる資本の内訳

　前項で、株主資本のうち、資本金と自己株式につき検討したが、ここでは、株主資本の残りの資本剰余金と利益剰余金の見方を検討する。

　債権者保護を目的とした会社法（商法）では、資本の内容を配当可能と配当不能の観点で区分し、資本金以外に法定準備金を設けて、資本金と法定準備金は、会社が最低限維持すべき財産として、配当不能とした。そして、法定準備金に、資本準備金と利益準備金の2つのカテゴリーを設けた。

　一方、会計理論では、いわゆる資本取引（株主の出資に関する取引）と、利益取引（会社が業務遂行で稼いだ経営成果）の区分が重視され、資本金と剰余金に区分され、剰余金は更に資本剰余金と利益剰余金に分けられる。そして、資本準備金は資本剰余金の一部で、利益準備金は利益剰余金の一部として計上するものと考えていた。しかしながら、会社法（商法）のルールとしては、法定準備金という配当不能な絶対的なカテゴリーを設け、これを計算書類（財務諸表）上、独立区分表示することを重要視してきた。

→ 資本の部の表示の統一化

　つまり、企業会計原則、財務諸表等規則、商法計算書類規則（当時）の制度の違いによって資本の部（現在の純資産の部）の表示が異なっていたのが実情で、そのことがわかりにくさの要因であったといえる。平成15年に新たに商法施行規則を制定（商法計算書類規則の廃止）、法定準備金を独立表示せず、資本金、資本剰余金、利益剰余金と表示するように統一した。なお、商法施行規則の制定は、ここ数年の商法改正において自己株式取得の緩和、株式の額面廃止など、資本の増減を機動的に行うことが可能となったことを反映したものだと考えられる。その後、平成18年の会社法施行に伴い、新たに会社計算規則（法務省令第13号）が設けられた（商法施行規則の廃止）。資本準備金は、設立または株式の発行に際して株主となる者が払込、または給付した額の2分の1までは資本金にし

ないことができるが、その資本金としなかった額によって構成される。また、剰余金の配当（株主配当、中間配当）をする場合には、資本金額の4分の1に達するまで、その剰余金の配当により減少する剰余金の額に10分の1を乗じて得た額に相当する額だけ準備金額を増加させなければならない。その他資本剰余金を減少するときは資本準備金の額を、その他利益剰余金を減少するときは利益準備金の額をそれぞれ増加させなければならない。合併、吸収分割、新設分割、株式交換または株式移転に際して準備金として計上すべき金額は、別途会社計算規則で定められている（会社法445条5項）。資本準備金の増加は、株主総会の決議（原則として特別決議）により資本金の減少とともにできる（会社法447条、309条2項9号）し、株主総会の普通決議でその他資本剰余金の額を減少させて行うこともできる（会社法451条）。利益準備金の増加は、同じく株主総会の普通決議でその他利益剰余金の額を減少させてできる（会社法451条）。

　図表は、キヤノンの有価証券報告書からであるが、連結財務諸表が米国会計基準で作成されていることによる注記事項が特筆される。注14では、転換社債（新株予約権付社債）を株式に転換したときに、少なくとも50%以上は資本金、残額を資本剰余金に計上したとの記載があるが、この資本剰余金は、資本準備金のことである。また、注15では、その他の利益剰余金による配当の10%の金額を利益準備金として積立てること、各社ごとに資本準備金と利益準備金の合計額が資本金の25%に達した時は、その後の剰余金の配当による積立は不要になる旨が、日本の会社法で要求されていることが記載されている。

　注14、注15のいずれの記載も、日本方式の連結財務諸表であれば、おそらく記載されていないものと思われる。もともとの米国基準連結財務諸表の英文表示が、日本の制度を紹介するべく、外国人投資家を意識した説明になっているからと思われる。また、個別財務諸表の株主資本等変動計算書からは、資本剰余金は資本準備金のほか、自己株式処分差益がその他の資本剰余金として計上されていることがわかる。利益剰余金のうち、その他の利益剰余金には、特別償却準備金と固定資産圧縮積立金と、税法関係関連のものが含まれている。別途積立金は、文字通り、特段、使途の定めのない積立金である。

分析のポイント

⚠ 資本準備金
商法改正で配当財源としての活用幅が広がったことで、資本増減ではなく外部流出も考えられるようになった。増減内容をよく吟味することがポイントである。

⚠ 利益準備金
剰余金の配当（株主への利益配当や中間配当）の社外現金流出に伴い、一定額の積立を要求される。明細は、株主資本等変動計算書で確認する。

キヤノン有価証券報告書から株主資本の内訳を見てみよう

注14　普通株式

　　平成18年5月11日開催の取締役会決議により、平成18年6月30日現在の株主に対し平成18年7月1日付をもって、普通株式1株につき1.5株の割合で分割いたしました。株式数及び1株当たり情報は、すべて当該株式分割後の株式数に基づいております。

　　当社は第105期及び第106期において、それぞれ1,148,292株、331,661株の普通株式を発行いたしました。第105期及び第106期の株式発行は転換社債の転換によるものであります。

　　会社法に基づき、転換社債の転換については、株式に転換された金額のうち少なくとも50%を資本金に計上し、残額を資本剰余金に計上しております。

注15　利益準備金及びその他の利益剰余金

　　日本の会社法によれば、当社及び日本の子会社の行ったその他の利益剰余金による配当の10%の金額を利益準備金として積立てることが要求されております。各社ごとに資本準備金と利益準備金の合計額が資本金の25%に達した時は、その後の剰余金の配当による積立は不要になります。また、日本の会社法では、資本準備金と利益準備金を株主総会の決議により配当することが可能となります。海外の子会社もそれぞれの国の法のもと、剰余金を利益準備金として積立てることが要求されております。

　　配当金額及び剰余金の利益準備金への積立額は、連結会計年度中に確定した金額を計上しております。

　　平成18年12月31日現在における利益剰余金は、株主総会決議に基づき平成19年3月以降に支払われる平成18年12月31日に終了した事業年度に係る期末配当66,583百万円を含んでおりません。

　　日本の会社法のもとでの分配可能額は、日本の会計基準に準拠して作成された当社の個別財務諸表に基づいております。平成18年12月31日における分配可能額は、1,494,372百万円であります。

　　平成18年12月31日現在における利益剰余金は、持分法適用関連会社の未分配利益のうち、当社持分の13,493百万円を含んでおります。

株主資本等変動計算書
当事業年度（18年1月1日から平成18年12月31日まで）

	株主資本									
		資本剰余金		利益剰余金					自己株式	株主資本合計
	資本金	資本準備金	その他資本剰余金	利益準備金	その他利益剰余金					
					特別償却準備金	固定資産圧縮積立金	別途積立金	繰越利益剰余金		
平成17年12月31日 残高（百万円）	174,438	305,965	1	22,114	13,337	5	1,068,828	289,378	△5,410	1,868,656
事業年度中の変動額										
転換社債の転換	165	165								330
特別償却準備金の積立（注1）					9,065			△9,065		―
特別償却準備金の取崩（注2）					△9,917			9,917		―
固定資産圧縮積立金の積立（注3）						1,335		△1,335		―
固定資産圧縮積立金の取崩（注4）						△48		48		―
別途積立金への振替（注5）							181,100	△181,100		―
役員賞与（注5）								△222		△222
剰余金の配当（注6）								△104,298		△104,298
当期純利益								337,520		337,520
自己株式の取得									△488	△488
自己株式の処分			21						26	47
株主資本以外の項目の事業年度中の変動額（純額）										
事業年度中の変動額合計（百万円）	165	165	21	―	△852	1,287	181,100	51,465	△462	232,889
平成18年12月31日 残高（百万円）	174,603	306,130	22	22,114	12,485	1,292	1,249,928	340,843	△5,872	2,101,545

	評価・換算差額等		純資産合計
	その他有価証券評価差額金	繰延ヘッジ損益	
平成17年12月31日 残高（百万円）	6,777	―	1,875,433
事業年度中の変動額			
転換社債の転換			330
特別償却準備金の積立（注1）			
特別償却準備金の取崩（注2）			
固定資産圧縮積立金の積立（注3）			
固定資産圧縮積立金の取崩（注4）			
別途積立金への振替（注5）			―
役員賞与（注5）			△222
剰余金の配当（注6）			△104,298
当期純利益			337,520
自己株式の取得			△488
自己株式の処分			47
株主資本以外の項目の事業年度中の変動額（純額）	2,122	△1,161	961
事業年度中の変動額合計（百万円）	2,122	△1,161	233,850
平成18年12月31日 残高（百万円）	8,899	△1,161	2,109,283

（注1）特別償却準備金の積立のうち、6,918百万円は平成18年3月の定時株主総会における利益処分項目であります。
（注2）特別償却準備金の取崩のうち、3,956百万円は平成18年3月の定時株主総会における利益処分項目であります。
（注3）固定資産圧縮積立金の積立のうち、697百万円は平成18年3月の定時株主総会における利益処分項目であります。
（注4）固定資産圧縮積立金の取崩のうち、1百万円は平成18年3月の定時株主総会における利益処分項目であります。
（注5）平成18年3月の定時株主総会における利益処分項目であります。
（注6）剰余金の配当のうち、59,912百万円は平成18年3月の定時株主総会における利益処分項目であります。

出所：キヤノン株式会社　有価証券報告書

POINT

35 評価・換算差額等は純資産の部の1項目

▶ 会社法による新たな区分

　評価・換算差額等は、平成18年5月会社法施行で新たに設けられた区分である。従来の旧商法においては、資本の部の構成要素として、株式等評価差額金、土地再評価差額金、為替換算調整勘定（連結財務諸表）が、それぞれ独立科目表示されていた。それが、平成18年5月会社法施行で、株主資本と株主資本以外に区分され、株主資本以外は、評価・換算差額等、新株予約権、少数株主持分（連結財務諸表）とグルーピングして表示されることとなった。

▶ 有価証券、土地、ヘッジ取引等で生ずる

　評価・換算差額等は、具体的には、その他有価証券評価差額金、繰延ヘッジ損益、土地再評価差額金、為替換算調整勘定（連結財務諸表）である。

　その他有価証券評価差額金は、株式等評価差額金が名称変更したものである。金融商品会計基準の適用により、その他有価証券につき、時価評価を適用した場合に計上される。評価差額は、洗替法により、全部純資産直入法か、部分純資産直入法のいずれかを適用する。

　全部純資産直入法は、評価差額の合計額を、税効果相当額を控除して、貸借対照表の純資産の部に計上するものである。

　部分純資産直入法は、評価差額がプラス、すなわち評価益の銘柄については、税効果相当額を控除して、貸借対照表の純資産の部に計上するが、評価差額がマイナス、すなわち評価損の銘柄については、損益計算書の営業外費用に、有価証券評価損として計上され、当期の損失となる。

　繰延ヘッジ損益は、ヘッジ会計を適用する場合におけるヘッジ手段に係る損益または評価差額である。繰延ヘッジ損益は、プラスの場合、マイナスの場合のいずれも、税効果相当額を控除して貸借対照表の純資産の部に計上される。ヘッジ会計とは、ヘッジ取引のうち一定の要件を充たすものについて、ヘッジ対象に係る損益とヘッジ手段に係る損益を同一の会計期間に認識し、ヘッジの効果を会計

に反映させるための特殊な会計処理のことである。従来、繰延ヘッジ損益は、税効果相当額を控除せずに、資産または負債として貸借対照表に計上されていた。

　ヘッジ会計が適用されるためには、ヘッジ対象が相場変動等による損失の可能性にさらされており、ヘッジ対象とヘッジ手段とのそれぞれに生じる損益が互いに相殺されるか、またはヘッジ手段によりヘッジ対象のキャッシュ・フローが固定され、その変動が回避される関係になければならないとされる。

　土地再評価差額金は、土地の再評価に関する法律に規定される再評価差額金である。土地再評価法は平成10年に施行された法律で、平成10年3月期から平成14年3月期において、一回だけ、事業用土地のすべてにつき土地の再評価を行うことを認めたもので、適用は任意とされた。もともと、バブル経済崩壊後の金融機関が不良債権償却の原資として自己資本を充実させるため、土地の含み益を純資産の部に計上させることを狙いとしたものであった。したがって、評価益は、損益計算書は経由せずに、直接純資産の部に計上される。

　しかし、実際には、法律対象が金融機関に限定されておらず、資本金5億円以上か負債200億円以上のどちらかであるいわゆる大会社は適用可能とされた。そのため、事業会社でも適用したところがあり、さらに、評価益ではなく、この際、土地の評価替えを行って貸借対照表がより実態を表すようにすることを目的に、評価益計上ではなく、巨額の評価損を計上した会社もあらわれた。

　現在では、新たに土地の再評価を行うことはできないが、過去に土地再評価を実施した会社は、土地再評価額から税効果相当額を控除した金額を純資産の部に計上することになる。この場合、税効果相当額は、再評価に係る繰延税金資産または再評価に係る繰延税金負債の科目で、資産または負債に計上する。

　図表は、キヤノンの個別財務諸表の例であるが、その他有価証券評価差額金（プラス）と繰延ヘッジ損益（マイナス）が評価・換算差額等に計上されている。その他有価証券評価差額金は、株主資本等変動計算書から、105期末6,777百万円が2,122百万円増加し、106期末には8,899百万円となった。繰延ヘッジ損益はマイナス1,161百万円であるが、その分、ヘッジ対象で評価益が計上されているはずで、特に問題はない。

キヤノンの有価証券報告書から評価・換算差額等を見てみよう

	評価・換算差額等	
	その他有価証券評価差額金	繰延ヘッジ損益
平成17年12月31日 残高（百万円）	6,777	―
事業年度中の変動額合計（百万円）	2,122	△1,161
平成18年12月31日 残高（百万円）	8,899	△1,161

期中の損益がわかる

（株主資本等変動計算書の一部分より）

区分	注記番号	第105期（平成17年12月31日）		第106期（平成18年12月31日）	
		金額(百万円)	構成比(％)	金額(百万円)	構成比(％)
Ⅱ 評価・換算差額等					
1 その他有価証券評価差額金		―	―	8,899	0.3
2 繰延ヘッジ損益		―	―	△1,161	0.0
評価・換算差額等合計		―	―	7,738	0.3
純資産合計		―	―	2,109,283	71.8
負債純資産合計		―	―	2,938,072	100.0

（貸借対照表の一部分より）

株主資本等変動計算書
当事業年度（平成18年1月1日から平成18年12月31日まで）

	評価・換算差額等		純資産合計
	その他有価証券評価差額金	繰延ヘッジ損益	
平成17年12月31日　残高（百万円）	6,777	—	1,875,433
事業年度中の変動額			
転換社債の転換			330
特別償却準備金の積立（注1）			—
特別償却準備金の取崩（注2）			—
固定資産圧縮積立金の積立（注3）			—
固定資産圧縮積立金の取崩（注4）			—
別途積立金への振替（注5）			—
役員賞与（注5）			△222
剰余金の配当（注6）			△104,298
当期純利益			337,520
自己株式の取得			△488
自己株式の処分			47
株主資本以外の項目の事業年度中の変動額（純額）	2,122	△1,161	961
事業年度中の変動額合計（百万円）	2,122	△1,161	233,850
平成18年12月31日　残高（百万円）	8,899	△1,161	2,109,283

期中の増減がわかる

出所：キヤノン株式会社　有価証券報告書

リコーの有価証券報告書から評価・換算差額を見てみよう

区　分	注記番号	前事業年度 （平成18年3月31日）		当事業年度 （平成19年3月31日）	
		金額（百万円）	構成比（％）	金額（百万円）	構成比（％）
（純資産の部）					
〜〜					
Ⅱ　評価・換算差額等					
1. その他有価証券評価差額金		－	－	6,088	0.6
評価・換算差額等合計		－	－	6,088	0.6
純資産合計		－	－	744,815	69.2
負債純資産合計		－	－	1,076,290	100.0

（貸借対照表の一部分より）

株主資本等変動計算書
当事業年度（自 平成18年4月1日 至 平成19年3月31日）　　　　　（単位：百万円）

	株主資本							評価・換算差額等	
		資本剰余金		利益剰余金					純資産合計
	資本金	資本準備金	その他資本剰余金	利益準備金	その他利益剰余金（注1）	自己株式	株主資本合計	その他有価証券評価差額金	
平成18年3月31日残高	135,364	180,804	—	14,955	384,198	△29,339	685,982	8,769	694,752
事業年度中の変動額									
剰余金の配当（注2）					△8,763		△8,763		△8,763
剰余金の配当					△9,492		△9,492		△9,492
利益処分による役員賞与（注2）					△135		△135		△135
当期純利益					71,908		71,908		71,908
自己株式の取得						△798	△798		△798
自己株式の処分			3			23	27		27
株主資本以外の項目の事業年度中の変動額（純額）								△2,681	△2,681
事業年度中の変動額合計	—	—	3	—	53,516	△775	52,744	△2,681	50,063
平成19年3月31日残高	135,364	180,804	3	14,955	437,614	△30,114	738,727	6,088	744,815

第5章まとめ

　貸借対照表は、資金の調達状況（負債と純資産（資本）と資金の運用状況（資産）を表すもので、調達と運用が必ず一致（バランス）することから、バランスシートとよばれる。

　換金の容易性や返済期限、営業循環サイクルなどから、流動項目と固定項目に区分されるが、一般的に、流動項目を先に並べる流動配列法が採用されている。電力会社、ガス会社などは固定設備が多く、固定項目を先に並べる固定配列法によっている。

　表の左側は、資産項目で、右側が負債項目と純資産（資本）項目となる。つまり、資産、負債、純資産の3区分である。

　資産は、流動資産、固定資産、繰延資産の3区分で、固定資産はさらに有形固定資産、無形固定資産、投資その他資産に3区分される。このように、分類基準が3区分とされることが多い。

　また、流動資産は分析の視点から3つに区分できるが、これはルールに基づくものではない。単に分析のしやすさにほかならない。販売はしたが、代金が未収状態の売上債権（売掛金と受取手形）、何かあれば換金容易ですぐに支払手段となる手元流動性（現金預金と有価証券）、販売するためにはある程度在庫が必要なことから棚卸資産（製品・商品在庫）である。

　負債項目のうち、流動負債は、仕入債務と短期債務に区分できる。仕入債務も短期債務にほかならないのであるが、売上債権との対応で、仕入債務を把握するのは、有用である。特に、運転資金がいくら必要か把握するのは、売上債権の回収期間、在庫の保有期間、仕入債務の支払期間のデータが不可欠である。

第6章

徹底理解！キャッシュ・フロー計算書

POINT 36 営業キャッシュ・フローは現金創出能力

▶ 重要な経営指標の1つ

　わが国の連結キャッシュ・フロー計算書などの作成基準では、営業活動によるキャッシュ・フローの区分には、営業損益計算の対象となった取引のほか、投資活動・財務活動以外の取引によるキャッシュ・フローを記載するとしている。

　営業キャッシュ・フローは、企業の本業である営業活動からの現金創出能力の結果を示す、最も重要な経営指標の1つである。すなわち、営業キャッシュ・フローの「営業」は営業利益の「営業」と同義であり、いわゆる本業によって獲得されたキャッシュ・フローのことである。しかし、投資キャッシュ・フローと財務キャッシュ・フローに区分することができなかったキャッシュ・フローも含めているため、二重構造となっていることに留意しなければならない。

　国際会計基準では、もう少し明確に定義されている。営業活動は、企業の主な収益獲得活動で、投資活動・財務活動以外のその他の活動も含まれるとする。そして、営業活動によるキャッシュ・フローは、その企業の営業活動が、外部からの資金調達に頼らず、借入金を返済し、営業活動を維持し、配当金を支払い、さらに新規投資を行うためにどの程度十分なキャッシュ・フローを獲得したかを示すものとする。

▶ 営業キャッシュ・フローの例示

　わが国の連結原則では、具体的には、法人税等（住民税および利益に関連する金額を課税標準とする事業税を含む）に関するキャッシュ・フローを、営業活動によるキャッシュ・フローの区分に記載する。そのほか、次のようなものが例示されている。

イ．商品・役務の販売による収入
ロ．商品・役務の購入による支出
ハ．従業員・役員に対する報酬の支出
ニ．災害による保険金収入

ホ．損害賠償金の支払

　このうち、イからハの取引は、いわゆる営業活動の取引、ニとホは、投資活動・財務活動以外の取引に該当する。また、営業キャッシュ・フローと同様に、フリー・キャッシュ・フローも重要な概念としてよく用いられる。しかし、フリー・キャッシュ・フローは営業キャッシュ・フローとは別の概念で、また論者によって定義が微妙に異なる。基本的には、経営者の立場からみて、経営活動に必要な資金として、自分の意志で、自由に使える手元資金のことである。通常は、営業キャッシュ・フローから、経常的な経営活動で必然的に出費される種々の項目を差し引くため、最高でも、営業キャッシュ・フローの範囲内である。

　図表は、キヤノンの連結キャッシュ・フロー計算書と、会社自身のキャッシュ・フローのコメントである。連結キャッシュ・フロー計算書等の作成基準では、図表のように、直接法と間接法の2種類あるが、キヤノンのように間接法で作成するところがほとんどである。間接法は、損益計算書や貸借対照表の科目区分が明確であると、まさしく間接的に誘導されて作成できるが、直接法は、キャッシュ・フロー計算書を作成するための会計仕訳を日常取引において記録しておく必要があり、事務的に煩雑なので、避けられがちである。

　キヤノンの場合は、当期純利益を出発点にして、必要な調整を加え、営業キャッシュ・フローは105期、106期とも、当期純利益の約1.5倍になっている。減価償却費という現金支出を伴わない費用が多く、利益からキャッシュ・フローへの調整ではプラス要因となることによる。そのほか、キャッシュ・フローのプラス要因は、固定資産売廃却損（現金支出無し）、未払法人税等の増加・未払費用の増加（いずれも費用だが、まだ現金を支払っていない）がある。反対に、キャッシュ・フローのマイナス要因は、法人税等繰延税額（資産計上したが実際現金流出）、売上債権の増加（売れたが代金未回収）、棚卸資産の増加（在庫増で代金支払い）、買入債務の減少（未払代金の現金支払い）、未払退職及び年金費用の減少（未払費用の現金支払い）、その他─純額（何らかの現金支払い）となる。

　なお、リコーの場合も、ほぼ同様な項目であるが、非継続事業（廃止したあるいは譲渡した事業）の損益が区分表示されている。

分析のポイント

❗ 営業活動によるキャッシュ・フローの作成は大きく「直接法」と「間接法」の2つに分けられる。

直接法　営業収入・仕入支出・人件費支出といった主要な取引ごとにキャッシュ・フローを総額表示する方法

営業活動によるキャッシュ・フロー	
営業収入	×××
原材料又は商品の仕入支出	△×××
人件費支出	△×××
その他の営業費支出	△×××
小計	×××
利息及び配当金の受取額	×××
利息の支払額	△×××
損害賠償の支払額	△×××
………………………	×××
法人税等の支払額	△×××
営業活動によるキャッシュ・フロー	×××

間接法　税金等調整前当期純利益に、非資金損益項目、営業活動による資産・負債の増減などを加減して表示する方法

営業活動によるキャッシュ・フロー	
税金等調整前当期純利益	××× ←これが出発点
減価償却費	×××
連結調整勘定償却費	×××
貸倒引当金の増加額	×××
受取利息及び受取配当金	△×××
支払利息	×××
為替差損	×××
持分法による投資利益	△×××
有形固定資産売却益	△×××
損害賠償損失	×××
売上債権の増加額	△×××
たな卸資産の減少額	×××
仕入債務の減少額	△×××
………………………	×××
小計	×××
利息及び配当金の受取額	×××
利息の支払額	△×××
損害賠償の支払額	△×××
………………………	×××
法人税等の支払額	△×××
営業活動によるキャッシュ・フロー	×××

第6章 徹底理解！キャッシュ・フロー計算書

キヤノンの有価証券報告書からキャッシュ・フローを見てみよう

④【連結キャッシュ・フロー計算書】

区分	注記番号	第105期 (平成17年1月1日から 平成17年12月31日まで) 金額(百万円)	第106期 (平成18年1月1日から 平成18年12月31日まで) 金額(百万円)
Ⅰ　営業活動によるキャッシュ・フロー			
1　当期純利益		384,096	455,325
2　営業活動によるキャッシュ・フローへの調整			
減価償却費		225,941	262,294
固定資産売廃却損		13,784	16,182
法人税等繰延税額		△766	△6,945
売上債権の増加		△48,391	△40,969
たな卸資産の減少（△増加）		27,558	△5,542
買入債務の増加（△減少）		16,018	△2,313
未払法人税等の増加		1,998	22,657
未払費用の増加		31,241	36,165
未払退職及び年金費用の減少		△16,221	△20,309
その他―純額		△29,580	△21,304
営業活動によるキャッシュ・フロー		605,678	695,241

（営業活動によるキャッシュ・フロー）
　大幅な増益を記録したことなどにより6,952億円の収入となり、前連結会計年度比で896億円の増加となりました。

通常は
プラスとなる

項目	コメント
減価償却費	非現金支出費用なので加算(現金増加)
固定資産売廃却損	非現金支出費用なので加算(現金増加)
法人税等繰延税額	支払った税金を資産計上した分なので減算(現金減少)
売上債権の増加	売上げたが未入金のものなので減算(現金減少)
たな卸資産の減少(△増加)	前期仕入時に現金支出済なので加算(現金増加)
買入債務の増加(△減少)	仕入れたが未払金のものなので加算(現金増加)
未払法人税等の増加	支払うべき税金の未払分なので加算(現金増加)
未払費用の増加	支払うべき費用の未払分なので加算(現金増加)
未払退職及び年金費用の減少	未払分を現金支出するので減算(現金減少)

リコーの営業キャッシュ・フロー分析はpoint37（p167）を参照

出所：キヤノン株式会社　有価証券報告書

POINT 37 投資キャッシュ・フローは将来への布石

投資キャッシュ・フローの具体例

　連結キャッシュ・フロー計算書などの作成基準では、投資活動によるキャッシュ・フローの区分には、固定資産の取得・売却、現金同等物に含まれない短期投資の取得・売却などによる投資キャッシュ・フローを記載するとしている。

　連結範囲の変動を伴う子会社株式の取得・売却によるキャッシュ・フローは、投資活動によるキャッシュ・フローの区分に独立の項目として記載する。この場合、新たに連結子会社となった会社の現金・現金同等物の額は、株式の取得による支出額から控除する。また、連結子会社でなくなった会社の現金・現金同等物の額は、株式の売却による収入額から控除して記載する。営業の譲受けまたは譲渡によるキャッシュ・フローについても、投資活動によるキャッシュ・フローの区分に、同様に計算した額を独立の項目として記載する。

　具体的には、次のようなものが記載される。

イ．有形固定資産・無形固定資産の取得による支出
ロ．有形固定資産・無形固定資産の売却による収入
ハ．有価証券（現金同等物を除く）・投資有価証券の取得による支出
ニ．有価証券（現金同等物を除く）・投資有価証券の売却による収入
ホ．貸付けによる支出
ヘ．貸付金の回収による収入

投資キャッシュ・フローは営業キャッシュ・フローに依存

　投資活動によるキャッシュ・フローは、将来のキャッシュ・フローを生み出す能力を高めるために経営資源をどのように投下したのか、あるいは過去に実施した投資をどの程度中止したのかを示す。営業活動からどの程度投資活動に投資できるキャッシュ・フローが生み出されるかが、投資活動によるキャッシュ・フローの大きさを決めるポイントとなる。

　イとロの有形固定資産・無形固定資産の取得・売却に伴う支出や収入はまさし

く事業投資に必要な行為で、既存事業の維持や規模拡大などのための投資で、実物投資といえる。一方、ハとニ、ホとへも投資には違わないのだが、どちらかといえば金融投資、財務的投資と言える。しかし、あくまで投資運用であるので、資金調達・返済活動の結果を示す財務キャッシュ・フローの対象ではない。

　有価証券の取得・売却は、流動資産の部に計上されるものが対象で、投資有価証券の取得・売却は、固定資産の部の投資その他の資産に計上されるものが対象となる。ちなみに、M&A（企業買収）で他社の株式を取得する場合は、投資有価証券の取得で、投資キャッシュ・フローに計上される。

　また、他の会社への資金貸付（融資）とその回収も、投資キャッシュ・フローとなる。さらに、期限が3カ月超の銀行定期預金の預入や払い戻しも投資キャッシュ・フローとなる。なぜなら、キャッシュ・フロー計算書におけるキャッシュの定義が、3カ月以内の短期投資となっているからである。

　図表は、キヤノンの連結キャッシュ・フロー計算書と、会社自身のキャッシュ・フローのコメントである。

　投資活動によるキャッシュ・フローは、将来キャッシュを生み出すべき資産への支出であり、支出超過のマイナスが通常である。ポイントは、そのマイナス金額が、営業キャッシュ・フローや財務キャッシュ・フローと比べてどのようになっているかを分析・把握することにある。

　キヤノンの事例では、会社コメントのように、固定資産購入額（設備投資）が424,862百万円のほか、子会社買収額2,485百万円、投資による支払額8,911百万円となっている。さらに、定期預金（3カ月超）の増加による支払額が35,863百万円と、資金の効率運用も行われている。ちなみに、リコーの連結キャッシュ・フロー計算書の投資活動によるキャッシュ・フローをみると、やはり設備投資である有形固定資産の購入が、85,747百万円ともっとも多いが、金額自体は、前年度より減少している。そのほか、有価証券の取得・売却はネット取得で1,071（97,158－96,087）百万円の支出、子会社株式の取得で23,200百万円の支出となっている。また、特筆されるのは、非継続事業の売却（事業廃止で設備資産等の処分収入？）による収入が12,000百万円計上されていることである。

キヤノンの有価証券報告書から投資キャッシュ・フローを見てみよう

いずれも両建グロス表示
固定資産の購入と売却　有価証券の購入と売却

④【連結キャッシュ・フロー計算書】

区分	注記番号	第105期 (平成17年1月1日から 平成17年12月31日まで) 金額(百万円)	第106期 (平成18年1月1日から 平成18年12月31日まで) 金額(百万円)
Ⅱ 投資活動によるキャッシュ・フロー			
1 固定資産購入額		△395,055	△424,862
2 固定資産売却額		14,827	12,507
3 有価証券購入額		△5,680	△7,768
4 有価証券売却額		12,337	4,047
5 定期預金の増加		△6,090	△35,863
6 子会社買収額(取得現金控除後)		△17,657	△2,485
7 投資による支払額		△19,531	△8,911
8 その他―純額		15,708	2,530
投資活動によるキャッシュ・フロー		△401,141	△460,805

項目	コメント
固定資産購入額	固定資産取得による支出なので減算(現金減少)
固定資産売却額	固定資産処分による収入なので加算(現金増加)
有価証券購入額	有価証券取得による支出なので減算(現金減少)
有価証券売却額	有価証券処分による収入なので加算(現金増加)
定期預金の増加	定期預金のネット純増による支出なので減算(現金減少) (これのみ預入れ・解約と区分していない)
子会社買収額(取得現金控除後)	いわゆるM&Aは支出なので減算(現金減少)
投資による支払額	何らかの投資(内容不明)による支出なので減算(現金減少)

(投資活動によるキャッシュ・フロー)
　国内外での生産増強、R&D関連のインフラ整備等を中心とした設備投資が4,249億円となったことなどで、前連結会計年度に比べて597億円増の4,608億円の支出となりました。

通常はマイナス

リコーの有価証券報告書からキャッシュ・フローを見てみよう

④【連結キャッシュ・フロー計算書】

区分	注記番号	平成17年度 (自 平成17年4月1日 至 平成18年3月31日) 金額（百万円）		平成18年度 (自 平成18年4月1日 至 平成19年3月31日) 金額（百万円）	
Ⅰ 営業活動によるキャッシュ・フロー					
1．当期純利益			97,057		111,724
非継続事業による損益(税効果後)			△2,035		△5,500
継続事業による当期純利益			95,022		106,224
2．営業活動による純増額への調整					
有形固定資産減価償却費および無形固定資産償却費		84,089		89,632	
受取配当金控除後の持分法による投資損益		△1,431		△711	
繰延税金		△4,692		△2,197	
有形固定資産除売却損		920		3,722	
退職・年金費用(支払額控除後)		3,340		△773	
資産および負債の増減					
売上債権の減少(△増加)		13,411		△15,919	
たな卸資産の減少(△増加)		3,726		△1,494	
リース債権等の増加		△30,029		△28,047	
支払手形および買掛金の増加(△減少)		△4,442		2,199	
未払法人税等および未払費用等の増加		2,505		11,175	
その他		11,060	78,457	3,486	61,073
営業活動による純増額			173,479		167,297
Ⅱ 投資活動によるキャッシュ・フロー					
1．有形固定資産の売却			3,085		463
2．有形固定資産の購入			△101,788		△85,747
3．有価証券の取得			△138,607		△97,158
4．有価証券の売却			141,620		96,087
5．定期預金の純増減			△136		64
6．非継続事業の売却			—		12,000
7．子会社株式の取得 　　(取得時の現金および現金等価物受入額控除後)			—		△23,200
8．その他			△24,225		△17,941
投資活動による純減額			△120,051		△115,432

　営業活動によるキャッシュ・フローの収入は、前連結会計年度に比べ61億円減少し1,672億円となりました。前連結会計年度に比べ当期純利益や減価償却費は増加しましたが、事業拡大に伴い前連結会計年度末に比べ売上債権やリース債権等が増加しました。

　投資活動によるキャッシュ・フローの支出は、前連結会計年度に比べ46億円減少し1,154億円となりました。前連結会計年度に実施した開発拠点への投資が一巡したことから有形固定資産の購入が減少しました。一方、ダンカビジネスシステムズ社からの欧州事業の譲り受けなどに伴う子会社株式の取得がありました。また、非継続事業の売却収入もありました。

　以上の結果、営業活動および投資活動によるキャッシュ・フローの合計であるフリー・キャッシュ・フローは、前連結会計年度に比べ15億円減少し518億円の収入となりました。

POINT 38 財務キャッシュ・フローは資金の調達返済活動の通信簿

➡ 資金の調達・返済によるキャッシュ・フロー

　財務活動によるキャッシュ・フローの区分には、資金の調達・返済による財務キャッシュ・フローを記載する。

　国際会計基準によると、財務活動は、その企業の持分資本および借入の規模と構成に変動をもたらす活動とされている。

　そして、財務活動によるキャッシュ・フローは、原則として総収入・総支出を主要な区分によって別個に報告しなければならないとされている。

　ただし、短期借入金などの短期資金については、借入総額と返済総額を示す場合と、期首と期末の純増減額で示す場合のどちらも認められている。

　これは、短期間にあまりに頻繁な出入りがある入出金の動きを表示すると、かえって必要以上の過大表示に思われるからである。

　また、わが国の連結原則では、具体的には、次のようなものが記載される。

イ．株式の発行による収入
ロ．自己株式の取得による支出
ハ．配当金の支払
ニ．社債の発行および借入れによる収入
ホ．社債の償還および借入金の返済による支出

　このうち、イからハは、株式の発行・自己株式取得・株式配当金の支払いと、まさに、株主資本の増減に関連するキャッシュ・フローである。

　一方、ニとホは、社債の発行と償還、借入金とその返済に関連するキャッシュ・フローである。しかしながら、株式配当金の支払いがつねに財務活動によるキャッシュ・フローに区分されるのに対して、支払利息については、継続適用を条件に、営業活動によるキャッシュ・フローと財務活動によるキャッシュ・フローのいずれかを選択できる点が異なっている。

➡ 自己資本調達と他人資本調達

　財務活動によるキャッシュ・フローは、営業活動や投資活動からの影響を受けた財務の動きを示す。余剰ならば、有利子負債の返済や自社株の購入、マイナスなら、新規借入や社債発行となる。

　すなわち、財務キャッシュ・フローを分析する際に注意しなければならないのは、キャッシュ・フローは、現金及び現金同等物（以下現金等）の残高の動きを表すもので、借り入れをした場合は、キャッシュ・フローはプラスで、現金等の残高は増えることになる。一方、返済をすれば、キャッシュ・フローはマイナスとなり、現金等の残高は減少することになる。

　つまり、株式の発行（増資）のように、自己資本・株主資本の調達（エクイティファイナンス）であれば、将来、資金の返済の必要はなく、将来のキャッシュ・アウト・フローを考慮する必要はない。一方、銀行からの借り入れや、社債発行等の他人資本の調達（デットファイナンス）であれば、満期到来により資金返済の必要が生じ、将来のキャッシュ・アウト・フローを考慮しなければならない。基本的には、毎年の投資キャッシュ・フローは、営業キャッシュ・フローの範囲で行うべきで、財務キャッシュ・フローは、資金返済や株式配当金でマイナスで、数年に1回の大規模投資を行う場合などは、必要な資金調達を行うため財務キャッシュ・フローがプラスとなるのが、正常な企業活動と思われる。

　図表は、キヤノンの連結キャッシュ・フロー計算書と、会社自身のキャッシュ・フローのコメントであるが、配当金の大幅な増配と、長期債務の若干のネット返済などで、財務キャッシュ・フローが107,487百万円のマイナスであることがわかる。

　一方、リコーの連結キャッシュ・フロー計算書では、平成17年度はマイナスであった財務キャッシュ・フローが、平成18年度はプラスになっている。内訳をみると、支払配当金18,240百万円支出や、自己株式取得による799百万円支出はあるものの、資金調達・返済活動においては、ネット調達状況となっている。内訳として、長期債務は11,042（＝60,157－49,115）百万円の純増、短期借入金は8,362百万円の純増、社債は10,274（＝65,274－55,000）百万円の純増となっている。

キヤノンの有価証券報告書から財務キャッシュ・フローを見てみよう

④【連結キャッシュ・フロー計算書】

区分	注記番号	第105期 (平成17年1月1日から 平成17年12月31日まで) 金額(百万円)	第106期 (平成18年1月1日から 平成18年12月31日まで) 金額(百万円)
Ⅲ 財務活動によるキャッシュ・フロー			
1 長期債務による調達額		1,716	1,053
2 長期債務の返済額		△15,187	△5,861
3 短期借入金の減少		△12,011	△828
4 配当金の支払額		△64,310	△104,298
5 自己株式取得─純額		△147	△462
6 その他─純額		△4,000	2,909
財務活動によるキャッシュ・フロー		△93,939	△107,487
Ⅳ 為替変動の現金及び現金同等物への影響額		6,581	23,724
Ⅴ 現金及び現金同等物の純増加額		117,179	150,673
Ⅵ 現金及び現金同等物の期首残高		887,774	1,004,953
Ⅶ 現金及び現金同等物の期末残高		1,004,953	1,155,626
捕捉情報 注21			
年間支払額			
利息		1,919	2,146
法人税等		211,540	244,236

※Ⅵには「前期のBSをチェック」、Ⅶには「当期のBSをチェック」の注釈

注21 連結キャッシュ・フロー計算書の補足説明
　第105期及び第106期における転換社債の転換による資本金及び資本剰余金への振替額は、それぞれ1,147百万円、331百万円であります。

※注21には「負債の純資産への振替（現金の動きを伴わない）」の注釈

※「支出ということは調達ではなく、返済を示す」の注釈

(財務活動によるキャッシュ・フロー)
　大幅な増配の実施により配当金の支払額が400億円増加したことなどで、前連結会計年度に比べ135億円増の1,075億円の支出となりました。

　また、営業活動によるキャッシュ・フローから投資活動によるキャッシュ・フローを控除した、いわゆるフリーキャッシュ・フローは2,344億円の黒字となり、5期連続で2,000億円を超える水準となりました。

※「キヤノンのフリーキャッシュ・フローの定義」の注釈

(2) キャッシュ・フロー
　当連結会計年度末における現金及び現金同等物は、前連結会計年度末に比べ1,507億円増加し、1兆1,556億円となりました。

出所：キヤノン株式会社　有価証券報告書

リコーの有価証券報告書から財務キャッシュ・フローを見てみよう

区　分	注記番号	平成17年度 (自　平成17年4月1日 至　平成18年3月31日) 金額（百万円）	平成18年度 (自　平成18年4月1日 至　平成19年3月31日) 金額（百万円）
Ⅲ　財務活動によるキャッシュ・フロー			
1．長期債務による調達		63,751	60,157
2．長期債務の返済		△93,752	△49,115
3．短期借入金の純増		39,618	8,362
4．社債発行による調達		10,000	65,274
5．社債の償還		△52,000	△55,000
6．支払配当金		△16,178	△18,240
7．自己株式取得		△10,653	△799
8．その他		△775	△1,357
財務活動による純増減額		△59,989	9,282
Ⅳ　非継続事業によるキャッシュ・フロー			
1．営業活動によるキャッシュ・フロー		3,390	838
2．投資活動によるキャッシュ・フロー		△14	△13
3．財務活動によるキャッシュ・フロー		—	—
4．換算レートの変動に伴う影響額		—	—
非継続事業による純増額		3,376	825
Ⅴ　換算レートの変動に伴う影響額		3,383	6,710
Ⅵ　現金および現金等価物の純増額		198	68,682
Ⅶ　現金および現金等価物期首残高		186,857	187,055
Ⅷ　現金および現金等価物期末残高		187,055	255,737

（補足情報）

区　分	注記番号	平成17年度 (自　平成17年4月1日 至　平成18年3月31日) 金額（百万円）	平成18年度 (自　平成18年4月1日 至　平成19年3月31日) 金額（百万円）
年間支払額			
支払利息		5,717	8,222
法人税等		44,854	66,603

　財務活動によるキャッシュ・フローは、前連結会計年度の599億円の支出に対して、92億円の収入となりました。平成18年12月に発行した転換社債型新株予約権付社債の払込金552億7,500万円などがありました。
　以上の結果、当連結会計年度末の現金および現金等価物は前連結会計年度末に比べ686億円増加し2,557億円となりました。

出所：株式会社リコー　有価証券報告書

● 第6章まとめ ●

　キャッシュ・フロー計算書は、企業の現金生成能力を表す重要な財務諸表である。キャッシュ・フロー経営ということばも流行り、その重要性は世間に認識されているが、まだまだ、その活用は不十分である。

　現に、上場企業の場合でも、連結キャッシュ・フロー計算書は作成されるが、個別キャッシュ・フロー計算書は作成されない。したがって、親会社単独のキャッシュ・フロー分析を行うことができない。

　また、非上場会社の場合は、キャッシュ・フロー計算書は作成されない。個人的には、平成18年会社法改正で、作成が制定された株主資本等変動計算書よりも、キャッシュ・フロー計算書のほうが重要と考える。

　株主資本等変動計算書は、個々の純資産項目（株主資本項目）の前期末との増減とその増減理由を開示しているが、表形式でなく、説明文などの注記形式でも十分理解できるし、むしろ、個々の細かな増減よりは、純資産が全体としていくら増えたのかが把握できれば十分であろう。しかも、結果である。

　これに対して、キャッシュ・フロー計算書は会社の将来収益獲得能力を、結果ではあるが、将来どうなりそうかの理由が推測できる。キャッシュ・フローを営業、投資、財務の3区分で表示しているからである。

　理想は営業キャッシュ・フローがプラスで、それを原資に投資を行い（マイナス）、財務で利払い、配当を行う（マイナス）こととなる。しかし、数年に1回の大規模投資では、資金調達を行い（財務キャッシュ・フローがプラス）、それを、翌年以降の営業キャッシュ・フローのプラスで返済していくことになる。

第7章

基本的データ分析手法

POINT 39 分析の基本的考え方・手法はさまざま

▶ 比較による分析

　分析には、種々の方法が考えられるが、第1に、比較を行う。比較とは、何かと比べることである。比較には、時系列で比較する期間比較と、他の会社や標準と比較する相互比較がある。

　期間比較は、時系列比較とも呼ばれ、比較対象の会社がどのような傾向があるか、いわゆる傾向分析（トレンド分析）を行う場合に用いる。ただし、期間の範囲をどの程度の長さとするか、対象データの基準日をどの間隔にするかで、異なるトレンドを表す可能性に留意する必要がある。たとえば、売上がここ3年は横ばいだが、5年前からは増加しているような場合、期間3年のトレンド分析は横ばいだが、期間5年のトレンド分析では増加傾向（あるいは最初は増加、その後水平線）となる。期間5年の場合は、線の引き方（見方）で若干の結論が異なることになる。この線の引き方を、もう少し細かく考慮するのが、対象データの基準日の間隔の方法である。売上データは、年度決算、中間決算以外に、3カ月に1回の四半期決算でも開示されるようになった。さらに、会社によっては、社内で行っている月次決算データから、任意のディスクロージャーで、月次売上データを開示するところもある。このような場合、同じ対象期間であっても、中間決算データは年度決算データの2倍、四半期決算データは年度決算データの4倍、月次決算データは、年度決算データの12倍となる。データごとに線を結んでいくと、全体としては増加トレンドであっても、じりじり増加しているのか、増減を繰り返しながら増加しているのか、また、増減の振幅幅が大きいのかなども同時に分析することができる。

　相互比較は、比較対象により、他社比較（ライバル比較）、他グループ比較、産業内比較（セクター比較）、標準比較などに区分される。すなわち、ライバル、業界、標準・基準などと比較して、分析対象会社がどのような状況にあるかを比較分析するものである。本テキストでは、キヤノンの事例を中心に、いろいろ経営分析を行っているが、ライバル企業としてリコーを選んでいる。しかし、リ

コーのほかにも、ニコン、ペンタックスなども考えられる。どの会社を比較対象にするかも、会社の規模や、売上構成など、種々の観点を考慮して決定すべきである。キヤノンと町工場を比較しても、有意義な分析結果は得られない。

　反対に、世界市場（グローバルマーケット）を相手に業務展開している点で似通っており、外国人株主の株式保有比率が高い点でも共通するソニーと、比較分析することもあり得る。たとえば、外国人投資家の好む会社の財務指標にはどのような特徴があるかを分析する場合などである。しかし、取り扱っている製品のライン（幅）はかなり異なっている。したがって、分析の視点をよく考えて、比較対象企業を選択することが必要となる。

➡ 実数分析・比率分析と組み合わせ比較

　第2に比較検討するのが実数か比率かで区分される。実数を用いるのは実数分析と言われ、いわゆる生データ分析とも呼ばれる。実数分析は、まさしくそのままのデータで、特に加工修正もせずに、概観的に分析を行うのに適している。数字の絶対値がそのまま利用され、売上や総資産など、規模に有意なデータに有効である。しかし、実数分析を行うには、ある程度過去の経験や知識が必要と思われる。たとえば、売上が1兆円の企業の場合、利益が1兆円ということは考えられない。費用や原価がかかるのが当然である。このような場合、業種ごとに、どの程度の売上総利益が適正かということを知っていれば、想定される売上総利益の幅がつかめる。

　一方、比率を用いるのは比率分析と言われ、2つの数値の関係を示した分析が行われる。したがって関係比率とも呼ばれる。比率には、ある一定時点の数値を100（基準値）として、他の時点の数値がいくらかをみる趨勢比率、ある項目の数値を100（基準値）として、他の項目の数値がいくらかをみる構成比率がある。売上高を100として、ほかの損益計算書項目の比率をみる100分比損益計算書や、総資産（総負債＋純資産）を100として、ほかの貸借対照表項目の比率をみる100分比貸借対照表などが、構成比率の例としてあげられる。

　第3に組み合わせ比較である。期間比較と相互比較、実数分析と比率分析を組み合わせることで、有用な経営分析を行うことができる。

分析方法

① 比較
　├ 期間比較（時系列比較）　← 自社の実績と比べる
　└ 相互比較（他社比較、他グループ比較、産業間比較、標準比較）
　　　　　　　　　　　　　　　　　　　　　　　← 同じ業界の平均的データ等
　　　　　　　　　　← 先進企業やライバル企業と比較（ベンチマーク）

② 実数と比率
　　実数…実際の金額
　　比率…趨勢比率、構成比率

③ 組合せ
　　期間比較 ＼／ 比率
　　　　　　　／＼
　　相互比較　　　実数

第7章 基本的データ分析手法

分析の事例

2. 貸借対照表 連結ベース

(百万円)	2002	2003	2004	2005	2006	時系列比較（トレンド）
資産の部						
流動資産：						
現金及び現金同等物	521,271	690,298	887,774	1,004,953	1,155,626	増加
有価証券	7,255	1,324	1,554	172	10,445	〃
売上債権	498,587	539,006	602,790	689,427	761,947	〃
たな卸資産	432,251	444,244	489,128	510,195	539,057	〃
前払費用及びその他の流動資産	245,610	255,905	250,906	253,822	315,274	〃
流動資産　計	1,704,974	1,930,777	2,232,152	2,458,569	2,782,349	〃
長期債権	20,568	16,543	14,567	14,122	14,335	減少
投資	64,037	78,912	97,461	104,486	110,418	増加
有形固定資産	830,304	846,433	961,714	1,148,821	1,266,425	〃
その他の資産	322,823	309,483	281,127	317,555	348,388	
資産合計	2,942,706	3,182,148	3,587,021	4,043,553	4,521,915	〃
負債、少数株主持分及び資本の部						
流動負債：						
短期借入金等	66,754	39,136	9,879	5,059	15,362	減少
買入債務	408,464	391,181	465,396	505,126	493,058	増加
未払法人税等	80,169	83,064	105,565	110,844	133,745	
未払費用	154,621	193,657	205,296	248,205	303,353	
その他の流動負債	91,832	120,265	197,029	209,394	217,789	
流動負債　計	801,840	827,303	983,165	1,078,628	1,163,307	〃
長期債務	81,349	59,260	28,651	27,082	15,789	減少
未払退職及び年金費用	285,129	238,001	132,522	80,430	83,876	
その他の固定負債	26,193	30,843	45,993	52,395	55,536	増加
負債　計	1,194,511	1,155,407	1,190,331	1,238,535	1,318,508	
少数株主持分	156,245	161,196	186,794	200,336	216,801	〃
資本：						
資本金	167,242	168,892	173,864	174,438	174,603	増加
資本剰余金	394,088	396,939	401,773	403,246	403,510	〃
利益剰余金	1,203,248	1,450,440	1,740,834	2,060,620	2,411,647	〃
その他の包括利益（損失）累計額	(166,467)	(143,275)	(101,312)	(28,212)	2,718	〃
自己株式	(6,161)	(7,451)	(5,263)	(5,410)	(5,872)	減少
資本　計	1,591,950	1,865,545	2,209,896	2,604,682	2,986,606	増加
負債、少数株主持分及び資本合計	2,942,706	3,182,148	3,587,021	4,043,553	4,521,915	〃

出所：キヤノンヒストリカルデータ集（連結）
（実際は過去10年分有）

- 期間比較は3年でもいいが、景気が3〜4年で1サイクルとされるため、5年あったほうがいい。
- たとえば現金及び現金同等物は毎年前年比増加している（これがトレンド分析）。一方、有価証券は、2003年に減少し、2004年に少し増加し、2005年には残高がほとんどゼロになっている。最後の2006年は2002年より増えている。
- 同じ増加でも途中経過が異なっており、実数分析を用いると途中の増減がよくわかる。

	2002年	2006年	増減	趨勢比率
現金及び現金同等物：	521,271	1,155,626	+634,355	2,216倍
	①	②	②−①	②/①

POINT

40 収益性分析は企業の儲かり具合の測定

▶ 資本利益率

　収益性分析には、投下資本に対するものと、売上高に対するものと2通りがあげられる。

　利益というものを、資本を利用した結果として生じるものと見た場合、投下資本と関連付けて収益力を判断するのが、企業間の比較を行う上ではきわめて重要である。

　資本利益率＝利益÷資本であるが、分母側の資本にどの資本を用いるかで、分子の利益が異なる。通常、分母の資本には、期首の資本と期末の資本を平均したもの（平均資本）を用いる。分子の利益には、年利益をそのまま用いる。

　総資本利益率（ROA）は、企業に投下された資本全体（他人資本＋株主資本）の収益力を表すもの。つまり、株主のお金や借入金を含めていかに有効に資金を活用し、利益をあげているかを示す指標。したがって、分子は経常利益を用いる。

　自己資本利益率（株主資本利益率＝ROE）は、株主資本に対する税引き後当期（純）利益の比率を表している。つまり、株主のお金をどれだけ有効に使っているかを示す指標。株主重視の経営では、ROEを高めることが重要となる。一般に株主資本利益率が高いほど、企業の収益性は高くなる。

　経営資本利益率は、企業に投下された有効な資本全体（経営資本とは総資本から不稼動資本を控除したもの）の収益力を表すもの。分子は通常営業利益を使い、不稼動資産には、建設仮勘定、繰延資産、投資その他資産等が含まれるが、明確な定義はない。

▶ 売上利益率

　利益の基本となる源泉は売上高であるので、売上高と各段階の利益を関連付ける。

　売上高総利益率は、売上総利益の売上高に対する比率で、いわゆる荒利（あら

り）率や粗利（そり）率のことである。製品・商品を販売した場合のマージン・採算を示す。

　売上高営業利益率は、いわゆる企業本来の営業活動で生じた利益の売上高に対する割合である。営業利益は販売費・管理費等の本部の間接コストを控除して求める。

　売上高経常利益率は、営業利益に、財務活動や金融活動を含めた収支を加味した経常利益の売上高に対する割合である。

　売上高当期純利益率は、最終帳尻の売上に対する割合である。

　図表は、中小企業庁編、中小企業診断協会発行の「中小企業の財務指標」からの抜粋である。経営分析のための諸情報としては、上場会社「日経経営指標」（日経）、連結・企業経営の分析（三菱UFJ総研）、法人企業統計季報・年報（財務省）などさまざまなものがあるが、「中小企業の財務指標」の特徴は、何といってもその対象企業数が約82万社とカバー範囲が広いところにある。

　「中小企業の財務指標」によると、総資本経常利益率は、0.7%から2.6%の間、自己資本当期利益率は5.1%から7.6%の間で、業種ごとにそんなに大きな差はみられない。しかし、売上高と利益を対比した場合は、営業利益、経常利益、当期純利益ではいずれも大きな差がないのに対して、売上高総利益率は、製造業、卸売業、小売業ともに20%台から30%台であるのに対して、サービス業は64%と、ほぼ2倍の収益性となっている。これは、サービス業は、人手がかかるビジネス構造で、製品・商品・原材料などの売上原価がほとんどかからないことに起因しているからと思われる。

　キヤノン自身が公表している自己資本利益率（株主資本利益率、44項参照）は、連結ベースが16.3%、単体ベースが16.9%となっているが、自己資本比率（株主資本比率）が連結ベース66.0%、単体ベース71.79%と高水準のなか、かなりの収益性があるといえる。

　一方、リコーの有価証券報告書の自己資本利益率は、連結ベースが11.00%、単体ベースが9.99%と、キヤノンの3分の2の水準となっている。なお、自己資本比率は、連結ベース47.74%、単体ベース69.2%と、こちらもキヤノンと比べて低い。

各利益率の計算方法

会社の各種利益を計算する算式は次のとおりである。また、実際に会社を分析するには、下表に挙げた各業種別の平均的な経営指標と比較すればよい。

- ❗ 総資本利益率（％）＝ $\dfrac{利益}{総資本} \times 100 = \dfrac{経常利益}{総資本} \times 100$

- ❗ 自己資本利益率（％）＝ $\dfrac{利益}{自己資本} \times 100 = \dfrac{税引後当期純利益}{自己資本} \times 100$

- ❗ 経営資本利益率（％）＝ $\dfrac{利益}{経営資本} \times 100 = \dfrac{営業利益}{経営資本} \times 100$

① 分母は各種資本。分子は各種利益。
　分母・分子はいろいろな組合せが考えられるが、分母の資本項目にふさわしい利益項目を分子に選択すべきである。

- ❗ 売上高総利益率（％）＝ $\dfrac{売上総利益}{売上高} \times 100$

- ❗ 売上高営業利益率（％）＝ $\dfrac{営業利益}{売上高} \times 100$

- ❗ 売上高経常利益率（％）＝ $\dfrac{経常利益}{売上高} \times 100$

- ❗ 売上高当期純利益率（％）＝ $\dfrac{当期純利益}{売上高} \times 100$

② 分母は売上高。分子は各種利益。
　分析対象の目的に沿った利益を選択する。

〈例〉
売上総利益… いわゆる粗利、マージン
営業利益…… 本業の利益
経常利益…… 金融収支まで含めた利益

参考／業種別経営指標

	製造	卸売	小売	サービス
総資本利益率	2.3	1.6	0.7	2.6
自己資本利益率	7.1	5.9	5.1	7.6
経営資本利益率	3.2	2.3	0.4	2.9
売上高総利益率	36.6	23.9	33.9	64.0 ← 高水準
売上高営業利益率	2.3	1.0	0.2	1.6
売上高経常利益率	1.8	0.8	0.4	1.7
売上高当期純利益率	1.1	0.5	0.1 ← ほとんどもうかっていない	0.9

出所：「中小企業の財務指標」中小企業庁／中小企業診断協会
　　　発行／平成18年（平成16年1月〜12月決算期）

・**総資本利益率＝総資本経常利益率**
　いわゆるROA（Return on Asset）。投下された資本全体の収益性を示す。

・**自己資本利益率＝自己資本（税引後）当期純利益率**
　いわゆるROE（Return on Equity）。投下された自己資本（株主資本）の収益性を示す。

・**経営資本利益率＝経営資本営業利益率**
　企業に投下された有効な経営資本の収益性を示す。
　分析にあたっては経営資本の計算が容易ではない。

POINT 41 安全性分析は企業の財務安定性を測定

流動性分析

　安全性とは、企業の資金繰りが健全であり債務不履行などの形で倒産に陥る危険性の程度を言い、流動性分析と財務健全性分析（財務適合性分析）に分けられる。

　流動比率（リクィディティレシオ）は、流動資産を処分したときに、それにより流動負債を担保し得るかどうかをみようとするもので、短期的な債務の返済能力を表す。つまり、1年以内に返済しなければならない借金に対して、1年以内に現金化できる資産がどの程度あるかを表している。米国では、200％以上である事が望ましいとされ「2対1の原則」などとも言われるが、わが国では、もう少し低い。

　当座比率（カレントレシオ）は、たな卸資産が生産販売活動を経て初めて資金化され、ただちに支払手段とはならないことを考慮し、当座資産のみを支払手段として、支払能力を見ようとする比率である。米国では、別名「酸性試験比率（リトマス試験比率）」とも言われ、100％以上が望ましいとされている。

財務健全性分析

　固定比率は、固定資産が、返済の必要のない株主資本でまかなわれているかどうかを見る指標で、理論的には100％以下が望ましいとされている。

　固定長期適合率は、固定資産に対応させる資金を株主資本に限定せず、短期的な返済の必要がない固定負債も含めて検討しようとする指標である。日本の企業の場合、銀行からの長期借入れや社債発行による長期借入れが多いため、健全性の分析にはこの指標が適しているといわれている。

　仮に、固定長期適合率が100％の場合、固定資産＝固定負債＋株主資本の関係が成り立つ。つまり、流動資産＝流動負債となる。したがって、流動比率が100％の場合、固定長期適合率も100％となる。

　負債比率は、返済の必要のない株主資本に対して負債の総額がいくらあるのか

を示す指標である。負債比率は、負債資本比率やD/Eレシオ（デットエクイティレシオ）ともいう。理論的には、100％以下であることが望ましく、低いほど好ましくなる。最近では、ROE（自己資本比率）や有利子負債残高と並んで、重要な財務目標とされることが多い。

株主資本比率（自己資本比率）は、資本調達の構成を表す比率であって、すべての資本の中で返済の必要のない株主資本がどの程度あるのかを示す指標。この比率が高いほど安全性が高いと考えられる。公式から明らかなように株主資本比率の目標が決まれば、D/Eレシオの目標もおのずと決まる。

なぜならば、総資産＝総資本＝流動負債＋固定負債＋株主資本のため、一定の総資本に対して、株主資本の割合が決まれば、負債（流動負債＋固定負債）の割合も自動的に決まるからである。

図表は、「中小企業の財務指標」からであるが、流動比率は4業態いずれも120％台から140％台とそんなに変わらないのに対して、当座比率は、小売以外の3業態が100％前後なのに対して、小売業のみ62.7％とかなり低い。また、固定比率は、卸売業の141.6％から小売業の222.8％までかなりばらつきがあるが、いずれも100％をかなり上回っており、固定資産投資（設備投資）に必要な自己資本の調達が行われていないことがわかる。一方、固定長期適合率は、卸売業の57.3％から小売業の71.3％の間であり、100％を十分に下回っている。金融が自由化され、間接金融から直接金融、証券化の時代といっても、株主資本調達ではなく社債発行が優位、また銀行からの長期借入れという日本の間接金融優位の状況がまだまだ続いていることがうかがわれる。

キヤノン、リコーの個別財務諸表ベースの各種比率は次頁のとおりである。

貸借対照表の各項目の計算方法

貸借対照表の各項目の比率を計算する算式は次のとおりである。また、実際に会社を分析するには、下表に挙げた各業種別の経営指標と比較すればよい。

- 流 動 比 率 (%) = $\dfrac{流動資産}{流動負債} \times 100$

- 当 座 比 率 (%) = $\dfrac{当座資産}{流動負債} \times 100$

- 固 定 比 率 (%) = $\dfrac{固定資産}{株主資本} \times 100$

- 固定長期適合率 (%) = $\dfrac{固定資産}{(株主資本＋固定負債)} \times 100$

- 負 債 比 率 (%) = $\dfrac{(流動負債＋固定負債)}{株主資本} \times 100$

- 株主資本比率 (%) = $\dfrac{株主資本}{総資本} \times 100$

比率名	キヤノン		リコー	
流動	210.52%	1,622,281/ 770,621	219.23%	548,362/ 250,134
当座	161.11%	1,241,571/ 770,621	157.36%	393,623/ 250,134
固定	62.38%	1,315,791/2,109,283	70.88%	527,927/ 744,815
固定長期	60.71%	1,315,791/2,167,451	63.90%	527,927/ 826,154
負債	39.29%	828,789/2,109,283	44.50%	331,474/ 744,815
株主資本	71.79%	2,109,283/2,938,072	69.20%	744,815/1,076,290

参考／業種別経営指標

	製造	卸売	小売	サービス
流動比率	139.5	135.0	123.1	144.5
当座比率	99.9	94.0	62.7	106.8
固定比率	202.8	141.6	222.8	175.5
固定長期適合率	71.2	57.3	71.3	68.0
負債比率	409.4	491.3	523.3	353.7
株主資本比率	14.4	14.3	7.4	17.7

出所：『中小企業の財務指標』中小企業庁／中小企業診断協会発行／平成18年（平成16年1月～12月決算期）

キヤノンとリコーのケース（個別単体ベース）

（単位：百万円）

	キヤノン			リコー		
	2005年12月	2006年12月		2006年03月	2007年03月	
流動資産	1,460,882	1,622,281		481,056	548,362	
当座資産	1,107,657	1,241,571		302,607	393,623	1.3倍
固定資産	1,191,965	1,315,791		501,494	527,927	
流動負債	699,131	770,621		261,871	250,134	
固定負債	78,283	58,168		25,927	81,339	
株主資本	1,875,433	2,109,283		694,752	744,815	
総資本	2,652,847	2,938,072		982,551	1,076,290	
流動比率（多い程良い）	208.96%	210.52%	横ばい	183.70%	219.23%	増加（改善）
当座比率（多い程良い）	158.43%	161.11%	〃	115.56%	157.36%	増加（改善）
固定比率（少ない程良い）	63.56%	62.38%	〃	72.18%	70.88%	横ばい
固定長期適合率（少ない程良い）	61.01%	60.71%	〃	69.59%	63.90%	減少（改善）
負債比率（少ない程良い）	41.45%	39.29%	〃	41.42%	44.50%	少し増加（少し悪化）
株主資本比率（多い程良い）	70.70%	71.79%	〃	70.71%	69.20%	横ばい

POINT 42 効率性分析は資産（資本）の活用度を測定

回転率と回転期間

　資産（資本）がどの程度効率的に活用されたかを測定する指標で、回転率と回転期間の2通りの尺度がある。

　1. 回転率は、一定期間に、資産または資本が、売上高を通じ何回新しいものに置き換えられるかを示す。つまり1年間における資産または資本の回転数のことで、資本回転率が高ければ、資本効率はよいといえる。

　2. 回転期間は、回転率の逆数として計算され、資産または資本が、売上高を通じて新しいものに置き換えられるのに何日かかるかを示す。すなわち、資産または資本が1回転するのに要する期間（月数、日数）のことである。

　回転率と回転期間のどちらを用いるかは、年間の回転率が多くなると、具体的な月数や日数表示のほうがわかりやすいので、一般に回転期間が使われる。

　総資本回転率は、使用総資本（総資産）の能率を判断する指標で、総資本の有効な利用度を示す。分子は、売上戻りや売上値引き控除後の純売上高で、分母は、期首と期末の平均を用いる。但し、期首の残高が不明な場合は、期末だけでもかまわない。総資本回転率が1回ということは、総資本（総資産）と売上高の金額が等しいことを意味する。

　固定資産回転率は、固定資産の利用効率を示す指標である。そのうち、特に有形固定資産の利用効率を示す指標が、有形固定資産回転率である。

　売上債権回転期間は、受取勘定回転期間ともいい、売上債権が現金化される指標となる。売上債権には、割引・裏書手形を含める場合と、含めない場合の2通りの方法がある。

　買入債務回転期間は、支払勘定回転期間、または支払債務回転期間ともいい、買入債務の現金支払猶予の指標となる。支払猶予の期間が長いからといって、納得してはならない。通常、その分だけ、購入代金が金利負担として高くなっているはずである。買入債務回転期間は、分子に売上高ではなく、売上原価を用いて、自社の売上マージンを考慮しない回転期間を求めるのが理論的であるが、分子に

売上高を用いるケースもあり、比較対象がどちらの基準かで判断する。たとえば、月商（売上）と比較したい場合は、当然、分子は売上となる。

棚卸資産回転期間は、ある一定の棚卸在庫が、売上に貢献する尺度であり、製品（メーカー）、商品、原材料、仕掛品など、棚卸資産の内訳を同様に分析できる。

▶ 回転期間の表示方法

回転期間は、回転率の逆数で表されるが、分母の売上高を月数にするか、日数にするかで、表示方法が変わる。

例えば、商品回転率を6.00というケースから回転期間を求めると

月数ベースでは、12(月)÷6＝2.0(月) となる。

また、日数ベースでは365(日)÷6＝60.8(日) となる。

つまり、評価対象企業の商品在庫は、一般に月商比2ヶ月分で、約61日弱の在庫があるという言い方ができる。

図表は、「中小企業の財務指標」からであるが、総資本回転率は、4業態ともに1.2回から1.9回と1回台で、なんとか総資本（総資産）の規模の売上は最低確保していることがわかる。固定資産回転率は2.9回から7.1回と4業態でばらつきがあるが、有形固定資産回転率は3.7回から12.0回とばらつきがあるものの、それぞれ固定資産回転率よりは1.5倍前後高くなっていて、固定資産のなかでは、有形固定資産（設備資産）の活用度がよいことを示している。また、売上債権回転期間と買入債務回転期間をくらべると、業態により、特徴的である。卸売業は5.8日(48.4－42.6)の回収遅れ、小売業は3.4日(20.2－23.6)の支払猶予で、いずれもほとんど期間がかわらないが、製造業は22.9日(51.0－28.1)の回収遅れ、サービス業は23.6日(31.7－8.1)の回収遅れであり、それぞれ、販売代金の回収に時間がかかるので、いわゆる運転資金が必要となる。

棚卸資産回転期間では、原則として在庫をもたないサービス業は、0.5日から2.6日と、理論どおりの日数となっている。ついで、製造業、卸売業、小売業の順序で、回転期間が徐々に長くなっている。小売業は、物品販売業であり、陳列在庫がないと商売にならないからである。

貸借対照表の各項目の計算方法

- 総資本回転率（回）＝ $\dfrac{売上高}{総資本}$

- 固定資産回転率（回）＝ $\dfrac{売上高}{固定資産}$

- 売上債権回転期間（日）＝ $\dfrac{売掛金＋受取手形}{売上高÷365}$

- 買入債務回転期間（日）＝ $\dfrac{買掛金＋支払手形}{売上高÷365}$

- 棚卸資産回転期間（日）＝ $\dfrac{棚卸資産}{売上高÷365}$

売上高の代わりに売上原価を用いる方法もある

参考／業種別経営指標

	製造	卸売	小売	サービス
総資本回転率（回）	1.2	1.8	1.9	1.6
固定資産回転率（回）	2.9	7.1	5.1	3.8
有形固定資産回転率（回）	3.7	12.0	7.9	5.6
売上債権回転期間（日）	51.0	48.4	20.2	31.7
買入債務回転期間（日）	28.1	42.6	23.6	8.1
棚卸資産回転期間（日）	14.3	19.1	16.5	2.6
製品（商品）回転期間（日）	5.6	18.2	25.1	1.5
原材料回転期間（日）	4.3	0.2	0.2	0.5

出所：『中小企業の財務指標』中小企業庁／中小企業診断協会発行／平成18年
（平成16年1月～12月決算期）

キヤノンのケース（連結ベース）

単位：百万円

	2002	2003	2004	2005	2006	
売上高	2,940,128	3,198,072	3,467,853	3,754,191	4,156,759	
総資本	2,942,706	3,182,148	3,587,021	4,043,553	4,512,915	
固定資産	1,237,732	1,251,371	1,354,869	1,584,984	1,739,566	
売上債権	498,587	539,006	602,790	689,427	761,947	
買入債務	408,464	391,181	465,396	505,126	493,058	
棚卸資産	432,251	444,244	489,128	510,195	539,057	
						コメント
総資本回転率（回） （大きい程良い）	1.00	1.01	0.97	0.93	0.92	少し悪化
固定資産回転率（回） （大きい程良い）	2.38	2.56	2.56	2.37	2.39	横ばい
売上債権回転期間(日) （低い程良い）	61.90	61.52	63.45	67.03	66.91	少し悪化
買入債務回転期間(日) （売上債権回転期間とのバランス）	50.71	44.65	48.98	49.11	43.29	仕入先への支払いは短縮傾向
棚卸資産回転期間(日) （低い程良い）	53.66	50.70	51.48	49.60	47.33	少し良好

出所：キヤノンヒストリカルデータ集（連結）

POINT 43 生産性分析は加工度（付加価値）を測定

会社全体の生産性

　生産性分析は、生産物をいかに効率的に生産したかを分析するもので、労働力や機械設備等の投入効率性を示す。

　前述の収益性分析、安全性分析、効率性分析は、貸借対照表や損益計算書に表示されている科目をそのまま分析対象として使えばよく、そんなに修正・調整計算する必要はない。たとえば、流動資産や流動負債は、会社が集計して区分表示してくれているが、当座資産は、流動資産のなかから該当科目を選択して合計しなければならないが、煩雑ではない。

　一方、生産性分析においては、生産高、加工高、付加価値などの概念が用いられるが、分析実施主体により、定義が異なるので注意が必要である。

　また、中小企業の財務指標における生産性分析では、会社（企業）全体の生産性と、従業員1人あたりの生産性の2種類に区分されている。

　売上高対労務費比率は、売上高を獲得するのにどの程度労務費がかかっているかを示すものである。労務費は売上原価の内訳項目で、製造に関わる人件費・労務費で、具体的には、給与、賞与、退職金、退職給与（付）引当金繰入額、福利厚生費等である。

　売上高対人件費比率は、売上高を獲得するのにどの程度人件費がかかっているかを示すものである。人件費は販売・管理に関わる人件費で、具体的には給与、賞与、退職金、退職給与（付）引当金繰入額、福利厚生費等のほか、役員報酬を含む。

　売上高対労務費比率と売上高対人件費比率は、人件費のウェイトを図るもので、あまり高いと高コスト体質と言える。厳密には、付加価値分析と呼ばれる手法で、付加価値と人件費の支払い割合を対比させる。

　付加価値比率は、売上高対加工高比率ともよばれ、売上高に対する付加価値額の割合を示している。この比率が高いということは、内製化比率が高いことを示している。ちなみに、加工高は、経常利益＋労務費＋人件費＋支払利息割引料—

受取利息配当金＋賃借料＋租税公課＋減価償却実施額とされている。

　機械投資効率は、加工高対設備資産のことで、機械、工具、車両、工具器具など設備資産の有効利用度を示す。なお、設備資産とは、有形固定資産から、土地、建物・構築物、建設仮勘定を差し引いたものである。

　労働分配率は、加工高対人件費比率ともよばれ、付加価値に占める人件費の割合の程度を示す。ここでいう人件費は広義の人件費で、労務費と狭義の人件費（販売・管理に関わる人件費）の合計である。

従業員1人当りの生産性

　次に、従業員1人当たりの生産性としては、従業員1人当たり年間加工高、従業員1人当たり年間売上高、従業員1人当たり機械装備額等の尺度がある。

　この場合、特に注意を要するのは、分母となる従業員数の取り扱いである。たとえば、製造業において、分母側の従業員数は、直接製造にタッチしている従業員数のみをカウントし、正社員以外にパート、季節工等の臨時従業員がいれば、労働時間数から、正社員数に換算して分母に含める。たとえば、正社員が、1日8時間労働で、月20日勤務であれば、1日4時間、週4日勤務のパート工は、0.4人（4×4×4週÷160時間）換算となる。最近は、一般に固定費である人件費の変動費化を目的に、パート化が増加しており、正規の従業員数のみを分母に用いると生産性の判断を誤る。

　卸売業や小売業の商業の場合も、分母の従業員数には、やはりパートを考慮し、小規模商店の場合には、専従の店主もカウントする。

　なお、商業の場合は、1人当たり機械設備額に代えて、1人当たり有形固定資産額を計算する場合も多い。なぜなら、業態がら、機械設備資産（機械装置、車両運搬具、工具等）を保有していることが少ないからである。なお、1人当たり機械設備額は、従業員がどれだけ生産設備を装備しているかの機械化の程度を表し、労働装備率または資本装備率とも呼ばれる。

　中小企業の財務指標からは、4業態ともに労働分配率は70％台と高めであり高コスト体質といえる。また、1人当たり機械装備額は製造業が、1人当たり年間売上高は卸売業がトップであり、業界の特徴を表した結果となっている。

各生産性の計算方法

従業員の各種生産性を計算する算式は次のとおりである。また、実際に会社を分析するには、表に挙げた各業種別の経営指標と比較すればよい。

- 従業員1人当たり年間加工高（千円）＝ $\dfrac{加工高}{従業員数}$

- 付 加 価 値 比 率（％）＝ $\dfrac{加工高}{売上高} \times 100$

- 加 工 高 対 人 件 費 比 率（％）＝ $\dfrac{人件費}{加工高} \times 100$
  （労働分配率）

- 従業員1人当たり機械装備額（千円）＝ $\dfrac{設備資産}{従業員数}$

- 機 械 投 資 効 率（回）＝ $\dfrac{加工高}{設備資産}$

- 従業員1人当たり年間売上高（千円）＝ $\dfrac{売上高}{従業員数}$

- 売 上 高 対 人 件 費 比 率（％）＝ $\dfrac{人件費}{売上高} \times 100$ 　（人件費は販売費、一般管理費の分である）

- 売 上 高 対 労 務 費 比 率（％）＝ $\dfrac{労務費}{売上高} \times 100$ 　（労務費は売上原価中の分である）

第7章 基本的データ分析手法

参考／業種別経営指標

	製造	卸売	小売	サービス
売上高対労務費比率	12.8	0.0	0.0	0.0
売上高対人件費比率	16.2	12.3	17.4	39.1
付加価値比率	41.8	17.3	24.4	53.9
機械投資効率	5.3	12.8	11.2	11.6
労働分配率	73.5	72.2	73.4	74.4
1人当たり年間加工高	7,377	7,900	6,157	7,462
1人当たり年間売上高	29,301	80,393	38,532	28,277
1人当たり機械装備額	1,977	604	367	686

出所：『中小企業の財務指標』中小企業庁／中小企業診断協会発行／平成18年（平成16年1月～12月決算期）

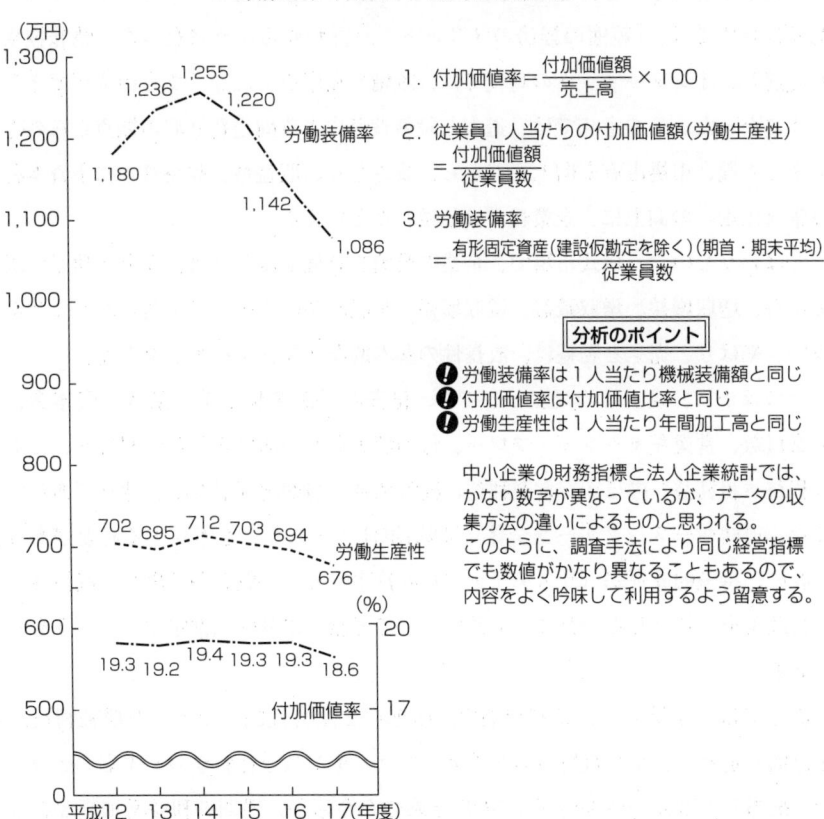

1. 付加価値率 ＝ $\dfrac{付加価値額}{売上高} \times 100$

2. 従業員1人当たりの付加価値額（労働生産性）
  ＝ $\dfrac{付加価値額}{従業員数}$

3. 労働装備率
  ＝ $\dfrac{有形固定資産（建設仮勘定を除く）（期首・期末平均）}{従業員数}$

分析のポイント

- 労働装備率は1人当たり機械装備額と同じ
- 付加価値率は付加価値比率と同じ
- 労働生産性は1人当たり年間加工高と同じ

中小企業の財務指標と法人企業統計では、かなり数字が異なっているが、データの収集方法の違いによるものと思われる。
このように、調査手法により同じ経営指標でも数値がかなり異なることもあるので、内容をよく吟味して利用するよう留意する。

労働装備率（万円）：1,180（平成12）、1,236（13）、1,255（14）、1,220（15）、1,142（16）、1,086（17）

労働生産性（万円）：702、695、712、703、694、676

付加価値率（％）：19.3、19.2、19.4、19.3、19.3、18.6

出所：財務省「法人企業統計 平成17年度」

POINT 44 成長性分析は売上や利益の伸びを測定

成長性のいろいろな尺度

　成長性分析は、企業の成長性や発展性を分析することであるが、明解な分析手法はいまだ開発されていない。経営分析のほとんどのテキストを見ても、成長性分析についてはわずかしか触れられていない。

　もちろん、企業が存続していくためには、成長が不可欠である。しかし、過大な成長は長続きせず、適度な成長が要請される。

　経済学や経営学の分野でも、高度成長時代の「規模の経済のメリット」から、低成長時代では、「範囲の経済のメリット」が言われるようになった。情報技術も発達し、インターネットの時代では、設備や在庫をもたなくても商売ができるようになった。その意味では、過大な設備投資による固定費回収の観点からの売上至上主義、市場占有率向上主義から、まさしく、収益性、利益性、株主資本利益率（ROE）の向上に、企業経営は転換したといえる。

　とはいうものの、株式市場で、企業の業績を評価するときは、売上と利益の関係から、増収増益、増収減益、減収増益、減収減益の4区分で判断されることが多い。やはり、売上と利益は、成長性の基本的なメルクマールとなろう。

　そのほかに、成長性の尺度としては、総資産（総資本）、自己資本、資本金、従業員数、営業キャッシュ・フロー、付加価値などがあげられる。利益も、売上総利益（粗利益）のほか、営業利益、経常利益、当期純利益など、種々である。また、連結ベース（グループ全体）、個別単体ベースなども考慮する必要がある。

　特に、持続的成長率（サステイナブル成長率）という概念が登場し、収益性や財務政策を一定とした場合に、企業にとって可能な成長率を推定するというものである。

　ここでは、企業の自己資本利益率（ROE）と配当性向（配当／当期純利益）を毎期一定とし、かつ新規のエクイティファイナンスを行わないとする。その場合、配当した残りの内部留保に ROE を乗じた金額が、翌期の利益増加額となる。このプロセスが毎期繰り返されるとすると、

サステイナブル成長率＝内部留保率×ROE＝(1－配当性向)×ROE

しかし、実際には、ROEや配当性向が毎期一定とはならないので、一定の期間のROEや配当性向の平均値を用いたほうが妥当であろう。

キヤノンの経営指標と成長性分析

図表は、キヤノンの有価証券報告書の「企業の概況、主要な経営指標等の推移」から、連結経営指標等と提出会社（キヤノンのこと）の経営指標等である。これらの指標のなかから、過去5年間の成長性分析として以下のものがあげられる。

売上高（連結）：2,940,128→4,156,759　　　1.414倍
売上高（個別）：1,789,005→2,729,657　　　1.526倍
経常利益（個別）：240,982→523,996　　　2.174倍
税引前当期純利益（連結）：330,017→719,143　　　2.179倍
当期純利益（連結）：190,737→455,325　　　2.387倍
当期純利益（個別）：144,184→337,520　　　2.341倍
資本金（個別）：167,242→174,603　　　1.044倍
株主資本（連結）：1,591,950→2,986,606　　　1.876倍
純資産額（個別）：1,235,309→2,109,283　　　1.707倍
総資産額（連結）：2,942,706→4,521,915　　　1.537倍
総資産額（個別）：1,848,136→2,938,072　　　1.590倍
営業キャッシュ・フロー（連結）：448,950→695,241　　　1.549倍
従業員数（連結）：97,802→118,449　　　1.211倍
従業員数（個別）：19,741→20,377　　　1.032倍

これらの分析からは売上高の伸び以上に、各段階の利益や営業キャッシュ・フローの伸びが高い。また、株主資本や純資産額の伸びも高い。

一方、総資産額の伸びはわずかに売上高を上回り、従業員数はそれほど増えていない（別途、臨時従業員数は増加している）。

キヤノンの有価証券報告書から経営指標等を見てみよう

第一部【企業情報】
第1【企業の概況】
1【主要な経営指標等の推移】
(1) 連結経営指標等

回　次	第102期	第103期	第104期	第105期	第106期
決算年月	平成14年12月	平成15年12月	平成16年12月	平成17年12月	平成18年12月
売上高　　　　　　　　（百万円）	2,940,128	3,198,072	3,467,853	3,754,191	4,156,759
税引前当期純利益　　　（百万円）	330,017	448,170	552,116	612,004	719,143
当期純利益　　　　　　（百万円）	190,737	275,730	343,344	384,096	455,325
株主資本　　　　　　　（百万円）	1,591,950	1,865,545	2,209,896	2,604,682	2,986,606
総資産額　　　　　　　（百万円）	2,942,706	3,182,148	3,587,021	4,043,553	4,521,915
1株当たり株主資本　　　　　（円）	1,209.10	1,413.72	1,661.22	1,956.35	2,242.78
基本的1株当たり当期純利益　（円）	145.04	209.21	258.53	288.63	341.95
希薄化後1株当たり当期純利益（円）	143.20	207.17	257.85	288.36	341.84
株主資本比率　　　　　　　（％）	54.1	58.6	61.6	64.4	66.0
株主資本利益率　　　　　　（％）	12.5	15.9	16.8	16.0	16.3
株価収益率　　　　　　　　（倍）	20.5	15.9	14.3	15.9	19.6
営業活動によるキャッシュ・フロー（百万円）	448,950	465,649	561,529	605,678	695,241
投資活動によるキャッシュ・フロー（百万円）	△230,220	△199,948	△252,967	△401,141	△460,805
財務活動によるキャッシュ・フロー（百万円）	△183,714	△102,039	△102,268	△93,939	△107,487
現金及び現金同等物の期末残高（百万円）	521,271	690,298	887,774	1,004,953	1,155,626
従業員数　　　　　　　　　（名） ［外、平均臨時従業員数］	97,802 ［ － ］	102,567 ［10,722］	108,257 ［14,013］	115,583 ［20,005］	118,499 ［30,394］

(注) 1　当社の連結財務諸表は、米国で一般に公正妥当と認められた会計原則に基づいて作成されております。
2　売上高には、消費税等を含んでおりません。
3　株主資本、1株当たり株主資本、株主資本比率、株主資本利益率は米国会計基準に基づき作成されており、従来どおり表記されております。
4　平成18年7月1日付をもって、普通株式1株につき1.5株の割合で分割いたしました。これにより、第102期から第105期の1株当たり株主資本、基本的1株当たり当期純利益、及び希薄化後1株当たり当期純利益は、株式分割後のベースにて組替再表示されております。なお、組替前の指標は以下のとおりです。

回　次	第102期	第103期	第104期	第105期
1株当たり株主資本　　　　　（円）	1,813.65	2,120.58	2,491.83	2,934.53
基本的1株当たり当期純利益　（円）	217.56	313.81	387.80	432.94
希薄化後1株当たり当期純利益（円）	214.80	310.75	386.78	432.55

5　平均臨時従業員数が従業員数の100分の10未満である連結会計年度については、平均臨時従業員数を記載しておりません。

第7章 基本的データ分析手法

(2) 提出会社の経営指標等

回次		第102期	第103期	第104期	第105期	第106期
決算年月		平成14年12月	平成15年12月	平成16年12月	平成17年12月	平成18年12月
売上高	(百万円)	1,789,005	2,023,722	2,278,374	2,481,481	2,729,657
経常利益	(百万円)	240,982	320,616	396,250	440,711	523,996
当期純利益	(百万円)	144,184	228,667	249,251	289,294	337,520
資本金	(百万円)	167,242	168,892	173,864	174,438	174,603
発行済株式総数	(千株)	879,136	881,338	887,977	888,742	1,333,445
純資産額	(百万円)	1,235,309	1,444,160	1,651,407	1,875,433	2,109,283
総資産額	(百万円)	1,848,136	2,059,317	2,384,803	2,652,847	2,938,072
1株当たり純資産額	(円)	1,407.34	1,641.38	1,861.87	2,112.68	1,583.96
1株当たり配当額 (内1株当たり中間配当額)	(円)	30.00 (12.50)	50.00 (15.00)	65.00 (25.00)	100.00 (32.50)	100.00 (50.00)
1株当たり当期純利益金額	(円)	164.46	260.03	281.30	325.83	253.48
潜在株式調整後1株当たり当期純利益金額	(円)	162.38	257.50	280.50	325.52	253.39
自己資本比率	(%)	66.84	70.13	69.25	70.70	71.79
自己資本利益率	(%)	12.3	17.1	16.1	16.4	16.9
株価収益率	(倍)	27.2	19.2	19.7	21.2	26.4
配当性向	(%)	18.25	19.23	23.11	30.69	32.88
従業員数 [外、平均臨時従業員数]	(名)	19,741 [—]	18,828 [—]	19,472 [—]	19,707 [2,859]	20,377 [5,737]

(注) 1 売上高には、消費税等を含んでおりません。
2 上記の百万円単位の金額は、百万円未満を第103期より四捨五入、その他の期間は切り捨てて記載しております。
3 第103期より第105期まで、1株当たり純資産額、1株当たり当期純利益金額及び潜在株式調整後1株当たり当期純利益金額の各数値は、利益処分における取締役賞与金の額を控除して算出しております。
4 第106期より、「貸借対照表の純資産の部の表示に関する会計基準」(企業会計基準委員会 平成17年12月9日 企業会計基準第5号)及び「貸借対照表の純資産の部の表示に関する会計基準等の適用指針」(企業会計基準委員会 平成17年12月9日 企業会計基準適用指針第8号)を適用しております。
5 平成18年7月1日付をもって、普通株式1株につき1.5株の割合で分割いたしました。第102期から第105期の1株当たり純資産額、1株当たり配当額、1株当たり当期純利益金額、及び潜在株式調整後1株当たり当期純利益金額は、株式分割前のベースにて表示されております。なお、株式分割後のベースにて算出した場合の指標は以下のとおりであります。

回次	第102期	第103期	第104期	第105期
1株当たり純資産額 (円)	938.23	1,094.25	1,241.24	1,408.45
1株当たり配当額 (円) (内1株当たり中間配当額 (円)	20.00 (8.33)	33.33 (10.00)	43.33 (16.67)	66.67 (21.67)
1株当たり当期純利益金額 (円)	109.64	173.36	187.53	217.22
潜在株式調整後1株当たり当期純利益金額 (円)	108.25	171.66	187.0	217.02

6 第106期の1株当たり中間配当額は株式分割前のベースにて表示されております。株式分割後のベースで算出すると33.33円であります。
7 平均臨時従業員数が従業員数の100分の10未満である事業年度については、平均臨時従業員数を記載しておりません。

出所:キヤノン株式会社 有価証券報告書

POINT 45 損益分岐点分析は企業の原価構造を測定

固定費と変動費の区分

　損益分岐点分析とは、損益がゼロとなる場合の売上高を求める分析手法である。損益分岐点のことを、ブレークイーブン（Break Even）と呼ぶので、ブレークイーブンアナリシス（Break Even Analysis）とも呼ぶ。

　損益分岐点分析を行うには、自社の費用・原価構造を変動費と固定費にあらかじめ区分しておく必要がある。

　変動費は、売上高に比例して発生する費用で、材料費、運送費、臨時雇用の人件費、販売費などがある。また、固定費は、売上高に無関係で必ず一定額発生する費用である。固定費には、賃借料、設備の減価償却費、給与、金利などがある。

　しかし、現実の実務では、固定費と変動費の区分は難しい。なぜなら、準固定費や準変動費など、相対的な費用構造のものがあるからである。

　たとえば、電気代は、使っても使わなくてもかかる基本料金と、使った分（消費量）に応じてかかる従量料金の2本建てとなっている。厳密には、基本料金は固定費、従量料金は変動費となる。

　また、設備資産の減価償却費も一概に固定費とはいえない。減価償却方法が定額法や定率法の場合は、あらかじめ決算ごとに減価償却費が決まっているのでまさしく固定費といえる。しかし、生産高比例法を用いている場合は、生産高によって、減価償却費が異なる。生産高なので、売上高そのものではないが、生産高は当然、期首の在庫状況、期末に必要なある程度の在庫など、販売・在庫政策に応じて決められる。すなわち、ある程度、売上高に相関関係がある。

　いずれにせよ、損益分岐点分析では、売上高から変動費と固定費を控除した残りの損益をゼロとする売上高を求めることとなる。

　その場合、まず、売上高から変動費を差し引いたものを限界利益、あるいは貢献利益と呼ぶ。これがマイナスの場合は、生産・販売を行うべきではない。なぜなら、販売（生産）すればするほど、損失が膨らんでいくからである。限界利益がマイナスとは、製品の製造にかかった原材料費の支出すら賄うことができない

ことを意味しているからである。

反対に、限界利益がプラスであれば、いわゆる赤字受注でも生産を引き受け、販売することで、固定費をいくらか賄うことができる。そういう意味で、限界利益や貢献利益と呼ばれている。

➡ 損益分岐点売上高と損益分岐点比率

図表の計算例では、製品1個の売価を1,000円、製品1個の変動費を300円とし、全社の年間の固定費を35百万円とした。

損益分岐点売上高は

　　　固定費÷(1－売上高変動費率)

　　　＝35,000,000円÷(1－0.3)＝50,000,000円。

この金額ベースを販売個数ベースにすると、

50,000,000円÷1,000円＝50,000個

かりに、会社の目標利益が、7,000,000円とすると、必要な売上高は、

　　　(固定費＋目標利益)÷(1－売上高変動費率)

　　　＝42,000,000円÷(1－0.3)＝60,000,000円。

あるいは、60,000,000円÷1,000円＝60,000個となる。

仮に、実際の売上高を60,000,000円とすると、

　　　損益分岐点比率＝損益分岐点売上高÷実際売上高

　　　　　　　　　　＝50,000,000円÷60,000,000円≒83.3％

これは、売上が約16.7％現状より低下すれば、損益ゼロとなることを意味している。

このように、損益分岐点分析から、目標利益・売上高・販売個数の計画をたてることができる。したがって、損益分岐点分析はCVP（コスト、ボリューム、プロフィット）分析とも呼ばれ、原価・売上・利益の関係を分析できる。

なお、外部分析では、会社の開示資料（財務諸表）からは、固定費・変動費の区分が難しく、会社が損益分岐点を開示していることもほとんどないが、たまに、自主開示の利益計画や設備投資計画で、工場の操業度を開示することがあるので、当期利益と工場の操業度から、損益分岐点の推定分析なども可能である。

CVP分析

$S-(V+F)=P$

  S：売上
  V：変動費（売上に比例）
  F：固定費（売上に無関係で一定）
  P：利益

$(S-V)-F=P$

  S−V：限界利益（固定費を回収する利益）

P=0とは、利益がゼロで損益分岐点と呼ばれる
この場合

$S-V-F=0$

$S-V=F$

$$\frac{S-V}{S}=\frac{F}{S}$$

$$\therefore\ S=\frac{S-V}{S}$$

計算例

 製品の売価   1,000円／個
 製品の変動費   300円／個
 全体の固定費 35,000,000円（年間）

$$損益分岐点 = \frac{固定費}{1-\dfrac{変動費}{売上高}} = \frac{35,000,000円}{1-\dfrac{300}{1,000}}$$

50,000,000円÷1,000円＝50,000個

損益分岐点売上高は50,000,000円
あるいは50,000個売れればよい

図表でみる CVP 分析

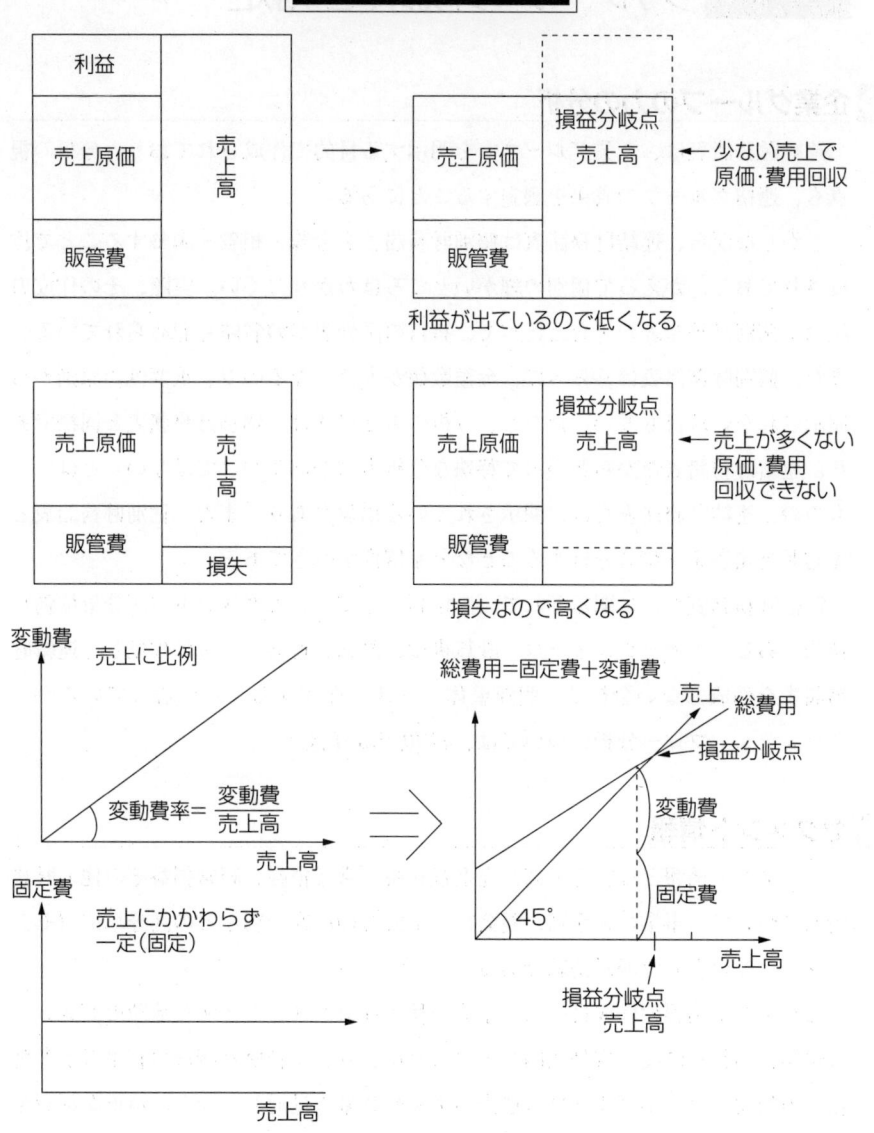

【利益が出ている場合】

売上高 = 利益 + 売上原価 + 販管費

→ 損益分岐点売上高 = 売上原価 + 販管費

← 少ない売上で原価・費用回収

利益が出ているので低くなる

【損失が出ている場合】

売上高 + 損失 = 売上原価 + 販管費

→ 損益分岐点売上高 > 売上高（売上原価 + 販管費）

← 売上が多くない 原価・費用 回収できない

損失なので高くなる

【変動費】 売上に比例

変動費率 = 変動費 / 売上高

【固定費】 売上にかかわらず一定（固定）

⇒ 総費用 = 固定費 + 変動費

売上／総費用／損益分岐点／変動費／固定費／45°／損益分岐点売上高

POINT

46 連結財務諸表分析は グループの成果を測定

➡ 企業グループの力の分析

　連結財務諸表は、企業グループ力を明示する目的で作成されており、分析の視点も、連結グループの成果を測定することにある。

　しかしながら、連結財務諸表は個別財務諸表を合算・相殺・調整することで作成されており、かえって個別の細かいところはわかりにくい。実際、その作成方法は、個別財務諸表の場合と比べて、科目の区分表示の省略も認められている。また、個別財務諸表にくらべて、金額数値が大きくなるので、重要性の原則から、開示されない項目も多い。ただし、分析の方法自体は、個別財務諸表と同様であり、連結財務諸表だからといって特殊な分析方法があるわけではない。とはいうものの、連結財務諸表だけに開示されている情報もあり、また、個別財務諸表と連結財務諸表をクロス分析することなども留意すべきである。

　連結財務諸表だけに開示されている情報としては、セグメント（区分単位別）情報がある。キャッシュ・フロー計算書は、原則、連結ベースで作成し、連結財務諸表を作成しない会社は、個別単体ベースで作成することになっているが、キャッシュ・フロー分析については、47項で取り扱う。

➡ セグメント情報

　セグメント情報とは、売上高、売上総利益、営業損益、経常損益その他の財務情報について、事業の種類別、親会社・子会社の所在地別などの区分単位（セグメント）に分別した開示情報である。

　セグメント情報の作成目的は、事業の種類別セグメントと所在地別セグメントの規模、利益貢献度、成長傾向を示すことにより、連結財務諸表の利用者が多角化・国際化した企業グループの過去の業績や将来の見通しにつき、適正な判断を下すのに有用な情報を提供することである。

　連結財務諸表は、1つの企業集団グループに属する会社の個々の財務諸表を合算・相殺消去して表示されるため、異なる業種ごとの財務諸表の特徴がぼやけて

しまうことになる。また、経営の多角化・国際化により、収益性・成長性・リスクの程度が異なった産業、市場または地域で企業活動が行われている。

そこで、これら連結企業集団グループの収益性や成長性などの現状を分析、評価、将来リスクを予測するため、連結財務諸表の分割情報・補足情報として、セグメント情報の開示が制度化されたのである。

図表は、キヤノンの有価証券報告書の「事業等の概要」と「連結財務諸表等」からである。「事業等の概要」では、事業の種類別セグメントの業績と、所在地別セグメントの業績につき、会社自身が詳細な説明をしている。

キヤノンの事業区分は、事務機、カメラ、光学機器およびその他と3区分されている。事務機はオフィスユース（企業向け）、カメラはパーソナルユース（個人向け）、光学機器は産業向けと説明されている。

事務機事業は、さらに、オフィスイメージング機器の売上は2.8%の増収（前連結会計年度比、以下同様）、コンピュータ周辺機器の売上は12.3%の増収、ビジネス情報機器の売上は2.4%の増収で、全体として事務機事業の売上は7.5%の増収で、営業利益も10.6%増、営業利益率は22.3%（前年度比＋0.6ポイント）となっている。

カメラ事業、光学機器及びその他の事業も、同様に、売上と営業利益について、会社のコメントがある。

しかし、セグメント情報では、これら売上・利益情報だけでなく、「資産、減価償却費及び資本的支出」の項目もある。事務機部門は、もっとも売上が多く、営業利益も大きいが、その分、部門の保有する資産も多い。一方、カメラ事業と光学機器及びその他の事業は、資産がそれぞれ約5,428億円と約5,010億円で、いずれも5,000億円台で同水準である。しかしながら、営業利益はそれぞれ約2,687億円と約414億円で、水準が1桁異なっていることがわかる。

個別財務諸表と連結財務諸表をクロス分析するのは、連単倍率が用いられる。連単倍率は、親会社単独の財務数値と、企業集団全体の財務数値を比較した財務指標である。連単倍率は1倍を基準として、1を上回れば有力な子会社群の存在、1を下回ると業績の悪い子会社群の存在を表す。44項では当期純利益、（連結）455,325、（個別）337,520で1を上回っていることがわかる。

キヤノンの有価証券報告書から連結財務諸表を見てみよう

事業の種類別セグメントの業績は、次のとおりであります。
　事務機事業の内、オフィスイメージング機器では、オフィス市場向け中高速カラーネットワーク複合機iR C 5180シリーズ、低消費電力タイプのiR C 3380シリーズ、更に商業印刷用の高画質を実現するimagePRESS C 1等の新製品を投入し、売上を大きく伸ばしました。一方、先進地域におけるカラー機需要の拡大により縮小傾向にあるモノクロネットワーク複合機は、全般的には若干低調に推移しましたが、成長するアジア市場では売上を伸ばしました。
　これらの結果、オフィスイメージング機器全体では2.8%の増収となりました。コンピュータ周辺機器においては、レーザビームプリンタでカラー機が台数ベースで約50%増加したことに加え、モノクロ機もローエンド機を中心に数量が10%以上の伸びを示したことにより、大幅な増収となりました。また、インクジェットプリンタでは、激しい価格競争及び単機能プリンタの市場縮小の影響を受けたものの、操作性に優れた多機能・高速機PIXUS MP 600や海外市場向けエントリー機PIXMA MP 160等の複合機で11機種、また単機能プリンタで13機種の計24機種の新製品を投入した結果、販売台数が順調な伸びを示すとともに消耗品の販売も好調であったことから増収を確保しました。
　これらの結果、コンピュータ周辺機器全体の売上高は、12.3%の増収となりました。また、ビジネス情報機器は、ドキュメントスキャナの売上の増加等で、前連結会計年度比2.4%の増収となりました。以上の結果、事務機事業全体の売上高は対前連結会計年度比7.5%増の2兆6,911億円となりました。営業利益は、販売価格下落の影響をコストダウンにより吸収するとともに経費の削減に注力したことにより、対前連結会計年度比10.6%増の5,992億円となり、営業利益率も22.3%と前連結会計年度から0.6ポイント改善しました。

　カメラ事業においては、一眼レフタイプのデジタルカメラ市場が引き続き拡大を続ける中、上期に発売したハイアマチュア向けEOS 30Dや下期に発売したEOS Kiss Digital X等を中心に大きく売上を伸ばし、これに伴い交換レンズの売上も拡大しました。コンパクトタイプのデジタルカメラ市場も引き続き順調に拡大しており、スタイリッシュなIXYシリーズを6機種、多様な撮影スタイルに対応するPower Shotシリーズを10機種、計16機種の新製品をタイムリーに市場投入した結果、大きく売上を伸ばしました。これらにより、デジタルカメラ全体の売上台数は20%以上の高い伸びを示しました。デジタルビデオカメラも大型CMOSセンサーを搭載したコンシューマ向けHDVモデルを市場投入し、MiniDV、DVD、HDVのラインアップを揃え、拡販に努めました。これらの結果、カメラ事業の売上高は、対前連結会計年度比18.5%増の1兆419億円となり、初めて1兆円の大台を突破しました。また、新製品等の好調な販売を背景としてコストダウンが進んだことにより売上総利益率が大きく改善し、営業利益は、前連結会計年度から54.7%と大幅に増加し、2,687億円となりました。

　光学機器及びその他事業においては、半導体用露光装置は半導体メーカーの設備投資が前年から大きく増加したことで好調に推移したものの、液晶用露光装置はパネルメーカーの前年の積極的な設備投資の反動で低調に推移したことにより、光学機器は減収となりました。一方、その他の事業は、前年にグループに加わった子会社の売上貢献等もあり、大きな伸びを見せました。これらの結果、光学機器及びその他の事業全体の売上高は、前連結会計年度比13.7%増の4,238億円となり、営業利益は前連結会計年度比6.8%増の415億円となりました。

当連結会計年度（平成18年1月1日から平成18年12月31日まで）

		事務機 （百万円）	カメラ （百万円）	光学機器及びその他 （百万円）	計 （百万円）	消去又は全社 （百万円）	連結 （百万円）
I	売上高及び営業損益						
	売上高						
	(1) 外部顧客に対する売上高	2,691,087	1,041,865	423,807	4,156,759	―	4,156,759
	(2) セグメント間の 　　内部売上高又は振替高	―	―	190,687	190,687	△190,687	―
	計	2,691,087	1,041,865	614,494	4,347,446	△190,687	4,156,759
	営業費用	2,091,858	773,127	573,019	3,438,004	11,722	3,449,726
	営業利益（又は営業損失）	599,229	268,738	41,475	909,442	△202,409	707,033
II	資産、減価償却費 及び資本的支出						
	資産	1,617,198	542,866	501,008	2,661,072	1,860,843	4,521,915
	減価償却費	127,873	28,756	37,018	193,647	68,647	262,294
	資本的支出	154,259	31,517	36,272	222,048	157,609	379,657

（注）1　事業区分の方法
　　　　当社の事業を製品の種類・性質・販売市場の類似性を考慮し、オフィスユースを中心とした事務機事業、パーソナルユースを中心としたカメラ事業、半導体製造・医療等の産業向け製品を中心とした光学機器及びその他事業に区分しております。
　　　2　各事業区分の主要製品
　　　　・事務機事業：複写機、レーザビームプリンタ、インクジェットプリンタ、コンピュータ、ファクシミリ等
　　　　・カメラ事業：一眼レフカメラ、コンパクトカメラ、デジタルカメラ、デジタルビデオカメラ等
　　　　・光学機器及びその他事業：半導体製造装置、液晶用露光装置、放送局用テレビレンズ、医療機器等
　　　3　営業費用のうち「消去又は全社」に含めた配賦不能営業費用の金額は、第105期及び第106期においてそれぞれ171,522百万円、202,328百万円であり、その主な内容は、親会社の基礎的研究費及び本社機能に係る費用であります。
　　　4　資産のうち「消去又は全社」に含めた全社資産の金額は、第105期及び第106期においてそれぞれ1,239,255百万円、1,860,933百万円であり、その主な内容は、親会社及び連結子会社の現金及び現金同等物、有価証券、投資有価証券、並びに親会社の本社管理部門に係る資産等であります。

第7章 基本的データ分析手法

所在地別セグメントの業績は次のとおりであります。
国内は、デジタルカメラ及び半導体用露光装置の売上が好調に推移しました。また、前年にグループに加わった子会社が売上増に大きく貢献しました。この結果、売上高は1兆377億円(前連結会計年度比5.9%増)、営業利益は7,905億円(前連結会計年度比19.1%増)となりました。
在外地域は、デジタルカメラ、レーザービームプリンタ、カラーネットワーク複合機の売上が大幅な増加を示しました。
米州では、デジタルカメラ、レーザービームプリンタ及びカラーネットワーク複合機の売上が好調に推移しました。この結果、売上高は1兆2,779億円(前連結会計年度比12.1%増)となりました。営業利益は465億円(前連結会計年度比26.4%増)となりました。
欧州では、デジタルカメラ、レーザービームプリンタの売上が好調に推移しました。この結果、売上高は1兆3,139億円(前連結会計年度比11.5%増)となりました。営業利益は450億円(前連結会計年度比35.6%増)となりました。
その他の地域でも、デジタルカメラの売上が大幅に伸びました。この結果、売上高は5,273億円(前連結会計年度比15.6%増)、営業利益は435億円(前連結会計年度比38.8%増)となりました。

当連結会計年度(平成18年1月1日から平成18年12月31日まで)

	日本 (百万円)	米州 (百万円)	欧州 (百万円)	その他 (百万円)	計 (百万円)	消去又は全社 (百万円)	連結 (百万円)
Ⅰ 売上高及び営業損益 　売上高							
(1) 外部顧客に対する売上高	1,037,657	1,277,867	1,313,919	527,316	4,156,759	—	4,156,759
(2) セグメント間の内部売上高又は振替高	2,311,482	4,764	3,586	792,018	3,111,850	△3,111,850	—
計	3,349,139	1,282,631	1,317,505	1,319,334	7,268,609	△3,111,850	4,156,759
営業費用	2,558,685	1,236,138	1,272,463	1,275,817	6,343,103	△2,893,377	3,449,726
営業利益	790,454	46,493	45,042	43,517	925,506	△218,473	707,033
Ⅱ 資産	2,644,116	432,001	682,381	339,314	4,097,812	424,103	4,521,915

(注) 1 国又は地域の区分方法は地域的近接度によっております。
　　 2 各区分に属する主な国又は地域は以下のとおりであります。
　　　 (1) 米州　：米国、カナダ、中南米諸国
　　　 (2) 欧州　：イギリス、ドイツ、フランス、オランダ
　　　 (3) その他：アジア、中国、オセアニア
　　 3 営業費用のうち「消去又は全社」に含めた配賦不能営業費用の金額は、第105期及び第106期においてそれぞれ171,522百万円、202,328百万円であり、その主な内容は、親会社の基礎的研究費及び本社機能に係る費用であります。
　　 4 「消去又は全社」に含めた全社資産の金額は、第105期及び第106期においてそれぞれ1,239,255百万円、1,860,933百万円であり、その主な内容は、親会社及び連結子会社の現金及び現金同等物、有価証券、投資有価証券、並びに親会社の本社管理部門に係る資産等であります。

当連結会計年度(平成18年1月1日から平成18年12月31日まで)

	米州	欧州	その他	計
Ⅰ 海外売上高(百万円)	1,283,646	1,314,305	626,518	3,224,469
Ⅱ 連結売上高(百万円)				4,156,759
Ⅲ 連結売上高に占める海外売上高の割合(%)	30.9	31.6	15.1	77.6

(注) 1 国又は地域の区分方法は地域的近接度によっております。
　　 2 各区分に属する主な国又は地域は以下のとおりであります。
　　　 (1) 米州　：米国、カナダ、中南米諸国
　　　 (2) 欧州　：イギリス、ドイツ、フランス、オランダ
　　　 (3) その他：アジア、中国、オセアニア

出所：キヤノン株式会社　有価証券報告書

POINT 47 キャッシュ・フロー分析は営業・投資・財務のバランスを測定

営業・投資・財務の3つのバランス

　キャッシュ・フロー分析は、営業・投資・財務のどの活動がプラスのキャッシュ・フローを生み出し、どの活動がマイナスのキャッシュ・フローを発生させているのかを分析し、今後の経営活動に役立てることにある。

　営業活動からのキャッシュ・フローは、本業からのキャッシュ・フローであるし、3区分のなかでもっとも重視しなければならない。したがって、プラスが当然であるし、そのプラスの幅がどの程度かによって、企業の現金創出能力を示すことになる。

　投資活動からのキャッシュ・フローは、マイナスが通常である。これがプラスということは、将来の成長や収益確保のための設備投資が行われていないことを意味する。投資活動からのキャッシュ・フローは、将来のキャッシュ・フローを生み出す能力を高めるため、ひと・もの・かね・情報等の経営資源をどのように配分したのか、あるいは過去に実施した投資をどの程度中止したかなどが把握できる。原則として、営業活動からのキャッシュ・インフローの範囲内で、投資を行うのが理想とされている。

　財務活動からのキャッシュ・フローは、マイナス、プラスのどちらもありうる。なぜならば、営業活動や投資活動からの影響を受けた財務の動きを示すからである。余剰がでれば、有利子負債の返済や自社株式の購入、不足であれば、銀行からの新規借り入れや追加借り入れ、社債の発行、株式発行による増資などが行われる。

　図表は、キヤノンの有価証券報告書の「財政状態及び経営成績の分析」の「流動性と資金源泉」からである。そこでは、キャッシュ・フロー計算書における現金及び現金同等物の対前年連結会計年度の純増理由が、会社自身で、こまかく分析されている。また、資金調達を行うに際しては、借入コスト（支払利率）を少しでも低くするため、財務内容を良くして、格付機関から良い信用格付を得ていることが記載されている。

➡ 各キャッシュ・フロー経営指標

また、キャッシュ・フロー数値を各種利益の代わりに用いることで、以下のようなさまざまな経営指標が得られる。

　　　　総資本対営業キャッシュ・フロー（％）
　　　　＝営業キャッシュ・フロー÷総資本×100

キャッシュ・フローベースで資本の投資効率を分析できる。

　　　　キャッシュ・フローマージン（％）
　　　　＝営業キャッシュ・フロー÷売上高×100

営業キャッシュ・フローの相対的大きさを測定する。売上がどの程度キャッシュ・フロー獲得に貢献しているかを把握。

　　　　キャッシュ・フロー対営業利益比率（％）
　　　　＝営業キャッシュ・フロー÷営業利益×100

営業利益の内容の質的側面をチェックする。100％を下回るとよくない。

　　　　営業キャッシュ・フロー対純利益率（％）
　　　　＝（税引後）当期純利益÷営業キャッシュ・フロー×100

獲得利益の資金回収効率の度合いが把握できる。

　　　　キャッシュ・フロー当座比率（％）
　　　　＝営業キャッシュ・フロー÷流動負債×100

短期安全性を把握。キャッシュ・フロー版の当座比率。

　　　　キャッシュ・フロー比率（％）
　　　　＝営業キャッシュ・フロー÷有利子負債（あるいは長期債務）×100

元本債務の返済余力を示し、数字が高いほど余力がある。

　　　　設備投資比率（％）
　　　　＝設備投資額÷営業キャッシュ・フロー×100

営業キャッシュ・フローによる設備投資資金の充足度が把握できる。

　　　　投資比率（％）
　　　　＝投資キャッシュ・フロー÷営業キャッシュ・フロー×100

営業キャッシュ・フローによる投資キャッシュ・フローの充足度が把握できる。

キヤノンの有価証券報告書から分析の内容を見てみよう

(5) 現金同等物及び定期預金

　取得日から3ヶ月以内に満期となる流動性の高い短期投資を現金同等物としております。取得日から満期日までが3ヶ月超の短期の定期預金は、平成17年及び平成18年12月31日現在においてそれぞれ6,090百万円、41,953百万円であり、それらは連結貸借対照表の前払費用及びその他の流動資金に含めております。

(1) 現金及び現金同等物

　当連結会計年度における現金及び現金同等物は、前連結会計年度の1兆49億円から1,507億円増加して、1兆1,556億円となりました。当社の現金及び現金同等物は円を中心としておりますが、米ドルを含めその他の外貨でも保有しております。

　当連結会計年度の営業活動によるキャッシュ・フローは、売上高の堅調な伸びに伴い、販売代金の回収が増加すると共に、当期純利益も大幅な増益を記録したことなどにより前連結会計年度に比べて896億円増加し6,952億円の収入となりました。営業活動によるキャッシュ・フローは、主に顧客からの現金受取によるキャッシュ・イン・フローと、部品や材料、販売費及び一般管理費、法人税の支払いによるキャッシュ・アウト・フローとなっております。

　当連結会計年度におけるキャッシュ・イン・フローの増加は、売上高の増加に伴い、顧客からの現金回収が増えたことによるもので、売上高の増加の範囲内であり、当社の回収率の変化によるものではありません。また部品や材料の支払いといったキャッシュ・アウト・フローの増加も、売上高の増加に起因しておりますが、この増加は、コストダウンによる効果により、売上高の伸びの範囲内で吸収しております。原材料や部品の原価低減を図り、また生産・開発工程の効率化を一層推進することで、コスト削減を達成してまいりました。給与の支払いによるキャッシュ・アウト・フローの増加は、従業員の増加によるもので、アジア地域における従業員の増加は、生産拡大によるものであります。販売費及び一般管理費によるキャッシュ・アウト・フローの増加につきましても、経費削減の徹底により売上高の伸びの範囲内であります。法人税の支払いによるキャッシュ・アウト・フローの増加は、課税所得の増加によるものです。

　当連結会計年度の投資活動によるキャッシュ・フローは4,608億円の支出であり、主として設備投資によるもので、前連結会計年度の4,011億円の支出と比べ増加しております。当連結会計年度の設備投資額は4,249億円であり、おもに日本や海外における生産設備の拡張及び研究開発関連のインフラ強化によるものです。

　その結果、営業キャッシュ・フローから投資キャッシュ・フローを差し引いたフリー・キャッシュ・フローは、前連結会計年度の2,045億円の収入から当連結会計年度は2,344億円の収入となりました。

　当連結会計年度の財務活動によるキャッシュ・フローは、大幅な増配の実施により配当金の支払は増加したものの、財務体質の強化に伴い借入金の返済額が減少した結果、1,075億円の支出となりました。なお1株当たりの配当は、前連結会計年度と比べ16.66円増配し、当連結会計年度は83.33円の配当を実施いたします。1株当たりの配当額は、平成18年7月1日で実施した普通株式1株につき1.5株とする株式分割後の株式数に基づいて算出しております。

　当社は、資金需要に関しては主として営業活動によるキャッシュ・フローによってまかなうことを目指しており、設備投資はそれをもとに行なってきました。この方策は、グループ全体のキャッシュマネジメント活動により補完されており、当社の運転資本は、現在必要な資金需要を十分に満たしていると認識しております。

　当社は、流動性や必要資本を満たすため、増資、長期借入、短期借入といった外部からの様々な資金調達方法をとることが可能です。当社は、これまでどおりの資金調達や資本市場からの資金調達が可能であり、また将来においても可能であり続けると認識しておりますが、経済情勢の急激な悪化やその他状況によっては、当社の流動性や将来における長期の資金調達に影響を与える可能性があります。

　短期借入金（1年以内に返済する長期債務を含む）は前連結会計年度末の51億円から増加し、当連結会計年度末には154億円となりました。長期債務（1年以内に返済する長期債務は除く）は前連結会計年度末の271億円から減少し、当連結会計年度末には158億円となりました。

　当社の固定債務は、主に10年～15年の満期で国内市場において発行した確定利付債券、転換社債及びリース債務によって構成されています。

　当社は、グローバルな資本市場から資金調達をする為に、ムーディーズ・インベスターズ・サービスとスタンダード＆プアーズの2つの格付機関から信用格付を得ております。それに加えて、当社は日本の資本市場からも資金調達する為に、日本の格付会社である格付投資情報センターからも信用格付を得ております。

　平成19年2月28日現在、当社の負債格付は、ムーディーズ・インベスターズ・サービス：Aa2（長期）；S&P：AA（長期）、A-1+（短期）；格付投資情報センター：AA+（長期）であります。当社では、負債の返済を早めるような格付低下の要因は発生しておりません。当社の信用格付が下がる場合は、借入れコストの増加につながります。

出所：キヤノン株式会社　有価証券報告書

リコーの有価証券報告書から分析の内容を見てみよう

(4) 流動性と資本源泉
キャッシュ・フロー
　営業活動によるキャッシュ・フローの収入は、前連結会計年度に比べ61億円減少し1,672億円となりました。主な収入として、継続事業による当期純利益1,062億円と減価償却費896億円がありました。一方、主な支出として、売上債権の増加による159億円やリース債権等の増加による280億円がありました。
　投資活動によるキャッシュ・フローの支出は、前連結会計年度に比べ46億円減少し1,154億円となりました。主な支出として、有形固定資産の購入857億円、有価証券の取得971億円、子会社株式の取得232億円があり、主な収入として、有価証券の売却960億円、非継続事業の売却120億円がありました。
　財務活動によるキャッシュ・フローは、前連結会計年度の599億円の支出に対して、92億円の収入となりました。主な支出として、社債の償還を含む長期債務の返済1,041億円があり、主な収入として、社債を含む長期債務の調達1,254億円がありました。この金額には、平成18年12月に発行した転換社債型新株予約権付社債の払込金552億7,500万円が含まれます。また、その他支出として、支払配当金182億円がありました。

資金源泉
　当社は主に手元資金および現金等価物、様々な信用枠、およびコマーシャルペーパーやミディアムタームノートの発行を組み合わせて資金を調達しております。流動性と資本源泉の必要額を判断する際、損益計算書の純利益の金額、貸借対照表の現金および現金等価物の残高、ならびにキャッシュ・フロー計算書の営業活動によるキャッシュ・フローを重視しております。
　当連結会計年度末において、現金および現金等価物の残高は2,557億円、借入枠は8,065億円であり、そのうち未使用残高は6,937億円でありました。リコーリース株式会社は270億円（借入枠8,065億円の一部）のコミットメント・ラインを複数の金融機関との間に設定しております。借入枠の範囲内で、各国市場の金利で金融機関から借入れが可能ですが、これら金融機関からの借入れのほとんどが無担保であります。
　一部の子会社は、コマーシャルペーパーとミディアムタームノートの発行により資金を調達しております。当連結会計年度においては、当社と子会社が発行するコマーシャルペーパーの金利は0.49～5.32%であり、ミディアムタームノートは発行がありませんでした。当社は日本、米国、およびオランダでキャッシュマネジメントシステムを活用し、有利子負債の残高を継続的に削減しております。
　当社は以下の大手格付機関から格付けを取得しております。マグロウヒル・カンパニーズの一部門であるスタンダード・アンド・プアーズ・レーティング・サービス（以下「S&P」）、ムーディーズ・インベスターズ・サービス（以下「ムーディーズ」）、および日本の格付け機関1社。当連結会計年度末現在、当社の格付けはS&Pが長期A+および短期A-1、また、ムーディーズは、長期A1となっております。
　日本では慣習的に、ほぼすべての銀行借入はそれぞれの銀行との一般契約に従っております。これは、合理的で相当な理由がある場合、銀行は借入金に対して追加的な担保を求めることができ、提出された担保を定期預金と同様に現在および将来の債務に対する担保として扱うというものですが、当社は現在までそのような要請を受けたことはありません。

必要資金および契約債務
　当社は現金および現金等価物、ならびに営業活動により創出が見込まれる資金で少なくとも翌連結会計年度の必要資金を充分賄えると予想しております。お客様の需要が変動し、営業キャッシュ・フローが減少した場合でも、現在の手元資金、および当社が満足できる信用格付けを有する金融機関に設定している借入枠で少なくとも翌連結会計年度中は事業用資金を充分賄えると考えております。さらに、足元の業務にとって必要な資金、および既存事業の拡大ならびに新規プロジェクトの開発に関連する投資に対し、充分な資金を金融市場または資本市場から調達できると考えております。日米の景気は好転する兆しを見せ始めたことから、長期金利は上昇すると予想されております。金利の上昇は当社の流動性に悪影響を及ぼす可能性がありますが、手元の現金および現金等価物は充分であり、営業活動からも持続的にキャッシュ・フローが創出されているため、こうした影響はあまり大きくはないと考えております。
　当社は、翌連結会計年度に900億円の設備投資額を予定しておりますが、主にオフィスソリューション分野、産業分野における生産設備の拡充および合理化投資や、国内外子会社におけるレンタル用資産の取得に関するものであります。その他に、長期債務の返済として翌連結会計年度に871億円、その後3年間にかけて合計で1,694億円を予定しております。
　当社および一部の子会社は全従業員に対し信託型の様々な従業員年金制度を有しております。連結財務諸表の注記事項12に記載のとおり、退職給付債務の積み立て不足額は、当連結会計年度末現在、773億円となりました。この積み立て不足額のうち、981億円は当連結会計年度の連結貸借対照表に退職給付債務として計上されております。年金制度への拠出額は前連結会計年度が138億円、当連結会計年度は147億円でありました。

出所：株式会社リコー　有価証券報告書

POINT

48 資金運用表等分析は経常収支比率を測定

➡ 資金3表（資金繰表・資金運用表・資金移動表）

　勘定合って銭なしとよばれるように、利益を計上していても資金繰りがつかなければ黒字倒産になる。反対に、赤字会社であっても資金の融通がつけば、倒産を免れることになる。このような観点から、企業の資金繰り実態（一定期間の収入と支出を明らかにしたもの）を把握する資料として、資金繰表、資金運用表、資金移動表の3種類が作成され、これらを資金3表と呼ぶ。

　これらの資金3表は、現行のキャッシュ・フロー計算書が開示される前に、個別財務諸表の附属情報として開示されていた資金収支表とも異なり、原則として、金融機関などの融資審査において作成・活用されるものである。

　資金繰表は文字どおり、企業の資金繰り実績や予定表のことで、金融機関など社外の者が作成することはできないので、一定の様式に従い、企業に作成・提出してもらうことになる。提出された資金繰表をもとに、金融機関は資金が不足するのはいつで、どのような理由（税金支払い、賞与支給、原材料購入代金支払いなど）で不足するのか、また、前回受領した資金繰表の予定値と実績値がどのようになっているかなどをチェックし、融資の可否の判断に活用する。

　一方、資金運用表と資金移動表は、外部の者が、提出された財務諸表などから作成する資料である。

　資金運用表は、貸借対照表の2期間を比較し、各科目の残高の増減変化から、一定期間において、企業が資金をどのように調達し、どのように運用したかを要約したものである。具体的には、貸借対照表の残高増減に、損益計算書の利益、法人税等、減価償却費を加減し、株主資本等変動計算書から株主配当金や役員賞与のデータを活用し、作成する。

　資金移動表は、反対に、損益計算書をベースに、一定期間の現金収支を表示するものである。ただし、貸借対照表の各勘定科目の増減を加え、加減調整して、現金ベースの資金収支を作成する。この結果、資金フローとしての経常収支のほか、設備投資や資金調達の状況なども明らかになる。

資金移動表の活用のポイントは、経常収支比率が測定できるところにある。一般に、経営分析では、流動資産と流動負債の関係を指標にした流動比率や、当座資産と流動負債の関係を指標にした当座比率が用いられることが多い。しかし、流動比率も、当座比率も、いずれも貸借対照表項目だけの指標で、簡便ではあるが、必ずしも企業の実態を十分に表していないと言える。

これに対して、経常収支比率は、経常収入と経常支出の割合を指標にしたものである。経常収支比率は、経常収入÷経常支出×100（％）と、割り算の世界であるのに対して、経常収支自体は、経常収支＝経常収入－経常支出の引き算の世界である。

経常収支比率は、定義から明らかなように、少なくとも100％以上、できれば110％以上がのぞましいとされる。100％未満が２から３期、連続して続くと、資金繰り状況がかなり悪化しているといえる。つまり経常収支がマイナスなら、経常収支比率は100％割れ、経常収支がプラスならば、経常収支比率は100％超となる。

▶ キヤノンの分析

図表は、資金移動表の構成項目と、その計算過程である。

資金移動表は、経常収支、決算・設備関係等収支、財務収支と、一見、キャッシュ・フロー計算書の営業、投資、財務の３区分に似ているが、よくみると異なっている。従って、これら資金３表とキャッシュ・フロー計算書を組み合わせて活用することが、経営分析においては必要であろう。

すなわち、資金移動表もキャッシュ・フロー計算書も、企業全体の資金の動きが把握できる点では、作成目的は同様だが、資金移動表は現預金の増減を表すが、キャッシュ・フロー計算書は現金および現金同等物の増減を表すと、増減対象が異なっている。また、前述のように、３区分の内容も異なっているし、資金移動表は、社外の者が、貸借対照表・損益計算書から誘導して作成するのに対して、キャッシュ・フロー計算書は、会社が、一定の作成基準に従って、他社との比較が可能なように作成している。

資金運用表等分析

資金移動表　キヤノン個別財務諸表ベース

I　経常収支
　経常収入
　　売上高　　　　　　　　2,729,657
　　売上債権増加　　　　　　-71,541
　　営業外収益　　　　　　　　95,255　　2,753,371
　経常支出
　　売上原価　　　　　　　1,703,615
　　棚卸資産増加　　　　　　 16,294
　　仕入債務増加　　　　　　-45,644
　　未払費用減少　　　　　　 10,353
　　販売費一般管理費　　　　514,885
　　減価償却費修正　　　　　-141,252
　　引当金目的使用修正　　　 15,783
　　営業外費用　　　　　　　 82,416　　2,156,450
　経常収支　　　　　　　　　　　　　　　 596,921

II　決算・設備関係等収支
　　法人税等　　　　　　　　-152,261
　　配当金支出　　　　　　　-104,298
　　有形固定資産等取得　　　-256,123
　　その他（純額）　　　　　 -25,159　　-537,841

III　財務収支
　　短期借入金増加　　　　　　3,293　　　　3,293
　　収支差額　　　　　　　　　　　　　62,373(596,921-537,841+3,293)
期首現金預金　　　　　　　　　　　　　　261,680
期末現金預金　　　　　　　　　　　　　　324,053

第7章 基本的データ分析手法

科 目	前 期	当 期	増 減	経常収支	決算・設備収支	財務収支
現金預金	261,680	324,053	62,373			
売上債権	845,977	917,518	71,541	−71,541		
棚卸資産	189,699	205,993	16,294	−16,294		
その他流動資産	163,909	174,739	10,830		−10,830	
有形固定資産	713,960	818,094	104,134		−231,854	
無形固定資産	27,123	34,480	7,357		−17,877	
長期前払費用	10,361	13,741	3,380		−6,392	
その他投資等	440,618	449,572	8,954		−8,954	
貸倒引当金	−480	−118	362			
資産合計	2,652,847	2,938,072	285,225			
仕入債務	363,375	409,019	45,644	45,644		
短期借入金	33,159	36,452	3,293			3,293
未払金	112,812	115,245	2,433		2,433	
未払費用	80,591	70,238	−10,353	−10,353		
未払法人税等	84,172	103,871	19,699		−152,261	
預り金	8,871	10,161	1,290		1,290	
設備支払手形	1,317	533	−784		−784	
その他の流動負債	10,075	15,980	5,905		5,905	
転換社債	649	318	−331		−1	
引当金（流動固定共）	82,393	66,972	−15,421			
負債計	777,414	828,789	51,375			
資産−負債	1,875,433	2,109,283	233,850			
資本金	174,438	174,603	165			
その他株主資本	1,694,218	1,926,942	232,724			
評価換算差額	6,777	7,738	961			
純資産計	1,875,433	2,109,283	233,850			
売上高			2,729,657	2,729,657		
売上原価			−1,703,615	−1,703,615		
販売費管理費			−514,885	−514,885		
営業外収益			95,255	95,255		
営業外費用			−82,416	−82,416		
特別損益			−14,516		−14,516	
法人税等			−171,960			
増資（転換社債転換）			330			
役員賞与			−222		−222	
剰余金配当			−104,298		−104,298	
自己株増減			−441		−441	
評価換算差額増減			961		961	
合計			233,850			
修正						
減価償却費				141,252		
引当金目的使用				−15,783		
各収支差額				596,921	−537,841	3,293

POINT 49 企業評価に新たな価値尺度の導入

→ EVAとハゲタカレシオ

　経営分析も企業評価の手法の1つであるが、経済のグローバル化のなか、一から設備投資を行って工場建設を行うのではなく、時間をお金で買うといったM&A（企業買収）戦略が、戦略的経営の1つのテーマとなってきた。情報技術も発達し、従来以上に、技術革新のスピードも速く、M&A戦略が企業の存続に大きな影響を与えるようになってきたのである。そこでは、企業はあたかも商品（もの）のように自由に売買される。買うだけでなく、自社に後継者がいなければ、自社も売却すれば良いのである。そこでは、会社の価格付けが必要になってくる。

　そこで、図表のように新たな企業価値評価尺度が生まれた。

　EVA（イーブイエー）は、Economic Value Addedの略称で、米国のスターン・スチュワート社（経営コンサルティング会社）が考案した企業業績を評価するための指標で、経済付加価値とも呼ばれる。

　EVAは、税引後金利支払前営業利益から資産コストを差し引いて計算する。税引後金利支払前営業利益はNOPAT（ノーパット）、Net Operating Profits After Taxesのことで、金利に関する費用や、金利の損金（課税所得のマイナス）算入による節税効果を差し引くことで、企業の事業活動による本来利益を示すものである。

　資産コストは、資産を保有していることに対するコストで、資産を購入せずに、その分の資金を運用したと仮定した場合の期待収益率（資本コスト、機会収益率）を、保有資産額に乗じて計算する。

　EVAは、事業活動が生み出す経済的な付加価値を示しているのだが、プラスのときは、事業は価値を生んでいて、マイナスのときは、事業は価値を破壊していることになる。

　すなわち、EVAがプラスなら、事業価値の向上を通じて、企業価値の向上を示しているし、マイナスならば、資産が十分なキャッシュ・フローを生んでいないことを表し、資産の効率的活用・管理を求めることになる。

▶ EBITDA

　ハゲタカレシオは、その名のとおり、M&Aで使われ、会社購入後、会社財産を切り売りし、その売却代金で、M&Aで生じた負債を返済することが可能かを判断する指標である。ハゲタカレシオは、分子は購入した会社の時価総額、分母は購入した会社の正味流動資産（流動資産に、税引き後の有価証券含み益を加えて、長短債務を控除）で、1倍が基準となる。1倍割れの場合、買収対象企業の株価が割安で、買収後会社資産を換金すれば、おつりがくることをあらわしている。

　EBITDAとは、イービットディーエー、イービットダーと発音し、Earnings Before Interest, Taxes and Depreciation & Amortization の略称で、利払前償却前税引前利益と呼ばれる。

　EBITDAの計算式は、

　　　　EBITDA＝当期利益＋支払利子＋償却費＋法人税

であるが、計算式から明らかなように、EBITDAは、資本構成（借入れか株主調達か）や税率、償却方法の違いにより影響を受けない利益概念であり、業績の異業種（セクター、業界）間比較や、国際比較を行うのによく用いられている。

　ベンチャー企業や、設備投資を行ったばかりの会社では、利払いや償却負担で赤字決算のことが多いが、EBITDAではプラスとなることが多く、他社比較が可能となる。もっとも、利払いや償却負担の要因を除いても、本業が利益体質でなければ、EBITDAはプラスにならないので、この場合は他社比較を行うことはできない。

　EBITDA倍率は、分母をEBITDA、分子を企業価値（株式時価総額＋負債時価総額）で表されるが、一般に、10倍程度が標準とされる。その意味は、毎年のEBITDAベースの利益の約10倍が、時価ベース企業価値ということになる。この場合、あまり業種の違いによって倍率は変わらず、むしろ、成熟企業、大企業は10倍割れの1桁倍率、新興企業、ベンチャー企業など、今後の成長が見込まれる企業は、10倍から20倍の間とされる。

新しい指標

EVA の計算式

> EVA＝NOPAT－資産コスト
> NOPAT＝営業利益×(1－実効税率)
> 資産コスト＝資産への投資額×資本コスト

EBITDA 倍率

$$\text{EBITDA 倍率} = \frac{\text{企業価値}}{\text{EBITDA}}$$
$$= \frac{\text{株式時価総額}＋\text{負債時価総額}}{\text{EBITDA}}$$

EBITDA 倍率、PER（50 項参照）、PCFR（50 項参照）の比較

項　目	分　子	分　母
PER	株式時価総額	当期利益
PCFR	株式時価総額	当期利益＋減価償却費
EBITDA 倍率	株式時価総額＋負債時価総額	当期利益＋減価償却費＋支払利子＋法人税

EBITDA 倍率の分子だけが、負債時価総額を加えているのは、分母側に支払利子を加えているのに平仄を合わしているからである。

キヤノンの例（2006 年）

PER＝8,934,087÷455,325＝19.6(倍)

PCFR＝8,934,087÷(455,325＋262,294)＝12.4(倍)

$$\text{EBIDA} = \frac{8,934,087＋1,318,508}{455,325＋262,294＋2,190＋248,233}$$

$$= \frac{10,252,595}{968,042} = 10.6(倍)$$

ハゲタカレシオ

$$\text{ハゲタカレシオ} = \frac{\text{株式時価総額}}{\text{正味流動資産}}$$

$$= \frac{\text{株式時価総額}}{\text{流動資産} + \text{税引後有価証券含み益} - (\text{流動負債} + \text{長期借入金})}$$

キヤノンの例（2006年）

$$\text{ハゲタカレシオ} = \frac{8,934,087}{2,782,349 + 0 - (1,163,307 + 15,789)}$$

$$= \frac{8,934,087}{1,603,253} \fallingdotseq 5.57 \text{ 倍}$$

キヤノンの場合、保有資産に比べて株式時価総額が高くて、M&Aを行うには巨額の資金が必要となる。つまり、買収されるリスクも相対的に低い。

それではキヤノンがハゲタカレシオで見て5.57倍に買われている理由は何だろうか。1つには、技術力（特許権）、人材などで貸借対照表に計上されていないいわゆる無形固定資産の含み益と考えられる。

これは、株価純資産倍率（50項参照）が3倍と市場平均の2倍より高く、キヤノンの時価ベース純資産が簿価ベース純資産よりも高いと、投資家が期待していることも意味している。

POINT 50 株式投資に不可欠な株価の尺度

PERは株価と利益の関係

　1980年代後半のバブル経済活況期から、1990年代、平成の時代入りし、バブル経済がはじけて、土地投資・有価証券投資の財テクや、過大設備投資を反映した企業業績の低迷で、日本の株式相場は、一貫して下げ続けてきた。

　それが、2003年にようやく、底入れし、現在経済・景気の立ち直りとともに、株価も上昇基調となっている。この間、日経平均株価は、1989年のバブル最高値の4万円目前から、2003年に7,000円台の底値をつけたのち、約4年間の上昇トレンドとなっている。

　そこで、経営分析においても、各種株価の尺度が活用されている。特に、経済のグローバル化、国際分散投資の流れのなか、同じ視点で投資を行う観点から、株式投資の尺度は国際的にも統一されつつある。

　会社の評価を行うには、企業価値を算定する必要がある。時価ベースの企業価値は、株価（時価）×発行済株式総数となる。発行済株式総数は与件であるので、株価をどう評価するかが、企業価値評価のポイントとなる。

　株価収益率はPER（パー、ピーイーアールと呼ぶ）で、プライスアーニングレシオのことである。株価収益率は、株価と1株当たり利益の関係で、株価を1株当たり利益で割って求められる。つまり、株式は、1株当たり利益の何倍まで買われるかという観点の尺度である。仮に、会社の計上した利益が全額配当されたとすると、株式投資に投じた当初の投資元本を何年で回収することができるかを表すことになる。毎年5%の利子を支払う10年満期の債券があれば、満期までの10年間に、利子の合計が元本の半分、更に満期時には元本が返ってくるので、1.5倍となる。

　一方、株価収益率が20倍の株式を購入した場合は、当初購入額の20分の1の配当が支払われると想定され（業績次第なので絶対ではない）、10年間では当初元本の半分の配当が合計受け取ることができる。そして、株価が、購入したときと同じであれば、売却のうえ、当初元本を回収することができる。

つまり、一般には、市場利子率の逆数（1÷5％＝20倍）が、PERの期待値となる。実際には、会社の業績が想定どおりいかない可能性や、将来の株価の変動リスク（元本が回収できない可能性）などで、PERは20倍より、低く見積もられるのが市場参加者（投資家）のコンセンサスとなる。

その他の株価の尺度

　PCFRは、株価を1株当たりキャッシュ・フローで割ったもので、株価キャッシュ・フロー比率とよばれる。いわば、キャッシュ・フロー版PERである。設備投資を大がかりに行ったときは、当初は減価償却費負担が大きくて、利益水準が低下することが多い。しかし、将来の利益・収益確保のためには、会社にとって経営上、必要な意思決定である。そのような場合、1株当たり利益ではなく、1株当たりキャッシュ・フローを活用する。欧米では、PERの補完的尺度となる。

　また、株価収益率の計算式から、株価とROA（総資産利益率、総資本利益率）の関係を示すことができる。式は図表のとおりであるが、最終的に、

　　　株価＝ROA×レバレッジ×1株純資産×PER

このうち、PERは株価収益率であり、まさしく投資家の株価への期待度（人気度、1株当たり利益の何倍まで買うか）である。一方、ROAは会社資産に対する収益性で、いかに、会社資産を効率的に活用するかの尺度である。また、1株純資産は、会社に対する株主の払い込み資本と、利益の内部留保の積み重ねである。すなわち、純資産が潤沢であればあるほど、高い株価が見込まれることになる。レバレッジは、財務レバレッジのことで、ROAが支払利子率を上回る限り、借金してでも利益を追求すべきことを意味している。

　株価純資産倍率（PBR）は、株価を1株当たり純資産で割ったもので、逆にいえば、1株当たり純資産の何倍まで、株が買われているかを示す。1株当たり純資産の絶対水準が高いほど、高株価が期待できる。1株当たり純資産を時価ベースに置き換えた場合は、Qレシオと呼ばれる。

　株価売上高倍率（PSR）は、株価が1株当たり売上高の何倍まで買われているかの尺度で、利益が赤字、内部留保もなく1株当たり純資産もゼロないしマイナスの場合に、売上という市場規模と対比して株価を求める。

株価の尺度

株価収益率の計算式

> 株価収益率(倍)＝株価÷1株当たり当期利益
> 　　　　　　　＝(1株当たり配当金÷1株当たり当期利益)
> 　　　　　　　　÷(1株当たり配当金÷株価)
> 　　　　　　　＝配当性向÷配当利回り

PCFR

> PCFR(倍)＝株価÷1株当たりキャッシュ・フロー
> 　　　　　＝株価÷{(純利益＋減価償却費)÷発行済株式総数}
> 株価＝1株当たりキャッシュ・フロー×PCFR

株価とROAの関係

> 株価＝EPS×PER
> 　　　＝(利益／株数)×PER
> 　　　＝(利益／自己資本)×(自己資本／株数)×PER
> 　　　＝(利益／資産)×(資産／自己資本)×1株純資産×PER
> 　　　＝ROA×レバレッジ×1株純資産×PER

株価純資産倍率（PBR）とQレシオ

> 株価純資産倍率＝株価÷1株当たり純資産
> 　　　　　　　＝(1株当たり当期利益／1株当たり純資産)
> 　　　　　　　　×(株価／1株当たり当期利益)
> 　　　　　　　＝自己資本利益率(ROE)×PER
> Qレシオ＝株価÷時価ベースの1株純資産(倍)

株価売上高倍率（PSR）

> 株価売上高倍率＝株式時価総額÷売上高
> 　　　　　　　＝(株価×発行済株式総数)
> 　　　　　　　　÷(1株当たり売上高×発行済株式総数)
> 　　　　　　　＝株価÷1株当たり売上高

第7章 基本的データ分析手法

キヤノンの株価関連データ

		2002	2003	2004	2005	2006
期末株価	（円）	4,470	4,490	5,530	6,900	6,700
[参考表示–株式分割後ベース] 期末株価*3	（円）	2,980	3,327	3,687	4,600	6,700
株価収益率（PER）	（倍）	20.5	15.9	14.3	15.9	19.6
株価純資産倍率（PBR）	（倍）	2.5	2.4	2.2	2.4	3.0
期末発行済株式総数*4	（千株）	879,136	881,339	887,977	888,743	1,333,446
期末株式時価総額	（百万円）	3,929,739	4,397,880	4,910,514	6,132,325	8,934,087

*3 2006年7月1日付で実施した株式分割（普通株式1株につき1.5株）の影響を加味して再計算した2005年までの期末株価を、参考に併記しております。

*4 2006年7月1日付で株式分割（普通株式1株につき1.5株）を実施しております。

キヤノンの株式を全部買うなら約9兆円必要。

（円）		2002	2003	2004	2005	2006
1株当たり当期純利益（EPS）	基本的	217.56	313.81	387.80	432.94	341.95
	希薄化後	214.80	310.75	386.78	432.55	341.84
[参考表示—株式分割後ベース] 1株当たり当期純利益（EPS）：*3	基本的	145.04	209.21	258.53	288.63	341.95
	希薄化後	143.20	207.17	257.85	288.36	341.84

*3 2006年7月1日付で実施した株式分割（普通株式1株につき1.5株）の影響を加味して再計算した2005年までのEPSを、参考に併記しております。

PER＝19.6＝6,700÷341.95≒19.59≒19.6
PERは2004年の14.3倍が最も低い。その当時はキヤノンの株式はお買得。

出所：キヤノンヒストリカルデータ集（連結）

第7章まとめ

　分析手法にはさまざまなものがある。一般的には、収益性分析、安全性分析、効率性分析に3区分される。

　収益性分析は、企業の儲かり具合、つまり利益をいくら稼いだかをみるが、分子は通常各種利益となる。一方、分母は売上高とする場合と、資産や資本を用いる場合がある。分母を売上高とする場合は、損益計算書だけで分析ができ、分母を資産や資本とする場合は、損益計算書と貸借対照表の2つが必要となる。

　安全性分析は、企業の財務構造が安定しているか、借金や利子などの支払いが大丈夫かを分析する。したがって、通常、資産項目と、負債ないし資本項目との相関関係をみる。すなわち、貸借対照表だけで分析できる。

　効率性分析は、資産や資本などのストックがどの程度利用されたか、活用されたかを分析するもので、比較対象は売上高や利益である。したがって、損益計算書と貸借対照表の2つが必要となる。

　成長性分析は、規模など実数の伸び・成長を表すもので、計算は容易であるが、比較尺度が主観的となりやすい。一般に増収（売上増加）増益（利益増加）が望ましいとされる。

　生産性分析は、付加価値分析とも言われるが、付加価値を求めるのに一定の前提が必要であり、簡易な分析手法ではない。しかし、企業が本当に儲かっているのかどうかを把握するには有用である。

　損益分岐点分析も、企業の採算ラインの売上高を測定できるが、固定費と変動費の区分が必要であり、やはり簡易な分析手法ではない。

　その他、連結財務諸表分析、キャッシュ・フロー分析、資金運用表等分析といった異なる財務諸表を対象にした分析手法もある。

　また、新たな価値分析の考え方（EVA、EBIT等）や、株価の尺度も企業評価に活用できる。

第8章 ビジネス会計検定で実力判定

ビジネス会計検定の概要とサンプル問題

　平成19年2月に、大阪商工会議所は、ビジネス会計検定試験を開発し、1級から3級の3段階設定されるが、第1回試験として、7月29日に大阪商工会議所と東京商工会議所で3級のみ実施された。

　この検定試験は、貸借対照表や損益計算書などの財務諸表を理解できる能力を判定することを目的としており、まさに本書のような目利き・経営分析の能力を判定するのにぴったりである。

　企業の経営活動が複雑化・多様化するなかで、自社や取引先あるいは投資先などの経営実態を正しく把握するための手段として、代表的な企業情報である会計情報を理解できる能力である会計リテラシーがますます重要になっていることが、本検定試験開発の経緯とされている。

　会計リテラシーは、企業において、経理・財務部門に限られず、営業や企画、総務などのさまざまな部署で、また、新入社員から経営幹部まで幅広く求められる能力であり、単に財務諸表を作成するだけでなく、作成された財務諸表をどのように情報として理解し、ビジネスに役立てるかという財務諸表の利用者の立場としての必要不可欠な能力といえる。

　ビジネス会計検定試験は、財務諸表に関する会計基準、諸法令、構造などの知識や分析を通して、財務諸表が表現する企業の財政状態（貸借対照表で表される）、経営成績（損益計算書で表される）、キャッシュ・フローの状況（キャッシュ・フロー計算書で表される）などを判断できる能力を問うものとされる。

　対象は、実際に働いているビジネスパーソンに加えて、これから社会に出ようとする学生達も含まれていて、本検定試験を通じて会計リテラシーを有する人材の裾野拡大を目的としている。

　最近、企業の不正会計事例があとを絶たないが、会計に関する知識の理解不十分に認識不足によるものが多いと推察され、正しい会計知識やスキルをもった人々の増加は、社会にとっても有益で、不正会計事例の根絶にも役立つことと思われる。

ビジネス会計検定試験3級の概要

到達目標	会計の用語、財務諸表の構造・読み方など財務諸表を理解するための基礎的な力を身につける
主な対象	一般社員、大学生、専門学校生、高校生、一般市民
出題範囲	1. 財務諸表の構造や読み方に関する基礎知識（会計の意義と制度、貸借対照表・損益計算書の構造と読み方）。個別財務諸表のみ対象。 2. 財務諸表の基本的な分析（基本構成分析、成長性、収益性、1株当たり分析、安全性、1人当たり分析）
試験問題	受験年度の4月1日現在で施行されている関連法令等に準拠
施行形式	年2回の公開試験、統一日に指定会場で実施
受験資格	学歴・年齢・性別・国籍の制限なし
問題形式	マークシート方式
試験時間	2時間
合格基準	100点満点で、70点以上が合格
受験料	4,200円（消費税込み）
実施予定	平成20年2月3日（日）10：00から（3級としては第2回）
試験地	大阪・東京
公式HP	http://www.b-accounting.jp/

ビジネス会計検定試験 2 級の概要

到達目標	企業の経営戦略や事業戦略を理解するため、財務諸表を分析する力を身につける
主な対象	一般管理職、経営者・経営幹部、経理実務担当者、大学生
出題範囲	1. 財務諸表の構造や読み方、財務諸表を取り巻く諸法令に関する知識（会計の意義と制度、会社法および金融商品取引法、貸借対照表・損益計算書・キャッシュ・フロー計算書・株主資本等変動計算書・製造原価明細書・附属明細表の種類、連結財務諸表の構造と読み方）。連結財務諸表も対象。 2. 財務諸表の応用的な分析（構成分析、連単倍率、成長性、収益性、1株当たり分析、安全性、キャッシュ・フロー指標、損益分岐点、1人当たり分析、手元流動性など）
試験問題	受験年度の4月1日現在で施行されている関連法令等に準拠
施行形式	年2回の公開試験、統一日に指定会場で実施
受験資格	学歴・年齢・性別・国籍の制限なし
問題形式	マークシート方式
試験時間	2時間
合格基準	100点満点で、70点以上が合格
受験料	6,300円（消費税込み）
実施予定	平成20年2月3日（日）13：30から（2級としては初回）
試験地	大阪・東京
公式HP	http://www.b-accounting.jp/

ビジネス会計検定試験1級の概要

到達目標	企業の成長性や課題、経営方針・戦略などを理解・判断するため、財務諸表を含む会計情報を総合的かつ詳細に分析し、企業評価する力を身につける
主な対象	経理財務担当マネジャー、財務担当役員、経理財務のエキスパート
出題範囲	1. 会計情報に関する総合的な知識（会計基準、会社法および金融商品取引法、貸借対照表・損益計算書・キャッシュ・フロー計算書・株主資本等変動計算書・製造原価明細書・附属明細表の構造と読み方、連結財務諸表の構造と読み方、ディスクロージャー制度）。 2. 財務諸表を含む会計情報のより高度な分析（構成分析、連単倍率、成長性、収益性、1株当たり分析、安全性、キャッシュ・フロー指標、損益分岐点、生産性、手元流動性など）
試験問題	受験年度の4月1日現在で施行されている関連法令等に準拠
施行形式	年1回の公開試験、統一日に指定会場で実施
受験資格	学歴・年齢・性別・国籍の制限なし
問題形式	マークシート方式と論述式
試験時間	マークシート2時間と論述1時間
合格基準	100点満点で、70点以上が合格
受験料	10,500円（消費税込み）
実施予定	未定（2級・3級の施行状況をにらんで決める）
試験地	未定
公式HP	http://www.b-accounting.jp/

ビジネス会計検定試験3級サンプル問題その1

次の文章の空欄（ア）から（エ）に当てはまる語句の適切な組み合わせを選びなさい。

> 貸借対照表は（ア）における企業の（イ）を表示し、損益計算書は（ウ）における企業の（エ）を表示する計算書である。

① （ア）一定時点　（イ）財政状態　（ウ）一定期間　（エ）経営成績
② （ア）一定期間　（イ）財政状態　（ウ）一定時点　（エ）資金状況
③ （ア）一定期間　（イ）資金状況　（ウ）一定時点　（エ）経営成績
④ （ア）一定時点　（イ）経営成績　（ウ）一定期間　（エ）資金状況
⑤ （ア）一定期間　（イ）資金状況　（ウ）一定時点　（エ）財政状態

解答　①が正解

解説

貸借対照表はバランスシート（Balance Sheet）と呼ばれているように、バランス（残高）をあらわす。したがって、ある一定時点のストックをあらわす。ストックはここでは財政状態である。

損益計算書はプロフィットアンドロスステートメント（Profit and Loss Statement）、あるいはインカムステートメント（Income Statement）とよばれており、利益（Profit）と損失（Loss）の内訳、あるいは所得（＝損益、Income）の内訳をあらわす。したがって、ある一定期間のフロー（増減）をあらわす。フローはここでは経営成績である。

出所：大阪商工会議所 HP

ビジネス会計検定試験3級サンプル問題その2

次の（ア）から（エ）の項目に該当する略称の適切な組み合わせを選びなさい。

（ア）総資本経常利益率
（イ）1株利益
（ウ）自己資本利益率
（エ）株価収益率

① （ア）ROI （イ）PER （ウ）EPS （エ）ROE
② （ア）EPS （イ）ROI （ウ）ROE （エ）PER
③ （ア）ROI （イ）EPS （ウ）ROE （エ）PER
④ （ア）ROE （イ）PER （ウ）ROI （エ）EPS
⑤ （ア）PER （イ）EPS （ウ）ROI （エ）ROE

解答③が正解

解説

ROI は Return on Investment。利益（Return）。ただし、に対する（on）、資本・投下資本（Investment）。したがって資本利益率、ここでは（ア）の総資本経常利益率。

PER は Price Earnings Ratio。価格（株価、Price）と利益（Earnings）の比率（Ratio）したがって、（エ）の株価収益率。

EPS は Earnings Per Share。利益（Earnings）。ただし、に対する（Per）、株式（Share）。したがって1株に対する利益、（イ）の1株利益。

ROE は Return on Equity。利益（Return）。ただし、に対する（on）、自己資本・株主資本（Equity）。したがって、（ウ）の自己資本利益率。

出所：大阪商工会議所 HP

ビジネス会計検定試験3級サンプル問題その3

次の文章を読み、問いに答えなさい。

　以下の損益計算書の数値（金額単位）に基づいて、売上高を100％として損益計算書百分比を計算すると、売上原価率は（ア）％、売上総利益率は（イ）％、営業利益率は（ウ）％である。

売上高　5,000　売上原価　3,000　販売費及び一般管理費　1,000

空欄（ア）に当てはまる数値を選びなさい
　①20　②30　③40　④50　⑤60

空欄（イ）に当てはまる数値を選びなさい
　①20　②30　③40　④50　⑤60

空欄（ウ）に当てはまる数値を選びなさい
　①20　②30　③40　④50　⑤60

解答（ア）⑤　（イ）③　（ウ）①

解説
（ア）　売上原価率＝売上原価÷売上高×100
　　　　＝3,000÷5,000×100＝60（％）
（イ）　まず、売上総利益を求める
　　　　売上総利益＝売上高－売上原価＝5,000－3,000＝2,000（百万円）
　　　　売上総利益率＝売上総利益÷売上高×100
　　　　＝2,000÷5,000×100＝40（％）
（ウ）　まず、営業利益を求める
　　　　営業利益＝売上総利益－販売費及び一般管理費＝2,000－1,000＝1,000（百万円）。営業利益率＝営業利益÷売上高×100
　　　　＝1,000÷5,000×100＝20（％）

（出所：大阪商工会議所HP）

索 引

あ行

預り金 128
アセットファイナンス 32
後入先出法 72
荒利 46
安全性 182
1年基準 50
一般管理費 78
インカムゲイン 82
インベスターリレーションズ 25, 41
受取手形 96
打歩発行 83
売上債権 96
売上債権回転期間 186
売上高営業利益率 179
売上高経常利益率 179
売上高総利益率 178
売上高対加工高比率 190
売上高対人件費比率 190
売上高対労務費比率 190
売上高当期純利益率 179
売上割引 82
売掛金 96
営業外収益 82
営業外費用 82
営業キャッシュ・フロー 160
営業キャッシュ・フロー対純利益率 207
営業循環基準 50
エイジング 97
益金不算入項目 91

エクイティファイナンス 132
親会社株式 100

か行

買入債務回転期間 186
買掛金 124
会計基準変更時差異 137
外国税額控除 91
回転期間 186
回転率 186
加工高 190
貸倒引当金 140
かねの費用 79
過年度損益 86
株価売上高倍率 219
株価キャッシュ・フロー比率 219
株価収益率 218
株価純資産倍率 219
株式交付費 120
株主資本 145
株主資本等変動計算書 60
株主資本比率 183
仮受金 128
為替換算調整勘定 66
為替差損 83
環境対策引当金 141
間接法 161
機械装置 108
機械投資効率 191
期間後価値 11
期間比較 174

企業価値	215
企業審査	19
技術力評価	3
期待運用収益	137
キャッシュ	56
キャッシュ・フロー対営業利益比率	207
キャッシュ・フロー当座比率	207
キャッシュ・フロー比率	207
キャッシュ・フロー分析	206
キャッシュ・フローマージン	207
キャピタルリース債務	133
勤務費用	137
組み合わせ比較	175
繰延資産	120
繰延税金資産	116
繰延ヘッジ損益	152
黒字倒産	6
クロスライセンス	41
経営資本利益率	178
経営分析	18
経常収支比率	211
経常的	87
経常利益	82
継続企業	7
ケイツネ	46
傾向分析	174
限界利益	198
現金同等物	56
建設仮勘定	108
減損損失	87
原料・材料	104
工具器具備品	108
貢献利益	198
交差比率	37
工場用消耗品	104
構築物	108
固定資産回転率	186
固定資産売却損益	87
固定長期適合率	182
固定費	79, 198
固定比率	182
固定・流動配列法	51
個別法	72
コベナンツ条項	133

さ行

財務キャッシュ・フロー	168
財務諸表分析	18
財務分析	18
先入先出法	72
サステイナブル成長率	194
酸性試験比率	182
仕入債務	124
仕入割引	82
仕掛品	104
資金移動表	210
資金運用表	210
資金繰表	210
試験研究費税額控除	91
自己株式処分損益	86
自己株式売却損益	86
自己資本	145
自己資本比率	183
自己資本利益率	178
資産コスト	214
自製部分品	104
持続的成長率	194
実数分析	175
支払手形	124
資本金	144
資本コスト	11

資本準備金	148
資本装備率	191
資本取引	148
資本利益率	178
社員	144
社債	132
車両運搬具	108
純資産	145
償却原価法	83
償却資産	108
少数株主損益	67
少数株主持分	66
譲渡性預金	101
商品	104
信用分析	18
ストックオプション	145
税効果会計	91
生産性分析	190
製造原価明細書	72
成長性分析	194
税引前当期純利益	86
製品	104
製品保証引当金	141
税法上の繰延資産	116
セグメント情報	202
設備支払手形	129
設備投資比率	207
船舶・水上運搬具	108
全部純資産直入法	152
相互比較	174
総資本回転率	186
総資本対営業キャッシュ・フロー	207
総資本利益率	178
創立費	120
その他有価証券評価差額金	152
粗利	46
損益計算書	46
損益分岐点比率	199
損益分岐点分析	198

た行

ターミナルバリュー	11
大会社	144
貸借対照表	50
退職給付債務	136
退職給付引当金	136
退職給付費用	137
退職給与引当金	136
貸与資産減価償却費	83
建物	108
棚卸資産回転期間	187
棚卸資産	104
短期借入金	128
短期債務	128
短信	25
知的財産	41
長期借入金	132
長期債務	132
直接法	161
通貨代用証券	100
ディスカウント・キャッシュ・フロー	10
デットアサンプション	133
デットファイナンス	132
手元流動性	100
デリバティブ	15, 29
電話加入権	113
当期純利益	90
当期未処分利益	90
当座企業	7
当座比率	182
投資	116

投資キャッシュ・フロー ……………… 164
投資損失引当金 …………………… 140
投資比率 …………………………… 207
特別損益項目 ……………………… 86
特別法上の準備金 ………………… 141
土地 ………………………………… 108
土地再評価差額金 ………………… 153

な行

内製化比率 ………………………… 190
2・8の経験則 ……………………… 37
年金資産 …………………………… 136
年齢調べ …………………………… 97
のれん ……………………………… 66, 112
のれん償却額 ……………………… 67

は行

ハゲタカレシオ …………………… 215
販管費 ……………………………… 78
半成工事 …………………………… 104
半製品 ……………………………… 104
販売費 ……………………………… 78
引当金 ……………………………… 140
ビジネスサイクル ………………… 57
非償却資産 ………………………… 108
ひとの費用 ………………………… 78
備忘価額 …………………………… 109
評価・換算差額等 ………………… 152
評価性引当金 ……………………… 140
比率分析 …………………………… 175
ファブレス ………………………… 32
付加価値比率 ……………………… 190
負債比率 …………………………… 182
普通社債 …………………………… 132

負ののれん ………………………… 66
部分純資産直入法 ………………… 152
フリー・キャッシュ・フロー …… 161
別途積立金 ………………………… 149
ベンチャーキャピタル …………… 24
ベンチャービジネス ……………… 11
変動費 ……………………………… 79, 198
法人税等 …………………………… 90
法定実効税率 ……………………… 91

ま行

マイナス金利 ……………………… 6
前受金 ……………………………… 128
前受収益 …………………………… 128
前払年金費用 ……………………… 117
未払金 ……………………………… 128
未払費用 …………………………… 128
未払法人税等 ……………………… 129
無形固定資産 ……………………… 112
目利き ……………………………… 2
持分法による投資損益 …………… 67
ものの費用 ………………………… 78

や行

有価証券 …………………………… 100
有形固定資産 ……………………… 108
融通手形 …………………………… 125
有税償却 …………………………… 91
有報 ………………………………… 25
預金 ………………………………… 100
4P ………………………………… 36

ら行

ライツプラン ……………………………… 145
リードタイム ……………………………… 105
利益準備金 ………………………………… 149
利益取引 …………………………………… 148
利益の質 …………………………………… 6
リスクプレミアム ………………………… 11
リストラ関連費用 ………………………… 86
利息費用 …………………………………… 137
流動・固定配列法 ………………………… 50
流動比率 …………………………………… 182
リレバン …………………………………… 2
臨時損益 …………………………………… 86
レバレッジ ………………………………… 219
連結財務諸表 ……………………………… 202
連結資本勘定計算書 ……………………… 60
連結納税 …………………………………… 91
連単倍率 …………………………………… 203
労働装備率 ………………………………… 191
労働分配率 ………………………………… 191

わ行

割引発行 …………………………………… 83

欧文等

CVP分析 …………………………………… 199
D/Eレシオ ………………………………… 14
EBITDA …………………………………… 215
EBITDA倍率 ……………………………… 215
EDINET …………………………………… 25
EVA ………………………………………… 214
NOPAT ……………………………………… 214
PBR ………………………………………… 219
PCFR ……………………………………… 219
PER ………………………………………… 218
PSR ………………………………………… 219
Qレシオ …………………………………… 219
SWOT分析 ………………………………… 14

参考文献

主に財務諸表の内容について

弥永真生『コンメンタール会社計算規則・改正商法施行規則』商事法務（2006）
山中成大『徹底解説 Q&A 会社法の決算と会計実務』中央経済社（2006）
友岡賛『会計の時代だ』筑摩書房（2006）
あずさ監査法人『有価証券報告書の見方・読み方・第6版』清文社（2006）
みすず監査法人『新版・有価証券報告書の記載実務・第4版』中央経済社（2007）

主に経営分析について

青木茂男『要説経営分析・全訂版』森山書店（2005）
日本経営分析学会編『経営分析事典』税務経理協会（2005）
乙政正太『財務諸表分析』同文舘出版（2005）
中小企業庁編『中小企業の財務指標』同友館（2006）
保科悦久『中小企業の財務指標・徹底活用マニュアル』同友館（2007）

主に資金と企業価値について

和井内清『新版・経営分析を活用した資金の管理』清文社（1983）
和井内清『新版・経営分析を活用した利益の管理』清文社（1983）
尾藤文隆『新版キャッシュ・フロー計算書が分析できる本』金融ブックス（2003）
里吉・古屋『資金繰りの読み方に強くなる本』金融ブックス（2006）
監査法人トーマツ『企業診断・評価の実務・第2版』中央経済社（1993）
久保田政純『企業審査ハンドブック・第3版』日本経済新聞社（2001）
内山力『企業の見方』同友館（2006）
伊藤邦雄『ゼミナール企業価値評価』日本経済新聞社（2007）

主にキヤノンについて

日刊工業新聞社編『キヤノンの大常識・改訂第2版』日刊工業新聞社（2005）
丸島儀一『キヤノン特許部隊』光文社（2002）

その他拙著

鯖田・柿沼『連結決算書がわかる本』日本能率協会マネジメントセンター（1999）
波形・小林・武貞『中小企業診断士合格完全対策2財務・会計』経林書房（2004）
相沢・鯖田『証券仲介業務に強くなる本』金融ブックス（2004）
鯖田豊則『企業の目利き・Vol.1 数字の見方』アイ・イーシー（2006）
鯖田豊則『企業の目利き・Vol.2 ケーススタディ』アイ・イーシー（2006）
監査法人トーマツ『会計がわかる事典』日本実業出版社（2007）

〈著者紹介〉

鯖田　豊則（さばた　とよのり）

京都府出身、昭和31年（1956年）島根県生まれ。昭和54年（1979年）滋賀大学経済学部卒、住友信託銀行入社。大和証券SMBC勤務を経て、平成18年（2006年）東京国際大学商学部准教授。

公認会計士。中小企業診断士。㈳日本証券アナリスト協会検定会員。国際経営学修士（青山学院大学）。企業法学修士（筑波大学）。

（主な著書）

『信託の会計と税務』（単著、税務経理協会、2007年）
『企業の目利き・改訂版』（単著、アイ・イーシー、通信教育教材、2006年）
『ファンドトラスト＆特金』（共著、ビジネス教育出版社、1988年）
『これならわかる信託業務』（共著、ビジネス教育出版社、1991年）
『連結決算書がわかる本』（共著、日本能率協会マネジメントセンター、1999年）
『目利きに役立つ業種別超把握法』（共著、金融ブックス、2004年）
『証券仲介業務に強くなる本』（共著、金融ブックス、2004年）
『信託の法務・税務・会計』（共著、学陽書房、2007年）他

著者との契約により検印省略

平成19年11月10日　初版第1刷発行	企業評価・経営分析ができる **会社を目利きする50のポイント**

著　者	鯖　田　豊　則
発行者	大　坪　嘉　春
製版所	美研プリンティング株式会社
印刷所	税経印刷株式会社
製本所	株式会社　三森製本所

発 行 所	東京都新宿区 下落合2丁目5番13号	株式 会社　**税務経理協会**

　　　　郵便番号 161-0033　振替 00190-2-187408　電話 (03)3953-3301（編集部）
　　　　　　　　　　　　　FAX (03)3565-3391　　　 (03)3953-3325（営業部）
　　　　　　　　　　　　URL http://www.zeikei.co.jp/
　　　　　　　　　　　　乱丁・落丁の場合はお取替えいたします。

　　　Ⓒ　鯖田　豊則　2007　　　　　　　　　　Printed in Japan

本書の内容の一部又は全部を無断で複写複製（コピー）することは、法律で認められた場合を除き、著者及び出版社の権利侵害となりますので、コピーの必要がある場合は、予め当社あて許諾を求めて下さい。

ISBN 978 － 4 － 419 － 05040 － 5　　C 2034